Aufbauschemata Strafrecht / StPO

- **Strafrecht**
  - Inhaltsverzeichnis / §§-Register
  - Delikte des StGB, Besonderer Teil
  - StGB, Allgemeiner Teil

- **Strafprozessrecht**
  - Ermittlungsverfahren
  - Zwischen- und Hauptverfahren
  - Hauptverhandlung
  - Rechtsmittelverfahren

2017

Dr. Rolf Krüger,
Rechtsanwalt, Fachanwalt für Strafrecht

Dr. Mathis Bönte,
Rechtsanwalt

ALPMANN UND SCHMIDT Juristische Lehrgänge Verlagsges. mbH & Co. KG
48143 Münster, Alter Fischmarkt 8, 48001 Postfach 11 69, Telefon (0251) 98109-0
AS-Online: www.alpmann-schmidt.de

Dr. Krüger, Rolf
Dr. Bönte, Mathis

Aufbauschemata Strafrecht / StPO

14., vollständig überarbeitete Auflage 2017

ISBN: 978-3-86752-529-9

Verlag: Alpmann und Schmidt Juristische Lehrgänge
Verlagsgesellschaft mbH & Co. KG, Münster

Unterstützen Sie uns bei der Weiterentwicklung unserer Produkte.
Wir freuen uns über Anregungen, Wünsche, Lob oder Kritik an:
feedback@alpmann-schmidt.de.

INHALTSVERZEICHNIS

Strafrecht

§§-Register: StGB

§§-Register: StPO

Gesetze

StGB	Strafgesetzbuch vom 15.05.1871, RGBl. 1871, 127; neu gefasst durch Bekanntmachung vom 13.11.1998, BGBl. I, 3322; zuletzt geändert durch Gesetz vom 22.12.2016 (BGBl. I, 3150)
StPO	Strafprozessordnung vom 01.02.1877, RGBl. 1877, 253; neu gefasst durch Bekanntmachung vom 07.04.1987, BGBl. I, 1074; zuletzt geändert durch Gesetz vom 22.12.2016 (BGBl. I, 3150)

A. Delikte gegen höchstpersönliche Rechtsgüter

I. Straftaten gegen das Leben

1. System des strafrechtlichen Lebensschutzes

Zeitpunkt	Strafrechtsschutz
Befruchtung der menschl. Eizelle (Arg.: § 218 I 2*)	Kein Schutz nach dem StGB, sondern nur nach dem Embryonenschutzgesetz (ESchG)

Maßgeblich ist immer die rechtliche Qualität des Tatobjekts in dem Zeitpunkt, in welchem die Handlung des Täters auszuwirken beginnt.

Ab Einnistung in die Gebärmutterschleimhaut: **„Leibesfrucht"**

- Tötung
  - vorsätzlich: **Schwangerschaftsabbruch, §§ 218 ff.** ⇨ S. 2
  - fahrlässig: Nicht strafbar
- abstrakte Gefährdung: §§ 219 a, b, Werbung, Inverkehrbringen von Abtreibungsmitteln

Ab Beginn der Eröffnungswehen: **„Mensch"**

- Tötung
  - vorsätzlich: **Totschlag, § 212** ⇨ S. 3; **Mord, § 211** ⇨ S. 4; **Tötung auf Verlangen, § 216** ⇨ S. 5
  - fahrlässig/leichtfertig: **Fahrlässige Tötung, § 222** ⇨ S. 3; Erfolgsqualifikation mit Todesfolge, z.B. §§ 227, 251
- konkrete Gefährdung
  - vorsätzlich: **Aussetzung, § 221** ⇨ S. 6, **Qualifikation, z.B. §§ 250 II Nr. 3 b, 306 b II Nr. 1** ⇨ S. 74/145
  - fahrlässig: Nur in Spezialtatbeständen mit anderer Angriffsrichtung, z.B. § 315 c III

Zeitpunkt	Strafrechtsschutz
Ab Gesamthirntod **„Verstorbener", Arg.: § 3 I Nr. 2, II Nr. 2 TransplantationsG**	Kein strafrechtlicher Lebensschutz mehr, stattdessen Schutz des postmortalen Persönlichkeitsrechts und des Pietätsgefühls der Hinterbliebenen durch: Störung der Totenruhe, § 168 (⇨ S. 47), Verunglimpfung des Andenkens Verstorbener, § 189 (⇨ S. 47), sowie Transplantationsgesetz (TPG)

*Im Folgenden sind §§ ohne Gesetzesangabe solche des StGB.

Schwangerschaftsabbruch, § 218

Tatbestand

Objektiver Tatbestand, § 218 I

Täter: Jedermann, bei Eigenabbruch durch die Schwangere privilegierter Strafrahmen, § 218 III

Tatobjekt: Leibesfrucht = befruchtete, lebende, menschliche Eizelle nach Abschluss der Einnistung, § 218 I 2

Tathandlung: / **Taterfolg:** Abbrechen der Schwangerschaft = jede Einwirkung, die sich auf die Leibesfrucht auswirkt und zurechenbar deren Tod herbeiführt, gleichviel, ob der Tod im Mutterleib oder außerhalb eintritt

Nichtvorliegen des Tatbestandsausschlusses: § 218 a I
12. Schwangerschaftswoche noch nicht überschritten (Nr. 3) **und**
Verlangen des Abbruchs durch die Schwangere (Nr. 1) **und**
Nachweis einer Schwangerschaftskonfliktberatung (§ 219, §§ 5, 6 Schwangerschaftskonfliktgesetz – SchKG) durch Beratungsschein (§ 7 SchKG) **und**
Abbruch durch einen Arzt (Nr. 2)

Subjektiver Tatbestand

Vorsatz in Bezug auf Vorliegen der Tatbestandsumstände und Nichteingreifen des Tatbestandsausschlusses

Rechtswidrigkeit

Entfällt bei speziellen Rechtfertigungsgründen des § 218 a II, III:

- **Medizinische Indikation**, § 218 a II
  Anwendbar bis zum Geburtsbeginn **und**
  unzumutbare und nicht anders abwendbare Gefahr für Leben/schwerwiegende Beeinträchtigung des körperlichen/seelischen Gesundheitszustands der Schwangeren gegenwärtig/zukünftig (miterfasst: Belastungen durch behindertes Kind) **und**
  Einwilligung der Schwangeren **und**
  Abbruch durch Arzt **und**
  Subjektives Rechtfertigungselement
- **Kriminologische Indikation**, § 218 a III
  12. Schwangerschaftswoche noch nicht überschritten **und**
  Schwangere nach ärztlicher Erkenntnis Opfer einer Straftat gem. §§ 176–178 **und**
  Schwangerschaft beruht auf dieser Straftat **und**
  Einwilligung der Schwangeren **und**
  Abbruch durch Arzt **und**
  Subjektives Rechtfertigungselement

Schuld

Allgemeine Grundsätze

Benannte Straferschwerungen, Strafeinschränkungen

für Dritte

Besonders schwerer Fall, § 218 II 1, mit Regelbeispielen, § 218 II 2:
- Handeln gegen den Willen der Schwangeren (Nr. 1)
- Leichtfertige Verursachung der Gefahr des Todes/schwerer Gesundheitsschädigung (nicht notwendig i.S.v. § 226) für die Schwangere (Nr. 2)

für die Schwangere

- **Persönlicher Strafausschließungsgrund**, § 218 a IV 1
  22. Schwangerschaftswoche noch nicht überschritten **und**
  Beratung (§ 219) **und**
  Abbruch durch einen Arzt
- **Absehen von Strafe**, § 218 a IV 2, bei besonderer Bedrängnis

Totschlag, § 212

(nach Rspr. selbstständiger Tatbestand; nach Lit. Grunddelikt zu den §§ 211/216)

Tatbestand	Objektiver Tatbestand **Tatopfer:** jeder vom Täter verschiedene lebende Mensch **und** **Tötungserfolg**, **Handlung**, **Kausalität und Zurechnung** } Töten Subjektiver Tatbestand Vorsatz
Rechtswidrigkeit	Allgemeine Grundsätze
Schuld	Allgemeine Grundsätze
Unbenannte Strafschärfung	Besonders schwerer Fall gem. § 212 II (z.B. Täter handelt mit Überlegung oder besonders brutal)
Benannte Strafmilderung (h.M.)	**Minder schwerer Fall** gem. § 213 Alt. 1: Misshandlung/schwere Beleidigung des Täters/eines Angehörigen durch den Getöteten **und** keine eigene Schuld des Täters an der Provokation **und** Provokation muss den Täter zum Zorn gereizt haben **und** Täter muss dadurch auf der Stelle zur Tat hingerissen worden sein
Unbenannte Strafmilderung	Sonstiger minder schwerer Fall, § 213 Alt. 2

Fahrlässige Tötung, § 222

Tötungserfolg, Handlung, Kausalität, Fahrlässigkeit und Pflichtwidrigkeitszusammenhang ausdrücklich im gesetzlichen Tatbestand („den Tod eines Menschen durch Fahrlässigkeit verursacht"). Kein subjektiver Tatbestand, dafür subjektive Fahrlässigkeit in der Schuld (⇨ S. 212).

Mord, § 211

(nach Rspr. selbstständiger Tatbestand; nach Lit. Qualifikation des § 212)

Tatbestand

Objektiver Tatbestand

Tathandlung/-erfolg:
Tötung eines anderen Menschen (ggf. Verweis auf § 212)

- Objektive Mordmerkmale (2. Gruppe)
  - **Heimtückisch** = bewusstes Ausnutzen der Arg- und Wehrlosigkeit in feindlicher Willensrichtung (Rspr.) durch einen besonders verwerflichen Vertrauensbruch (Teil der Lit.)
  - **Grausam** = wenn dem Opfer in gefühlloser, unbarmherziger Gesinnung Schmerzen/Qualen körperlicher/seelischer Art zugefügt werden, die nach Stärke/Dauer über das für die Tötung als solche erforderliche Maß hinausgehen
  - **Mit gemeingefährlichen Mitteln** = solche Mittel, deren typische Gefährlichkeit für Leib oder Leben mehrerer/vieler Menschen der Täter nach den konkreten Umständen nicht in der Hand hat

Subjektiver Tatbestand

Vorsatz bzgl. Tötungshandlung und -erfolg

- Vorsatz und sonstige subjektive Erfordernisse bzgl. verwirklichter objektiver Mordmerkmale
- Absichtsmerkmale (3. Gruppe)
  - **um eine andere Straftat zu ermöglichen/zu verdecken** = die Tötungshandlung (nicht notwendig der Todeserfolg) muss subjektiv als Mittel zur Ermöglichung weiterer/ zur Verdeckung (= Vermeidung der strafrechtlichen oder auch außerstrafrechtlichen Konsequenzen) eigener/fremder rechtswidriger Taten i.S.v. § 11 I Nr. 5 (nach der Vorstellung des Täters) dienen
- Motivationsmerkmale (1. Gruppe)
  - **Mordlust** = wenn der Tod des Opfers der alleinige Zweck der Tat ist, insbesondere wenn aus Freude an der Vernichtung eines Menschenlebens gehandelt wird
  - **Zur Befriedigung des Geschlechtstriebs** = Tötung in innerem Zusammenhang mit sexueller Befriedigung
  - **Habgier** = durch ungehemmte Eigensucht weit übersteigertes Streben nach materiellen Gütern oder Vorteilen
  - **Sonstige niedrige Beweggründe** = Tötungsmotiv, das nach allgemeiner sittlicher Wertung auf tiefster Stufe steht, durch hemmungslose triebhafte Eigensucht bestimmt und deshalb besonders verwerflich und verachtenswert ist

Rechtswidrigkeit

Allgemeine Grundsätze

Schuld

Allgemeine Grundsätze

Strafmilderung

Bei heimtückischer Tötung ausnahmsweise gemilderter Strafrahmen gem. § 49 I Nr. 1 bei außergewöhnlichen Umständen, die lebenslange Freiheitsstrafe als unverhältnismäßig erscheinen lassen (Rechtsfolgenlösung der Rspr., aber str.)

Tötung auf Verlangen, § 216

(nach Rspr. selbstständiger Tatbestand; nach Lit. Privilegierung zu § 212)

Tatbestand	Objektiver Tatbestand **Tathandlung:** Tötung eines anderen Menschen (Fremdtötung, nicht nur Suizidbeteiligung oder erlaubte Sterbehilfe, ⇨ S. 7–9) **Tatauslöser** = Tötungsverlangen des Opfers (= Willensbetätigung mit dem Ziel, den späteren Täter zur Tötung zu bestimmen) **und** ausdrücklich (= in eindeutiger, unmissverständlicher Weise durch Worte oder Gesten) **und** ernstlich (= frei von Willensmängeln und auf tieferer Reflexion beruhend) **Bestimmtsein** = handlungsleitende Verursachung des Tatentschlusses durch Tötungsverlangen (wie bei der Anstiftung ⇨ S. 213) Subjektiver Tatbestand Vorsatz
Rechtswidrigkeit	Allgemeine Grundsätze ⚠ *Einwilligung des Opfers rechtfertigt nicht („Einwilligungssperre"); Ausnahmen: Unterlassen/Abbruch einer lebenserhaltenden Behandlung/ Handlungen in Form der „indirekten Sterbehilfe"* ⇨ S. 9
Schuld	Allgemeine Grundsätze

Geschäftsmäßige Förderung der Selbsttötung, § 217

Tatbestand	Objektiver Tatbestand **Tathandlung:** Gelegenheit zur Selbsttötung gewähren/verschaffen/vermitteln (Selbsttötung muss nicht erfolgt sein) **und** Geschäftsmäßigkeit = auf Fortsetzung angelegte Tätigkeit Subjektiver Tatbestand Vorsatz (bzgl. der Selbsttötung) **und** Förderungsabsicht
Rechtswidrigkeit	Allgemeine Grundsätze
Schuld	Allgemeine Grundsätze
Persönlicher Strafausschluss	für Teilnehmer: Angehöriger/nahestehende Person des Sterbewilligen **und** keine Geschäftsmäßigkeit

Aussetzung, § 221 I

Tatbestand	Objektiver Tatbestand ▪ Nr. 1: **Täter:** jedermann **Opfer:** jeder vom Täter verschiedene lebende Mensch **Tathandlung:** Versetzen in hilflose Lage (auch ohne räumliche Veränderung) ▪ Nr. 2: **Täter:** Beistandspflichtiger aufgrund eines bereits bestehenden Obhutsverhältnisses/einer Beistandspflicht (= i.S.v. Garantenpflicht) ⚠ *Allgemeine Hilfspflicht nach § 323 c genügt nicht!* **Opfer:** jede Person im Schutzbereich der Beistandspflicht, die sich in hilfloser Lage befindet **Tathandlung:** im Stich lassen = jede Vorenthaltung des Beistandes; auch ohne räumliches Verlassen! Eintritt einer konkreten Gefahr des Todes/einer schweren Gesundheitsschädigung **und** Kausalität **und** spezifischer Risikozusammenhang zwischen Tathandlung und konkreter Gefährdung Subjektiver Tatbestand Vorsatz
Rechtswidrigkeit	Allgemeine Grundsätze
Schuld	Allgemeine Grundsätze

Aussetzung des eigenen Kindes etc., § 221 II Nr. 1 (vorsatzbedürftige Qualifikation)

Als Grunddelikt § 221 I prüfen. Zusätzlich **objektiver Tatbestand:** Tatopfer (leibliches oder angenommenes) Kind des Täters/dem Täter zur Erziehung oder zur Betreuung in der Lebensführung anvertraut (wie in § 174 I Nr. 1); **subjektiver Tatbestand:** Vorsatz bzgl. der qualifizierenden Umstände

Aussetzung mit schwerer Folge, § 221 II Nr. 2 (Erfolgsqualifikation, allgemein ⇨ S. 213)

Als Grunddelikt § 221 I prüfen. Zusätzlich: Folge muss schwere Gesundheitsschädigung (nicht notwendig i.S.v. § 226) des Opfers sein; einfache Fahrlässigkeit bzgl. der Folge genügt, § 18

Aussetzung mit Todesfolge, § 221 III (Erfolgsqualifikation, allgemein ⇨ S. 213)

Als Grunddelikt § 221 I prüfen. Zusätzlich: Folge muss Tod des Opfers sein; einfache Fahrlässigkeit bzgl. der Folge genügt, § 18

Bei vorsätzlicher **aktiver Mitwirkung** an der zum Tode führenden Handlung

§ 216, Tötung auf Verlangen?

Bei der Prüfung der Tathandlung (Fremd-)Tötung: Abgrenzung zur Teilnahme am Suizid nach Tatherrschaftskriterium: **Beherrschte der Getötete nach Abschluss der Mitwirkungshandlung des fraglichen Täters noch tatsächlich das zum Tode führende Geschehen?**

Bei Tatherrschaft des Getöteten: § 216 (–); weiterprüfen:

→ Lag Tatherrschaft **nicht** beim Getöteten, die übrigen Deliktsmerkmale des § 216 prüfen, dabei ggf. Rechtfertigung nach den Regeln der Sterbehilfe erörtern (⇨ S. 9)

Bei Verneinung § 212, ggf. § 211 prüfen

§§ 212, 25 I Alt. 2, Totschlag in mittelbarer Täterschaft?

Zurechnung der Selbsttötungshandlung als Fremdtötung, wenn **kein eigenverantwortlicher Suizid** vorlag; Kriterien str. (h.M.: entsprechende Anwendung der Vorsatz- und Schuldregeln auf die Verantwortlichkeit des Suizidenten; nach a.A. Kriterien der rechtfertigenden Einwilligung)

Bei Freiverantwortlichkeit des Suizids: § 212 (–)

→ Bei Bejahung mittelbarer Täterschaft §§ 212, 25 I Alt. 2 weiterprüfen

§ 217, geschäftsmäßige Förderung der Selbstötung

sonst: Straflosigkeit der Mitwirkung

Bei vorsätzlichem **Unterlassen** der Rettung des bewusstlosen Sterbewilligen

§§ 216, 13: Nach BGH führt Bewusstlosigkeit zum **Tatherrschaftswechsel**; Unterlassungstäterschaft des Garanten; ausnahmsweise straflos wegen Unzumutbarkeit oder nach den Regeln der **Sterbehilfe** (⇨ S. 9); nach h.Lit. generelle Straflosigkeit auch in der Endphase eines freiverantwortlichen Suizids

Bei Verneinung eines unechten Tötungsunterlassungsdelikts weiterprüfen:

→ Bei Bejahung einer Tötung auf Verlangen §§ 221, 323 c (+), aber subsidiär

§ 221: ebenso (–); Lit.: bei Sterbewilligen keine „hilflose Lage"

§ 323 c: schon tatbestandlich (–), zwar Unglücksfall auch bei freiverantwortlichem Suizid (str.), aber bei Respekt vor fremdem Selbsttötungswillen Rettung unzumutbar

Suizidbeteiligung (Fortsetzung)

Bei **unvorsätzlicher Mitwirkung** an der zum Tode führenden Handlung

§ 222, fahrlässige Tötung?

Trifft den unvorsätzlich Mitwirkenden ein Fahrlässigkeitsvorwurf bzgl. des eingetretenen Todes?

→ Bei Verneinung der Fahrlässigkeit § 222 (–)

↓

Bei Bejahung der Fahrlässigkeit weiterprüfen, ob nach dem vorgenannten **Tatherrschaftskriterium** die **Gefährdungsherrschaft** beim Mitwirkenden oder bei dem Getöteten selbst lag

↓

Bei Gefährdungsherrschaft des unvorsätzlich Mitwirkenden: **Strafbarkeit wegen fahrlässiger Tötung, § 222 (+)**

Nach Rspr. auch bei Veranlassung der Tat durch das sterbewillige Opfer, das den Täter über die tödliche Folge der abverlangten Handlung in einen Irrtum versetzt; nach Teil d. Lit. dagegen in diesem Fall § 222 (–), da die Täuschung des Sterbewilligen die Tatherrschaft des unvorsätzlich Mitwirkenden ausschließe („Selbsttötung in mittelbarer Täterschaft")

→ Lag die Gefährdungsherrschaft beim Getöteten selbst:

↓

Handelte der Getötete in Bezug auf die tödlichen Folgen **nicht eigenverantwortlich** (h.M.: in entsprechender Anwendung der Vorsatz- und Schuldregeln; nach a.A. Kriterien der rechtfertigenden Einwilligung), dann ist dennoch fahrlässige Tötung gegeben, § 222 (+)

↓

Handelte der Getötete auch **eigenverantwortlich**, so liegt ein freiverantwortlicher Suizid vor, dessen fahrlässige Förderung straflos ist, § 222 (–)

Totschlag, § 212

Bei der Prüfung der Tathandlung (Fremd-)Tötung: Abgrenzung zur Teilnahme am Suizid nach **Tatherrschaftskriterium**

→ Lag Tatherrschaft beim Getöteten, weiterprüfen nach den Regeln zur Suizidbeteiligung ⇨ S. 7, 8

↓

Lag Tatherrschaft nicht beim Getöteten: Lebensverkürzung zum Nachteil einer anderen Person ohne rechtfertigende einverständliche indirekte Sterbehilfe/Sterbehilfe durch Behandlungsabbruch: § 212 I (+)

⚠ *Gilt selbst dann, wenn das Opfer sich nicht selbst töten könnte (z.B. wegen Bewegungsunfähigkeit durch Lähmung)!*

Ausnahme: Rechtfertigungsgrund einverständliche indirekte Sterbehilfe/Sterbehilfe durch Behandlungsabbruch → **§ 212 I (–)**

Zustand des Opfers:

Lebensbedrohliche Erkrankung des Opfers

Handlung des Täters:

- Behandlungsabbruch: Beendigung lebenserhaltender Behandlung (z.B. künstliche Beatmung/Ernährung) durch Unterlassen der Fortsetzung/aktive Beendigung
- Indirekte Sterbehilfe: Schmerzlinderung lege artis mit unbeabsichtigter Nebenfolge der Lebensverkürzung

Täterkreis: Ärzte/Betreuer/Bevollmächtigte/Dritte, soweit sie für die Behandlung und Betreuung als hinzugezogene Hilfspersonen tätig werden

Tatauslöser: (Sterbe-)Wille des Opfers

- Ausdrücklich (z.B. Patientenverfügung, § 1901 a I BGB)
- Mutmaßlich (vom Betreuer zu ermitteln, §§ 1901 a II, 1901 b BGB)
- Bei Divergenz zwischen Arzt und Betreuer: Genehmigung des Betreuungsgerichts, § 1904 IV BGB

⚠ *Teil der Lit. verneint die Anwendbarkeit der §§ 1901 a ff. BGB!*

Subjektiv

Kenntnis des (Sterbe-)Willens **und**

Handeln zum Zweck der Sterbehilfe

⚠ *Eine Differenzierung zwischen der Tötung durch aktives Tun oder Unterlassen ist nach der Rspr. zum Behandlungsabbruch ebenso wenig erforderlich wie eine Differenzierung nach Handlungen vor und in der eigentlichen Sterbephase!*

I. Straftaten gegen das Leben
10. Konkurrenzen

Verhältnis	zu anderen Tötungsdelikten	zu Körperverletzungsdelikten
§ 218	▪ am Ungeborenen: tatbestandliche Exklusivität des § 218, sodass andere Delikte (–) ▪ am Neugeborenen nach Frühgeburt durch Abbruch: – wenn lebensfähig, nur Versuch des § 218, in Tatmehrheit dazu §§ 212/211 – wenn nicht lebensfähig, § 218 nach m.M. vollendet, nach h.M. nur versucht, in Tatmehrheit (str.) dazu §§ 212/211 ▪ an der Mutter: ggf. Tateinheit	▪ am Ungeborenen: tatbestandliche Exklusivität des § 218, sodass andere Delikte (–) ▪ am Neugeborenen: postnatale Auswirkungen vorgeburtlicher Handlungen: wegen tatbestandlicher Exklusivität des § 218, andere Delikte (–) ▪ an der Mutter: – § 223 von § 218 konsumiert – §§ 224 ff.: Tateinheit
§ 212	wird von §§ 211/216 als spezielleren Delikten verdrängt	▪ Ist das Tötungsdelikt vollendet, so verdrängt es alle Durchgangskörperverletzungen an demselben Opfer als subsidiär. ▪ Ist das Tötungsdelikt versucht, stehen alle vollendeten Körperverletzungsdelikte dazu in Tateinheit.
§ 211	verdrängt § 212 wegen Spezialität	
§ 216	verdrängt §§ 212/211 wegen privilegierender Spezialität	

II. Straftaten gegen die körperliche Unversehrtheit

1. System der §§ 223 ff.

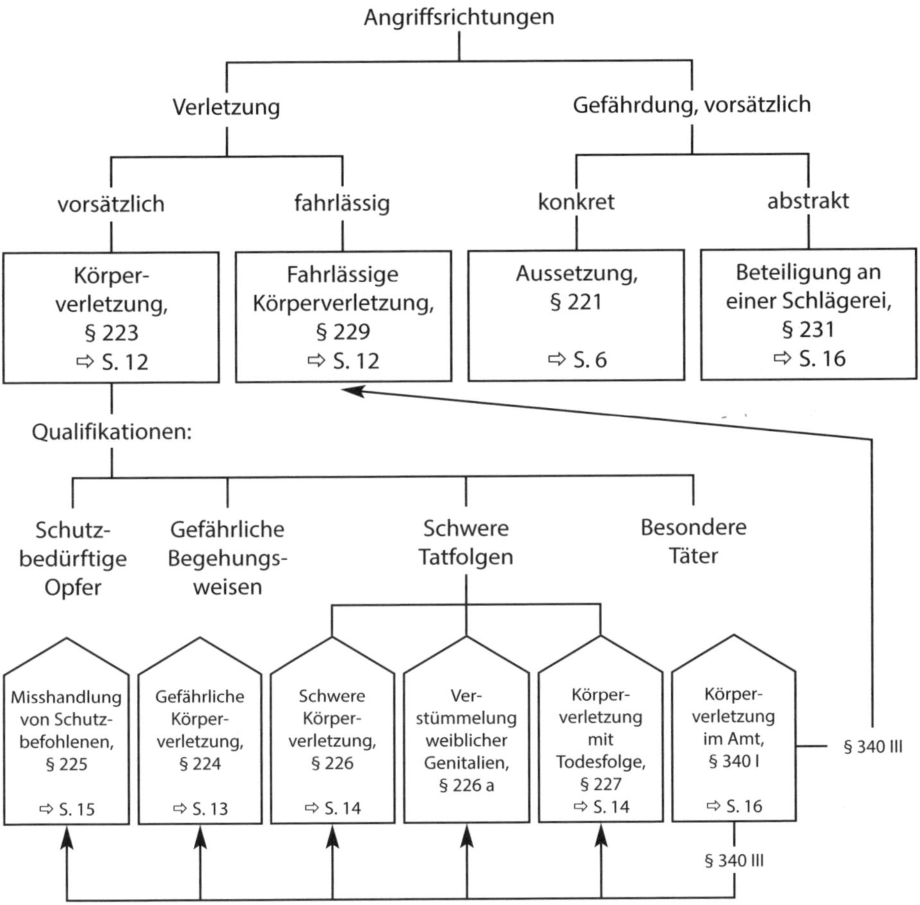

Vorsätzliche Körperverletzung, § 223 I

Tatbestand

Objektiver Tatbestand

Tatopfer: jeder vom Täter verschiedene lebende Mensch

Erfolg: / **Handlung:** / **Kausalität, Zurechnung:**

Alt. 1: körperliche Misshandlung = üble und unangemessene Behandlung, die entweder das körperliche Wohlbefinden oder die körperliche Unversehrtheit nicht nur unerheblich beeinträchtigt

Alt. 2: Gesundheitsschädigung = jedes Hervorrufen/Steigern eines krankhaften körperlichen Zustands (nach Rspr. auch bei Beeinträchtigungen durch ärztliche Heileingriffe)

Subjektiver Tatbestand

Vorsatz (Körperverletzungsvorsatz in etwaigem Tötungsvorsatz enthalten)

Rechtswidrigkeit

Entfällt häufig wegen Einwilligung ⇨ S. 228; hier insbesondere prüfen, ob

- Einwilligungsfähigkeit infolge Alkohols ausgeschlossen,
- rechtsgutbezogener Willensmangel vorlag, insbesondere wegen mangelhafter Aufklärung bei ärztlichen Heileingriffen,
- Tat gegen die guten Sitten verstieß, § 228 (vorrangiges Bewertungskriterium: Grad der Gefährdung von Leib und Leben durch den Eingriff)

Schuld

Allgemeine Grundsätze

Verfolgbarkeit

Strafantrag oder Bejahung besonderen öffentl. Verfolgungsinteresses, § 230

Tatbestandliche Bewertungseinheit

Nur eine Körperverletzung, wenn beide Tatbestandsalternativen durch dieselbe Handlung an demselben Opfer verwirklicht werden

Fahrlässige Körperverletzung, § 229

Tötungserfolg, Handlung, Kausalität, Fahrlässigkeit und Pflichtwidrigkeitszusammenhang ausdrücklich im gesetzlichen Tatbestand („die Körperverletzung einer anderen Person durch Fahrlässigkeit verursacht"). Kein subjektiver Tatbestand, dafür subjektive Fahrlässigkeit in der Schuld (⇨ S. 212)

Gefährliche Körperverletzung, § 224 (vorsatzbedürftige Qualifikation zu § 223)

Tatbestand

Objektiver Tatbestand

Körperverletzung i.S.d. § 223 I **und**

Hinzutreten qualifizierender Umstände:

- Nr. 1: Beibringung (= Körper-Stoff-Beziehung mit innerer oder äußerer Wirkung, h.M.) von Gift/anderen (nach h.Lit. erheblich) gesundheitsschädlichen Stoffen
  - Gift = jede anorganische/organische Substanz, die unter bestimmten Bedingungen durch chemische/chemisch-physikalische Wirkung nach ihrer Art und der vom Täter eingesetzten Menge im konkreten Fall (h.M.) geeignet ist, ernsthafte gesundheitliche Schäden zu verursachen
  - andere gesundheitsschädliche Stoffe = solche, die mechanisch/thermisch/biologisch wirken
- Nr. 2: Tatbegehung mittels (= unmittelbar)
  - einer Waffe = Gegenstand, der nach seiner Art dazu bestimmt ist, erhebliche Verletzungen an Menschen zu verursachen
  - eines anderen gefährlichen Werkzeugs = Gegenstand, der nach objektiver Beschaffenheit und der konkreten Art der Benutzung geeignet ist, erhebliche Körperverletzungen hervorzurufen; muss nach h.M. beweglich sein
- Nr. 3: Tatbegehung mittels eines hinterlistigen Überfalls = unerwarteter Angriff unter planmäßiger Verdeckung wahrer Absichten, nach Teil der Lit. zusätzlich Gefahr erheblicher Verletzungen erforderlich
- Nr. 4: Tatbegehung mit einem anderen Beteiligten gemeinschaftlich = Zusammenwirken mindestens zweier Personen am Tatort, nach § 28 II nicht notwendig Mittäter, die auch nicht vom Opfer wahrgenommen worden sein müssen
- Nr. 5: Tatbegehung mittels einer das Leben gefährdenden Behandlung = generelle Gefährlichkeit der konkreten Behandlung; keine konkrete Todesgefahr erforderlich, h.M.

Subjektiver Tatbestand

Vorsatz bzgl. Grunddelikt und qualifizierender Umstände

Rechtswidrigkeit

Allgemeine Grundsätze

Schuld

Allgemeine Grundsätze

Tatbestandliche Bewertungseinheit

Bei Verwirklichung mehrerer Qualifizierungsmerkmale durch dieselbe Handlung an demselben Opfer nur eine Gesetzesverletzung

Schwere Körperverletzung, § 226 I (Erfolgsqualifikation zu § 223 ⇨ allg. S. 208)

Tatbestand	Vorsätzliche Körperverletzung i.S.d. § 223 I **und** Eintritt einer schweren Folge i.S.v. § 226 ▪ Nr. 1: Verlust des Sehvermögens auf einem Auge oder auf beiden Augen/ des Gehörs/des Sprechvermögens/der Fortpflanzungsfähigkeit ▪ Nr. 2: Verlust oder Gebrauchsunfähigkeit eines (für den Gesamtorganismus generell, aber auch unter Berücksichtigung besonderer Verhältnisse des Opfers) wichtigen Gliedes des Körpers ▪ Nr. 3: dauernde erhebliche Entstellung/Verfallen in Siechtum/Lähmung/ Geisteskrankheit/geistige Behinderung mindestens Fahrlässigkeit bzgl. der schweren Folge (§ 18) **und** Verursachung **und** Tatbestandsspezifischer Gefahrzusammenhang = Verwirklichung spezifischer Gefährlichkeit des vorsätzlichen Grundtatbestands in der schweren Folge
Rechtswidrigkeit	Allgemeine Grundsätze
Schuld	Allgemeine Grundsätze, insbesondere Fahrlässigkeitsschuld (Letztere bei Vorsatz nicht zu prüfen)
Tatbestandliche Bewertungseinheit	Bei mehreren schweren Folgen an demselben Opfer durch eine Körperverletzungshandlung nur eine Gesetzesverletzung

Wissentliche/absichtliche schwere Körperverletzung, § 226 II

Tatbestand	Objektiver Tatbestand Körperverletzung i.S.v. § 223 I **und** Qualifikationsmerkmal: Eintritt, Verursachung und objektive Zurechnung einer der in § 226 I genannten schweren Folgen Subjektiver Tatbestand Körperverletzungsvorsatz **und** dolus directus I/II bzgl. der schweren Folge
Rechtswidrigkeit	Allgemeine Grundsätze
Schuld	Allgemeine Grundsätze
Konkurrenzen	Bei mehreren schweren Folgen an demselben Opfer durch eine Körperverletzungshandlung nur eine Gesetzesverletzung

Körperverletzung mit Todesfolge, § 227 (Erfolgsqualifikation zu § 223 ⇨ allg. S. 213)
Aufbau wie § 226, als schwere Folge Tod des Opfers prüfen; einfache Fahrlässigkeit bzgl. Todesverursachung genügt, § 18

Misshandlung Schutzbefohlener, § 225 I (vorsatzbedürftige Qualifikation)

Tatbestand

Objektiver Tatbestand

Tatopfer:

- Person unter 18 Jahren
- wegen Gebrechlichkeit/Krankheit wehrlose Person

Täter-Opfer-Beziehung:

- Nr. 1: der Fürsorge oder Obhut des Täters unterstehendes Opfer
- Nr. 2: zum Hausstand des Täters gehörendes Opfer
- Nr. 3: Opfer ist der Gewalt des Täters vom Fürsorgepflichtigen überlassen worden
- Nr. 4: Opfer ist im Rahmen eines Dienst- oder Arbeitsverhältnisses dem Täter untergeordnet

Tathandlungen:

- Quälen = Verursachen länger andauernder/sich wiederholender (tatbestandliche Bewertungseinheit) erheblicher Schmerzen oder Leiden
- rohe (= gefühllose, fremde Leiden missachtende Gesinnung) Misshandlung (wie bei § 223 ⇨ S. 12)
- Gesundheitsschädigung (wie bei § 223 ⇨ S. 12) durch böswillige Vernachlässigung der Sorgepflicht

Subjektiver Tatbestand

Vorsatz

Rechtswidrigkeit

Allgemeine Grundsätze

Schuld

Allgemeine Grundsätze

Schwere Misshandlung Schutzbefohlener, § 225 III (vorsatzbedürftige Qualifikation)

Als Grunddelikt § 225 I prüfen.

Zusätzlich: **objektiver Tatbestand:**

- Nr. 1: Gefahr des Todes oder schwerer Gesundheitsschädigung
- Nr. 2: Gefahr erheblicher Schädigung psychischer/physischer Entwicklung

Subjektiver Tatbestand: Vorsatz bzgl. der konkreten Gefahr

Körperverletzung im Amt, § 340 I (unechtes Amtsdelikt u. Qualifikation zu § 223)

Tatbestand	Objektiver Tatbestand **Täter:** Amtsträger, § 11 I Nr. 2; § 48 I WStG **Taterfolg:** Körperverletzung i.S.v. § 223 I ⇨ S. 12 **Tathandlungen:** Begehen/Begehen lassen = Anstiftung, Beihilfe oder Nichthinderung Innere Beziehung zwischen Tathandlung und Dienst Subjektiver Tatbestand Vorsatz
Rechtswidrigkeit	Allgemeine Grundsätze ⚠ *entfällt durch Einwilligung des Opfers (§§ 340 III, 228)* ⚠ *entfällt bei hoheitlichen Eingriffsbefugnissen* ⇨ S. 229
Schuld	Allgemeine Grundsätze

Gefährliche Körperverletzung/Misshandlung Schutzbefohlener/schwere Körperverletzung/Verstümmelung weiblicher Genitalien/Körperverletzung mit Todesfolge/fahrlässige Körperverletzung im Amt, § 340 III (Qualifikationen zu den jeweiligen Körperverletzungsdelikten)

Prüfungsschema des § 224/§ 225/§ 226/§ 226 a/§ 227/§ 229 im objektiven und (außer bei § 229) subjektiven Tatbestand um die Merkmale des § 340 I ergänzen.

Beteiligung an einer Schlägerei, § 231

Tatbestand	Objektiver Tatbestand **Tatsituation:** Schlägerei (mind. 3 Pers.) oder Angriff mehrerer (mind. 2 Pers.) **Tathandlung:** Beteiligung = physische oder psychische (str.) Mitwirkung an den Tätlichkeiten durch Ortsanwesende in feindseliger Weise Subjektiver Tatbestand Vorsatz	
Objektive Strafbarkeitsbedingung	Eintritt einer schweren Folge (§ 226 oder § 227) bei irgendeiner Person (nicht zwingend bei einem Teilnehmer der Schlägerei; Verletzung eines Unbeteiligten genügt!) **und** durch die Schlägerei = Ursachen- und Zurechnungszusammenhang zwischen der Schlägerei/dem Angriff mehrerer und der schweren Folge, zeitlich unabhängig von der Beteiligung des Täters (str.)	
Rechtswidrigkeit	Allgemeine Grundsätze	Bezogen auf die Beteiligung; deklaratorische Funktion des Abs. 2: „ohne dass ihm dies vorzuwerfen ist“
Schuld	Allgemeine Grundsätze	

II. Straftaten gegen die körperliche Unversehrtheit
9. Konkurrenzen

Verhältnis	zu anderen Körperverletzungsdelikten	zu Tötungsdelikten
§ 223	tritt hinter allen Qualifikationen und damit spezielleren Tatbeständen als gesetzeskonkurrierend zurück	▪ Ist das Tötungsdelikt vollendet, werden alle Durchgangskörperverletzungen an demselben Opfer als subsidiär verdrängt. ▪ Vollendete Körperverletzungen stehen zu versuchten Tötungsdelikten in Tateinheit. ▪ Beachte: § 226 setzt voraus, dass das Opfer geraume Zeit überlebt.
§ 224	▪ verdrängt wegen Spezialität § 223; tritt aber hinter §§ 226, 227 als minder schwere Qualifikation zurück, wenn der Grund für die Strafschärfung zugleich die schwere Folge/den Tod ausgelöst hat; sonst besteht Tateinheit ▪ mit §§ 225, 231 besteht Tateinheit	
§ 225	aus Klarstellungsgründen Tateinheit zu §§ 224, 226, 227	
§ 226	verdrängt als schwerere Qualifikation § 224 (s.o.); aus Klarstellungsgründen Tateinheit zu §§ 225, 231	
§ 226 a	▪ verdrängt wegen Spezialität § 223 ▪ Tateinheit mit §§ 224, 225, 226	
§ 227	verdrängt als Erfolgsqualifikation § 222; aus Klarstellungsgründen Tateinheit zu §§ 225, 231	§ 222 wird als gesetzeskonkurrierend verdrängt (Spezialität)
§ 231	Tateinheit mit allen Körperverletzungsdelikten	Tateinheit mit §§ 212, 211

III. Straftaten gegen die Freiheit zur Willensentschließung und Fortbewegung

1. System der §§ 232 ff.

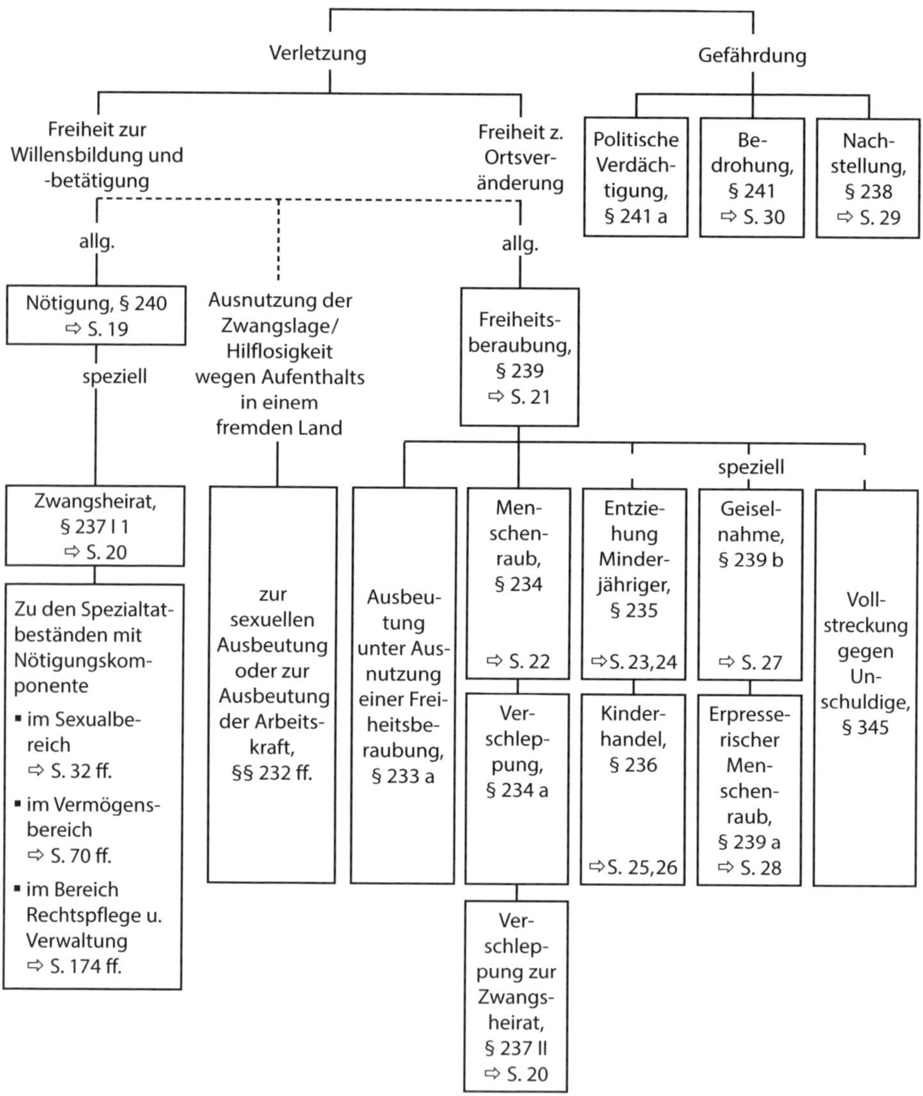

III. Straftaten gegen die Freiheit zur Willensentschließung und Fortbewegung
2. Nötigung

Nötigung, § 240

Tatbestand

Objektiver Tatbestand

Tathandlung: Anwendung eines bestimmten Nötigungsmittels

- Gewalt = körperlich wirkender Zwang (str.)
  - vis compulsiva = beeinflussende willensbeugende Gewalt
  - vis absoluta = überwältigende, willensausschließende Gewalt

  ⚠ *Zweite-Reihe-Rspr.: Bei Sitzblockaden etc. Gewalt „durch" das erste Fahrzeug, das vor dem menschlichen Hindernis zum Stehen kommt (Nötigung in mittelbarer Täterschaft).*
- Drohung mit empfindlichem Übel = bedingtes Inaussichtstellen eines erheblichen Nachteils, auf dessen Eintritt der Drohende Einfluss hat oder zu haben vorgibt, mit mindestens dem Anschein der Ernstlichkeit, dass er dessen Verwirklichung für den Fall der Verweigerung des verlangten Verhaltens will

Taterfolg:

- Handlung = jedes aktive Tun
- Duldung = jedes Geschehenlassen
- Unterlassen = jede Nichtvornahme einer Handlung

} durch das Opfer

Kausalzusammenhang

Zurechnungszusammenhang, d.h. in dem Taterfolg muss sich gerade die Willensbeugung durch das Nötigungsmittel realisiert haben

Subjektiver Tatbestand

Vorsatz (nach Rspr. dolus eventualis generell ausreichend, bzgl. Nötigungserfolg dolus directus 1. Grades, str.)

Rechtswidrigkeit

Wenn keine Rechtfertigungsgründe, zusätzlich positive Feststellung der Rechtswidrigkeit:
Verwerflichkeit von Mittel und Zweck, § 240 II

- Verwerflichkeit ausgeschlossen, wenn Rechtfertigungsgrund eingreift
- Gesamttatbewertung der Sozialwidrigkeit des eingesetzten Mittels, des verfolgten (Nah-)Ziels oder der Relation beider zueinander (Sozialwidrigkeit gegeben bei Inkonnexität oder Missverhältnis von Mittel und Zweck)
- Verwerflichkeit gegeben, wenn Zweck oder Mittel strafbare Handlung

Schuld

Allgemeine Grundsätze

Benannte Straferschwerungen

Besonders schwere Fälle mit Regelbeispielen, § 240 IV 2:

- Nr. 1: Nötigung einer Schwangeren zum Schwangerschaftsabbruch
- Nr. 2: Missbrauch von Befugnissen oder der Amtsträgerstellung des Täters

III. Straftaten gegen die Freiheit zur Willensentschließung und Fortbewegung
3. Zwangsheirat

Zwangsheirat, § 237 (vorsatzbedürftige Qualifikation zu § 240 in § 237 I 1, eigenständiger Gefährdungstatbestand in § 237 II)

	Nötigung zur Eingehung einer Ehe, § 237 I 1	Verschleppung zur Zwangsheirat, § 237 II
Tatbestand – Objektiver Tatbestand	**Tathandlung:** Nötigung i.S.d. § 240 (⇨ S. 19) = Anwendung eines bestimmten Nötigungsmittels ▪ Gewalt ▪ Drohung mit einem empfindlichen Übel **Taterfolg:** Eingehung der Ehe ⚠ *Wirksame Eheschließung nötig, kultische/religiöse Eheschließung genügt nicht (str.). Aufhebbarkeit steht nicht entgegen (vgl. § 1314 II Nr. 4 BGB)!* **Kausalzusammenhang** **Zurechnungszusammenhang**, d.h. in dem Taterfolg muss sich gerade die Willensbeugung durch das Nötigungsmittel realisiert haben	**Tathandlung:** durch Gewalt/Drohung mit einem empfindlichen Übel/List ▪ Verbringen (= tatsächliches Herrschaftsverhältnis über das Opfer) ▪ Veranlassen (= psychische Beeinflussung des Opfers, insbes. durch List) zur Ausreise ▪ Abhalten von der Rückkehr (= Hinderung des Verlassens der Gefahrenzone) ⚠ *Tathandlungen entsprechen denen des § 234 a!* **Taterfolg:** Aufenthalt in einem Gebiet außerhalb des Geltungsbereichs des StGB
Tatbestand – Subjektiver Tatbestand	Vorsatz (wie bei § 240: grds. dolus eventualis ausreichend)	Vorsatz (dolus eventualis genügt) **und** Absicht bzgl. der Begehung einer Tat nach § 237 I
Rechtswidrigkeit	Positive Feststellung der Rechtswidrigkeit: Verwerflichkeit von Mittel und Zweck, § 237 I 2 (wie bei § 240 II ⇨ S. 19)	Allgemeine Grundsätze ⚠ *Trotz des Verweises auf eine „Tat nach Abs. 1" keine Verwerflichkeitsprüfung erforderlich!*
Schuld	Allgemeine Grundsätze	Allgemeine Grundsätze
Unbenannte Strafmilderung	Minder schwerer Fall nach § 237 IV	Minder schwerer Fall nach § 237 IV

Freiheitsberaubung, § 239 I

Tatbestand	Objektiver Tatbestand **Tatopfer:** anderer Mensch, der die Fähigkeit besitzt, Willen zur Ortsveränderung zu bilden und zu realisieren (nach Rspr. genügt potenzieller Fortbewegungswille des Opfers) **Taterfolg:** Beraubung des Gebrauchs der Freiheit = Aufhebung der physischen Möglichkeit, für einen nicht unerheblichen Zeitraum einen bestimmten Ort zu verlassen; ebenso, wenn Alternativen zum Verlassen gefährlich wären **Tathandlung:** ▪ Speziell: Einsperren (1. Alt.) ▪ Allgemein: auf andere Weise (2. Alt.) Handeln **gegen/ohne Willen** des Opfers in beiden Alternativen ⚠ *Einverständnis setzt ein Mindestmaß an Freiwilligkeit voraus; entfällt auch bei List* Subjektiver Tatbestand Vorsatz
Rechtswidrigkeit	Allgemeine Grundsätze
Schuld	Allgemeine Grundsätze

Schwere Freiheitsberaubung, § 239 III

Als Grunddelikt § 239 I prüfen. Zusätzlich:

- Nr. 1: **objektiver Tatbestand:** Freiheitsberaubung von über einer Woche Dauer; **subjektiver Tatbestand:** Vorsatz diesbzgl. (nach h.M. vorsatzbedürftige Qualifikation; a.A. Erfolgsqualifikation, sodass gem. § 18 Fahrlässigkeit genügt)
- Nr. 2: schwere Gesundheitsschädigung des Opfers durch die Tat oder eine während der Tat begangene Handlung; einfache Fahrlässigkeit bzgl. Verursachung der schweren Folge genügt, § 18 (Erfolgsqualifikation ⇨ allg. S. 213)

Freiheitsberaubung mit Todesfolge, § 239 IV (Erfolgsqualifikation ⇨ allg. S. 213)

Als Grunddelikt § 239 I prüfen. Zusätzlich: Tod des Opfers; spezifischer Gefahrzusammenhang zwischen Tod und Freiheitsentziehung/einer an dem Opfer währenddessen verübten Handlung. Einfache Fahrlässigkeit bzgl. Todesverursachung genügt, § 18.

III. Straftaten gegen die Freiheit zur Willensentschließung und Fortbewegung

5. Menschenraub

Menschenraub, § 234

Tatbestand

Objektiver Tatbestand

Tathandlung und -erfolg: Sichbemächtigen eines anderen Menschen (= Erlangung andauernder physischer Herrschaft)

Einsatz bestimmter **Tatmittel** gegenüber dem Opfer oder schutzbereiten Dritten

- Gewalt (⇨ S. 19)
- Drohung mit empfindlichem Übel (⇨ S. 19)
- List (= Verhalten, das darauf abzielt, durch Verbergen der wahren Absichten oder Umstände die Ziele des Täters durchzusetzen)

Subjektiver Tatbestand

Vorsatz (dolus eventualis genügt) **und**

bestimmte **Absicht** (dolus directus 1. Grades):

- Aussetzen des Opfers in hilfloser Lage
- Zuführen zum Dienst in einer militärischen oder militärähnlichen Einrichtung im Ausland (ähnlich wie in § 109 h)

Rechtswidrigkeit

Allgemeine Grundsätze

Schuld

Allgemeine Grundsätze

Unbenannte Strafmilderung

Minder schwerer Fall gem. § 234 II

Entziehung Minderjähriger im Inland, § 235 I

Tatbestand

Objektiver Tatbestand

§ 235 I Nr. 1	§ 235 I Nr. 2
Täter: jedermann; insbes. Angehörige des Opfers	**Täter:** Nichtangehörige des Opfers
Tatopfer: Person unter 18 Jahren	**Tatopfer:** Kind, d.h. Person unter 14 Jahren (vgl. Legaldefinition in § 176 I)
Tatmittel: ▪ Gewalt (⇨ S. 19) ▪ Drohung mit einem empfindlichen Übel (⇨ S. 19) ▪ List (⇨ S. 22)	**Tatmittel:** keine Beschränkung ⚠ *Auch „Baby-Diebstahl" durch Nichtangehörige strafbar!*
Taterfolg:	**Taterfolg:**

Entziehung/Vorenthaltung gegenüber den Eltern/einem Elternteil, auch wenn dieser nur ein Umgangsrecht i.S.d. §§ 1684 ff. BGB besitzt/dem Vormund/dem Pfleger

Subjektiver Tatbestand

Vorsatz

Rechtswidrigkeit

Allgemeine Grundsätze

Schuld

Allgemeine Grundsätze

Verfolgbarkeit

Strafantrag/Bejahung besonderen öffentlichen Verfolgungsinteresses, § 235 VII

Entziehung Minderjähriger mit Auslandsbezug, § 235 II

	Aktive Entziehung, § 235 II Nr. 1	Passive Entziehung, § 235 II Nr. 2 i.V.m. § 5 Nr. 6 b
Tatbestand	Objektiver Tatbestand	Objektiver Tatbestand
	Täter: jedermann, insbesondere auch Angehörige des Opfers	
	Tatopfer: Kind = Person unter 14 Jahren; vgl. Legaldefinition in § 176 I	**Tatopfer:** Kind = Person unter 14 Jahren, das sich im Ausland befindet, nachdem es dorthin verbracht worden ist/es sich dorthin begeben hat
	Taterfolg: Entziehung gegenüber den Eltern/einem Elternteil/dem Vormund/dem Pfleger	**Taterfolg:** Vorenthalten gegenüber den Eltern/einem Elternteil/dem Vormund/dem Pfleger
	Subjektiver Tatbestand	Subjektiver Tatbestand
	Vorsatz **und** Absicht, das Opfer ins Ausland zu verbringen	Vorsatz
Rechtswidrigkeit	Allgemeine Grundsätze	
Schuld	Allgemeine Grundsätze	
Verfolgbarkeit	Strafantrag/Bejahung besonderen öffentlichen Verfolgungsinteresses, § 235 VII	

Schwere Kindesentziehung, § 235 IV (vorsatzbedürftige Qualifikation)

Als Grunddelikt § 235 I/II prüfen. Zusätzlich:

- Nr. 1: **objektiv:** Gefahr des Todes/einer schweren Gesundheitsschädigung/einer erheblichen Schädigung der körperlichen oder seelischen Entwicklung; **subjektiv:** Vorsatz bzgl. der Gefährdung
- Nr. 2: **1. Mod.: objektiv und subjektiv:** Handeln gegen Entgelt
  2. Mod.: nur subjektiv: Bereicherungsabsicht zu eigenen Gunsten/zugunsten Dritter

Kindesentziehung mit Todesfolge, § 235 V (Erfolgsqualifikation ⇨ allg. S. 213)

Als Grunddelikt § 235 I/II prüfen. Zusätzlich: Tod des Kindes; spezifischer Gefahrzusammenhang zwischen Tod und Kindesentziehung; einfache Fahrlässigkeit bzgl. Todesverursachung genügt, § 18.

Kinderhandel, § 236 I, II, V

	§ 236 I 1: „Verkäufer“	§ 236 I 2: „Käufer“	§ 236 II: Vermittler
Tatbestand	**Objektiver Tatbestand**		
	Täter: Eltern oder Elternteile, auch Adoptiveltern, Scheinvater (i.S.d. §§ 1592 ff. BGB), Pflegeeltern, Vormund des Opfers **Opfer:** unter 18 Jahre altes leibliches Kind, Mündel oder Pflegekind des Täters/der Täter **Tathandlung/Taterfolg:** Überlassen an einen anderen auf Dauer **und** unter grober Vernachlässigung der Fürsorge-/Erziehungspflicht (wie in § 171) **Tatziel** (1. Alt.): ▪ Handeln gegen Entgelt (§ 11 I Nr. 9)	Tatsituation des § 236 I 1, zusätzlich: Aufnehmen des Tatopfers bei sich auf Dauer **und** Gewährung von Entgelt	**Tatopfer:** Person unter 18 Jahren **Tathandlungen:** ▪ § 236 II 1 Nr. 1: unbefugte (unter Verstoß gegen § 5 I AdVermiG) Vermittlung der Adoption ▪ § 236 II 1 Nr. 2: unbefugte (unter Verstoß gegen § 5 IV AdVermiG) Vermittlungstätigkeit mit dem Ziel, dass Dritte Tatopfer bei sich aufnehmen ▪ § 236 II 2: Gewähren eines Entgelts für die Erteilung der erforderlichen Zustimmung zur Adoption **Tatziel** (nur S. 1 Alt. 1): ▪ Handeln gegen Entgelt (§ 11 I Nr. 9)
	Subjektiver Tatbestand		
	Vorsatz **Tatziel** (2. Alt.): ▪ Bereicherungsabsicht zu eigenen Gunsten/zugunsten eines Dritten	Vorsatz	Vorsatz **Tatziel** (nur S. 1 Alt. 2): ▪ Bereicherungsabsicht zu eigenen Gunsten/zugunsten Dritter
Rechtswidrigkeit	Allgemeine Grundsätze	Allgemeine Grundsätze	Allgemeine Grundsätze
Schuld	Allgemeine Grundsätze	Allgemeine Grundsätze	Allgemeine Grundsätze
Benannte Strafmilderung / Absehen von Strafe	Für Beteiligte:	Für Beteiligte:	Nur für Teilnehmer:
	§ 236 V: bei geringer Schuld unter Berücksichtigung des körperlichen und seelischen Wohls des Kindes/der vermittelten Person		

Kindervermittlung mit Auslandsbezug, § 236 II 3
(vorsatzbedürftige Qualifikation für Vermittler)

Als Grunddelikt § 236 II 1 prüfen. Zusätzlich:

Objektiver Tatbestand: Täter muss bewirken, dass die vermittelte Person

- vom Ausland ins Inland
- vom Inland ins Ausland

verbracht wird

Subjektiver Tatbestand: Vorsatz

Schwerer Kinderhandel, § 236 IV (Qualifikation)

Als Grunddelikt § 236 I 1/§ 236 I 2/§ 236 II 1/§ 236 II 2 prüfen. Zusätzlich:

Objektiver Tatbestand:

- Handeln als Mitglied einer Bande, die sich zur fortgesetzten Begehung von Kinderhandel verbunden hat (Nr. 1 Mod. 3)
- Gefahr einer erheblichen Schädigung der körperlichen oder seelischen Entwicklung des Opfers durch die Tat (Nr. 2)

Subjektiver Tatbestand:

- Vorsatz bzgl. eventuell verwirklichter objektiver Qualifikationsmerkmale
- Handeln aus Gewinnsucht (Nr. 1 Mod. 1)
- Gewerbsmäßiges Handeln (Nr. 1 Mod. 2)

III. Straftaten gegen die Freiheit zur Willensentschließung und Fortbewegung
8. Geiselnahme

Geiselnahme, § 239 b I

Tatbestand

Objektiver Tatbestand

Entführungstatbestand, § 239 b I Alt. 1	Ausnutzungstatbestand, § 239 b I Alt. 2
▪ 1. Mod.: Entführen eines Menschen = Verbringen an einen anderen Ort gegen den Willen des Opfers, sodass es dem ungehemmten Einfluss des Täters ausgeliefert ist ▪ 2. Mod.: Sichbemächtigen eines Menschen (⇨ S. 22) ⇨ speziell beim Sichbemächtigen im Zwei-Personen-Verhältnis: Schaffung einer stabilisierten Zwangslage, die aus Tätersicht in funktionalem Zusammenhang zu seinem weiteren Nötigungsziel stehen muss (s.u.)	vom Täter selbst (ohne Nötigungsabsicht) geschaffene Lage i.S.d. 1. Alt. **und** Begehung einer zumindest versuchten Nötigung mit qualif. Drohung i.S.d. 1. Alt. unter Ausnutzung der Zwangslage

Subjektiver Tatbestand

Entführungstatbestand	Ausnutzungstatbestand
Vorsatz **und** qualifizierte Nötigungsabsicht: Absicht einer über das Entführen/Sichbemächtigen hinausgehenden Nötigung des Opfers/eines Dritten durch Drohung: ▪ mit Tod ▪ mit schwerer Körperverletzung ▪ mit Freiheitsberaubung von über 1 Woche Dauer **und** zeitlich-funktionaler Zusammenhang zwischen Tathandlung und beabsichtigter Nötigung	Vorsatz

Rechtswidrigkeit

Allgemeine Grundsätze

Schuld

Allgemeine Grundsätze

Benannte Strafmilderung

Tätige Reue unter den Voraussetzungen des § 239 b II i.V.m. § 239 a IV (keine Freiwilligkeit nötig!)

Geiselnahme mit Todesfolge, § 239 b II i.V.m. § 239 a III (Erfolgsqualifikation ⇨ allg. S. 213)

Als Grunddelikt § 239 b I prüfen. Zusätzlich: Tod des Opfers, spezifischer Gefahrzusammenhang zwischen Tod und Entführung/Sichbemächtigen, wenigstens Leichtfertigkeit bzgl. Todesverursachung (einfache Fahrlässigkeit, § 18, genügt nicht!)

Erpresserischer Menschenraub, § 239 a I

Tatbestand

Objektiver Tatbestand

Entführungstatbestand, § 239 a I Alt. 1	Ausnutzungstatbestand, § 239 a I Alt. 2
• Mod. 1: Entführen eines Menschen (⇨ S. 27) • Mod. 2: Sichbemächtigen eines Menschen (⇨ S. 22) ⇨ speziell beim Sichbemächtigen im Zwei-Personen-Verhältnis: Schaffung einer stabilisierten Zwangslage, die aus Tätersicht in funktionalem Zusammenhang zu seinem Erpressungsziel stehen muss	vom Täter selbst (ohne Erpressungsabsicht) geschaffene Lage i.S.d. 1. Alt. **und** Begehung einer zumindest versuchten Erpressung (⇨ S. 105) unter Ausnutzung der Zwangslage

Subjektiver Tatbestand

Subjektiver Tatbestand (Alt. 1)	Subjektiver Tatbestand (Alt. 2)
Vorsatz **und** Erpressungsabsicht: Absicht, durch eine über das Entführen/Sichbemächtigen hinausgehende Nötigung zu erpressen (⇨ S. 105) ▪ zum Nachteil des Opfers: durch Sorge um sein Wohl ▪ zum Nachteil eines Dritten: durch Sorge um das Wohl des Opfers **und** zeitlich-funktionaler Zusammenhang zwischen Tathandlung und beabsichtigter Erpressung	Vorsatz

Rechtswidrigkeit

Allgemeine Grundsätze

Schuld

Allgemeine Grundsätze

Strafmilderung

Tätige Reue unter d. Voraussetzungen d. § 239 a IV (keine Freiwilligkeit nötig!)

Erpresserischer Menschenraub mit Todesfolge, § 239 a III (Erfolgsqualifikation ⇨ allg. S. 213)

Als Grunddelikt § 239 a I prüfen. Zusätzlich: Tod des Opfers, spezifischer Gefahrzusammenhang zwischen Tod und Entführung/Sichbemächtigen, wenigstens Leichtfertigkeit bzgl. Todesverursachung (einfache Fahrlässigkeit, § 18, genügt nicht!)

Nachstellung, § 238 I

Tatbestand

Objektiver Tatbestand

Tathandlung: einem anderen Menschen nachstellen
(ähnlich wie in § 292: Anschleichen, Aufsuchen, Verfolgen, Auflauern)

Tatmittel:

- Nr. 1: Aufsuchen der räumlichen Nähe des Opfers
- Nr. 2: Versuch der Kontaktherstellung
  - unter Verwendung von Telekommunikationsmitteln
  - sonstigen Mitteln der Kommunikation
  - über Dritte
- Nr. 3: – Unter missbräuchlicher Verwendung von dessen personenbezogenen Daten
  - Bestellung von Waren/Dienstleistungen für das Opfer
  - Veranlassung Dritter, mit dem Opfer Kontakt aufzunehmen
- Nr. 4: Bedrohung des Opfers mit der Tötung/Verletzung der körperlichen Unversehrtheit/Gesundheit/Freiheit
  - des Opfers
  - einer dem Opfer nahestehenden Person
- Nr. 5: Vornahme einer anderen (mit Nr. 1–4) vergleichbaren Handlung

Nr. 1, 2, 5: **unbefugt** = gegen den Willen des Opfers

Beharrlichkeit der Tathandlung = so häufige Wiederholung, dass dies eine besondere Hartnäckigkeit des Täters und seine Gleichgültigkeit gegenüber den Wünschen des Opfers zum Ausdruck bringt

Taterfolg: Schwerwiegende Beeinträchtigung der Lebensgestaltung des Opfers

Subjektiver Tatbestand

Vorsatz

Rechtswidrigkeit

Allgemeine Grundsätze

Schuld

Allgemeine Grundsätze

Verfolgbarkeit

Strafantrag oder Bejahung besonderen öffentlichen Verfolgungsinteresses, § 238 IV

⚠ *Gilt nur für das Grunddelikt, nicht für die Qualifikationen nach II/III!*

Schwere Nachstellung, § 238 II (vorsatzbedürftige Qualifikation)

Als Grunddelikt § 238 I prüfen. Zusätzlich: **objektiver Tatbestand:** weiterer Taterfolg in Form einer (konkreten) Gefahr des Todes/schwerer Gesundheitsschädigung des Opfers oder eines Angehörigen des Opfers oder einer anderen dem Opfer nahestehenden Person durch die Tat; **subjektiver Tatbestand:** Vorsatz bzgl. der Gefahr

Nachstellung mit Todesfolge, § 238 III (Erfolgsqualifikation ⇨ allg. S. 213)

Als Grunddelikt § 238 I prüfen. Zusätzlich: Tod des Opfers/eines Angehörigen des Opfers/einer anderen dem Opfer nahestehenden Person in gefahrspezifischem Zusammenhang mit der Nachstellung; einfache Fahrlässigkeit (§ 18) bzgl. der Todesverursachung genügt

III. Straftaten gegen die Freiheit zur Willensentschließung und Fortbewegung
11. Bedrohung

Bedrohung, § 241

Tatbestand

Objektiver Tatbestand

Bedrohungsalternative, § 241 I	Vortäuschungsalternative, § 241 II
Tathandlung: Bedrohung ▪ mit einem bestimmten künftigen Verhalten, das die wesentlichen Merkmale eines Verbrechens (§ 12 I) enthält ▪ angekündigte Tat muss sich gegen den Bedrohungsadressaten/ eine diesem nahestehende Person richten	**Tathandlung:** Vortäuschen = falsche Warnung ▪ vor einem bestimmten zukünftigen Verbrechen (§ 12 I) ▪ angekündigte Tat muss sich gegen den Täuschungsadressaten/eine ihm nahestehende Person richten

Subjektiver Tatbestand

Vorsatz	Vorsatz **und** wider besseres Wissen in Bezug auf das Vortäuschen = Überzeugung des Täters im Zeitpunkt seiner Äußerung, dass die angekündigte Tat tatsächlich nicht bevorsteht

Rechtswidrigkeit

Allgemeine Grundsätze

Schuld

Allgemeine Grundsätze

III. Straftaten gegen die Freiheit zur Willensentschließung und Fortbewegung

12. Konkurrenzen

Verhältnis	zu anderen Tatbeständen, sie sich auch gegen die Freiheit richten	zu sonstigen Delikten
§ 239	wird insbes. von §§ 239 a, b, 177, 249, 252, 255 als gesetzeskonkurrierend verdrängt, soweit die Freiheitsberaubung nur das Mittel zu ihrer Begehung ist	wird als gesetzeskonkurrierend verdrängt, soweit Verlust der Freiheit typische Begleiterscheinung ist (Konsumtion)
	Tateinheit aus Klarstellungsgründen, soweit § 239 besonderes Eigengewicht erlangt, etwa wegen Intensität und Dauer	
§ 240	wird insbes. von §§ 113, 239 a, b, 177, 249, 252, 255 als gesetzeskonkurrierend verdrängt wird auch von § 239 als gesetzeskonkurrierend verdrängt, soweit die Nötigung nur dazu dient, die Freiheitsberaubung zu ermöglichen (Subsidiarität)	Tateinheit
§ 241	wird als abstraktes Gefährdungsdelikt von der – auch nur versuchten – Nötigung und allen Tatbeständen mit Nötigungselement als gesetzeskonkurrierend verdrängt (Subsidiarität)	Tateinheit

IV. Straftaten gegen die sexuelle Selbstbestimmung
1. System der §§ 174 ff.

Angriffe auf die sexuelle Selbstbestimmung durch

- Zwang
  - Sexueller Übergriff; Sexuelle Nötigung; Vergewaltigung; §§ 177 f. ⇨ S. 33 ff.
- Belästigung
  - Sexuelle Belästigung, § 184 i
- (Zwang und Belästigung:) Straftaten aus Gruppen, §184 j
- Ausnutzung von Abhängigkeitsverhältnissen
  - Sexueller Missbrauch von Gefangenen, behördlich Verwahrten oder Kranken und Hilfsbedürftigen in Einrichtungen, § 174 a
  - Sexueller Missbrauch unter Ausnutzung einer Amtsstellung, § 174 b
  - Sexueller Missbrauch unter Ausnutzung eines Beratungs-, Behandlungs- oder Betreuungsverhältnisses, § 174 c

Angriffe auf die ungestörte sexuelle Entwicklung Minderjähriger

Angriffsrichtungen:

- Sexueller Missbrauch von Kindern, §§ 176 ff. ⇨ S. 38 ff.
- Sexueller Missbrauch von Schutzbefohlenen, § 174
- Sexueller Missbrauch von Jugendlichen, § 182 ⇨ S. 42 f.
- Förderung sexueller Handlungen Minderjähriger, § 180
- Jugendgefährdende Prostitution, § 184 g

Selbstbestimmung der Prostituierten

- Ausbeutung von Prostituierten, § 180 a
- Menschenhandel zum Zweck der sexuellen Ausbeutung, § 232
- Zuhälterei, § 181 a
- Zwangsprostitution, § 232 a

Freiheit zur Wahrnehmung sexualbez. Vorgänge

- Erregung öffentlichen Ärgernisses, § 183 a
  - speziell: Exhibitionistische Handlungen, § 183
- Verbreitung pornographischer Schriften, §§ 184, 184 d
  - speziell:
    - Verbreitung gewalt- oder tierpornographischer Schriften, §§ 184 a, d
    - Verbreitung kinder- und jugendpornographischer Schriften, §§ 184 b–e
- Ausübung der verbotenen Prostitution, § 184 f

Sexueller Übergriff/Vergewaltigung, § 177 I, VI

Tatbestand

Objektiver Tatbestand

Täter: jede Person

Opfer: jede andere Person

Tathandlungen: gegen den erkennbaren Willen der anderen Person
- Sexuelle Handlungen (§ 184 h) vornehmen oder vornehmen lassen **oder**
- Person zur Vornahme oder Duldung sexueller Handlungen (§ 184 h) an oder von einem Dritten bestimmen

Subjektiver Tatbestand

Vorsatz

Rechtswidrigkeit

Keine Rechtfertigung denkbar

Schuld

Allgemeine Grundsätze

Benannte Straferschwerung

Besonders schwerer Fall mit Regelbeispielskatalog, § 177 VI 2

- Nr. 1: Vergewaltigung (Legaldefinition)
  Objektiv:
  - Den Beischlaf mit dem Opfer vollziehen oder vollziehen lassen oder
  - Ähnliche sexuelle Handlungen an dem Opfer vornehmen oder vornehmen lassen, die dieses besonders erniedrigen, insbesondere wenn sie mit einem Eindringen in den Körper verbunden sind

  Subjektiv: Vorsatz bzgl. der Regelbeispielsumstände
- Nr. 2:
  Objektiv: Tatbegehung von mehreren gemeinschaftlich
  Subjektiv: Vorsatz bzgl. der Regelbeispielsumstände

Verfolgbarkeit

Ruhen der Verjährung bis zur Vollendung des 30. Lebensjahres des Opfers, § 78 b I Nr. 1

Sexueller Übergriff/sexuelle Nötigung/Vergewaltigung, § 177 II

Tatbestand	Objektiver Tatbestand **Täter:** jede Person **Opfer:** jede andere Person **Tathandlungen:** ▪ Sexuelle Handlungen (§ 184h) vornehmen oder vornehmen lassen **oder** ▪ Person zur Vornahme oder Duldung sexueller Handlungen (§ 184 h) an oder von einem Dritten bestimmen **Tatmittel:** ▪ Nr. 1: Ausnutzen, dass Opfer nicht in der Lage ist, einen entgegenstehenden Willen zu bilden oder zu äußern ▪ Nr. 2: Ausnutzen, dass Opfer aufgrund des körperlichen oder psychischen Zustands in der Bildung oder Äußerung des Willens erheblich eingeschränkt ist (Ausnahme: Täter hat sich der Zustimmung dieser Person versichert) ▪ Nr. 3: Ausnutzen eines Überraschungsmomentes ▪ Nr. 4: Ausnutzen einer Lage, in der dem Opfer bei Widerstand ein empfindliches Übel droht ▪ Nr. 5: Nötigung zur Vornahme oder Duldung der sexuellen Handlung durch Drohung mit einem empfindlichen Übel Subjektiver Tatbestand Vorsatz
Rechtswidrigkeit	Keine Rechtfertigung denkbar (hinsichtlich Nötigung durch Drohung mit einem empfindlichen Übel keine Verwerflichkeitsklausel wie in § 240 II)
Schuld	Allgemeine Grundsätze
Benannte Strafschwerung	Besonders schwerer Fall mit Regelbeispielskatalog, § 177 VI 2 ▪ Nr. 1: Vergewaltigung (Legaldefinition) Objektiv: – Den Beischlaf mit dem Opfer vollziehen oder vollziehen lassen **oder** – Ähnliche sexuelle Handlungen an dem Opfer vornehmen oder vornehmen lassen, die dieses besonders erniedrigen, insbesondere wenn sie mit einem Eindringen in den Körper verbunden sind Subjektiv: Vorsatz bzgl. der Regelbeispielsumstände ▪ Nr. 2: Objektiv: Tatbegehung von mehreren gemeinschaftlich Subjektiv: Vorsatz bzgl. der Regelbeispielsumstände
Verfolgbarkeit	Ruhen der Verjährung bis zur Vollendung des 30. Lebensjahres des Opfers, § 78 b I Nr. 1

Sexueller Übergriff, § 177 IV
(vorsatzbedürftige Qualifikation)

Als Grunddelikt § 177 I Nr. 1 prüfen. Zusätzlich:

Objektiver Tatbestand:

Opfer aufgrund Krankheit oder Behinderung nicht in der Lage, entgegenstehenden Willen zu bilden oder zu äußern

Subjektiver Tatbestand: Vorsatz bzgl. der qualifizierenden Umstände

Sexueller Übergriff/Sexuelle Nötigung/Vergewaltigung, § 177 V
(vorsatzbedürftige Qualifikation)

Als Grunddelikt § 177 I, II prüfen. Zusätzlich:

Objektiver Tatbestand:

- Nr. 1: Gewaltanwendung gegenüber dem Opfer
- Nr. 2: Dem Opfer mit gegenwärtiger Gefahr für Leib oder Leben drohen
- Nr. 3: Ausnutzen einer Lage, in der das Opfer der Einwirkung des Täters schutzlos ausgeliefert ist

Subjektiver Tatbestand: Vorsatz bezüglich der qualifizierenden Umstände

Sexueller Übergriff/Sexuelle Nötigung/Vergewaltigung, § 177 VII
(vorsatzbedürftige Qualifikation)

Als Grunddelikt § 177 I, II prüfen. Zusätzlich:

Objektiver Tatbestand:

- Nr. 1: eine Waffe oder ein anderes gefährliches Werkzeug bei sich führen
- Nr. 2: sonst ein Mittel oder Werkzeug bei sich führen, um den Widerstand einer anderen Person durch Gewalt oder Drohung mit Gewalt zu verhindern oder zu überwinden
- Nr. 3: das Opfer in die Gefahr einer schweren Gesundheitsschädigung bringen

Subjektiver Tatbestand: Vorsatz bezüglich der qualifizierenden Umstände

Sexueller Übergriff/Sexuelle Nötigung/Vergewaltigung, § 177 VIII
(vorsatzbedürftige Qualifikation)

Als Grunddelikt § 177 I, II prüfen. Zusätzlich:

Objektiver Tatbestand:

- Nr. 1: Verwendung einer Waffe oder eines anderen gefährlichen Werkzeugs bei der Tat
- Nr. 2 a): das Opfer bei der Tat körperlich schwer misshandeln
- Nr. 2 b): das Opfer durch die Tat in die Gefahr des Todes bringen

Subjektiver Tatbestand: Vorsatz bezüglich der qualifizierenden Umstände

Sexueller Übergriff, sexuelle Nötigung und Vergewaltigung mit Todesfolge, § 178
(Erfolgsqualifikation allg. S. 213)

Als Grunddelikt § 177 I, II prüfen. Zusätzlich: Tod des Opfers, spezifischer Gefahrzusammenhang zwischen sexuellem Übergriff und Tod, wenigstens Leichtfertigkeit bzgl. Todesversursachung (einfache Fahrlässigkeit, § 18, genügt nicht!)

Sexuelle Belästigung, § 184 i

Tatbestand	Objektiver Tatbestand **Täter:** jede Person **Opfer:** jede andere Person **Tathandlungen:** In sexuell bestimmter Weise körperlich berühren **Taterfolg:** Belästigung des Opfers Subjektiver Tatbestand Vorsatz
Rechtswidrigkeit	Keine Rechtfertigung denkbar
Schuld	Allgemeine Grundsätze
Benannte Straferschwerung	Besonders schwerer Fall mit Regelbeispiel, § 184 i I 2 Tat von mehreren gemeinschaftlich begangen
Verfolgbarkeit	Strafantrag/Bejahung des öffentlichen Verfolgungsinteresses, § 184 i III

Sexueller Missbrauch von Kindern (mit Körperkontakt), § 176 I, II

Tatbestand

Objektiver Tatbestand

Tatopfer: Kind = Person unter 14 Jahren

Tathandlung:

- Abs. 1:
  - Vornahme sexueller Handlungen i.S.d. § 184 h des Täters am Opfer
  - Vornehmenlassen sexueller Handlungen i.S.d. § 184 h des Opfers am Täter

  } eigenhändiger Deliktscharakter
- Abs. 2: Bestimmen des Opfers,
  - sexuelle Handlungen an einem Dritten vorzunehmen
  - sexuelle Handlungen von einem Dritten an sich vornehmen zu lassen

Subjektiver Tatbestand

Vorsatz

Rechtswidrigkeit

Keine Rechtfertigung denkbar

Schuld

Allgemeine Grundsätze

Verfolgbarkeit

Ruhen der Verjährung bis zur Vollendung des 30. Lebensjahres des Opfers, § 78 b I Nr. 1

Sexueller Missbrauch von Kindern (ohne Körperkontakt), § 176 IV, V

Tatbestand

Objektiver Tatbestand

- Abs. 4:

  Tatopfer: Kind = Person unter 14 Jahren

  Tathandlungen:

  - Nr. 1: Vornahme sexueller Handlungen vor dem Kind (§ 184 h Nr. 2)
  - Nr. 2: Bestimmen des Kindes, sexuelle Handlungen vorzunehmen (inkl. „Posing“)
  - Nr. 3: Einwirken auf das Kind durch Schriften (§ 11 III)/Informations-/Kommunikationstechnologie
  - Nr. 4: optische/akustische/verbale Einwirkung auf das Kind mittels pornographischer Inhalte
- Abs. 5: Vorbereitungshandlungen, vgl. § 30 ⇨ S. 219 f.
  - Anbieten eines Kindes zum Missbrauch nach § 176 I–IV (erfasst auch versuchte und vorgetäuschte Beteiligung inkl. versuchte Beihilfe)
  - Versprechen des Nachweises eines Kindes zum Missbrauch (erfasst eine Einigung auf den Versuch der Beteiligung)
  - Verabredung zum sexuellen Missbrauch (erstreckt § 30 II auf das Vergehen noch § 176 I–IV)

Subjektiver Tatbestand

Vorsatz

Bei § 176 IV Nr. 3 zusätzlich die Absicht,

a) das Kind zu sexuellen Handlungen i.S.d. § 176 I, II oder vor dem Täter oder einem Dritten zu bringen

b) eine Tat nach § 184 b I Nr. 3, III zu begehen

Rechtswidrigkeit

Keine Rechtfertigung denkbar

Schuld

Allgemeine Grundsätze

Verfolgbarkeit

Ruhen der Verjährung bis zur Vollendung des 30. Lebensjahres des Opfers, § 78 b I Nr. 1

Schwerer sexueller Missbrauch von Kindern, § 176 a I, II
(vorsatzbedürftige Qualifikation)

Tatbestand	Objektiver Tatbestand **Grunddelikt:** Sexueller Missbrauch von Kindern gem. § 176 I/II **Qualifizierende Umstände:** ▪ Abs. 1: Täter innerhalb der letzten 5 Jahre wegen Kindesmissbrauchs rechtskräftig verurteilt (Präzisierung der Frist/der Verurteilung bei Auslandstaten in § 176 a VI) ▪ Abs. 2: – Nr. 1: **Täter:** Person über 18 Jahre **Tathandlung:** • Vollzug des Beischlafs mit dem Opfer • Ähnliche sexuelle Handlungen, die mit einem Eindringen in den Körper (Rspr.: des Opfers oder des Täters) verbunden sind -- Vornahme vom Täter am Opfer -- Vornehmenlassen vom Opfer am Täter – Nr. 2: Tat von mehreren gemeinschaftlich begangen – Nr. 3: Gefahr einer schweren Gesundheitsschädigung/einer erheblichen Schädigung der körperlichen/seelischen Entwicklung Subjektiver Tatbestand Vorsatz
Rechtswidrigkeit	Keine Rechtfertigung denkbar
Schuld	Allgemeine Grundsätze
Verfolgbarkeit	Ruhen der Verjährung bis zur Vollendung des 30. Lebensjahres des Opfers, § 78 b I Nr. 1

Schwerer sexueller Missbrauch von Kindern in pornographischer Absicht, § 176 a III
(reine Absichtsqualifikation)

Als Grunddelikt § 176 I/II/III/IV Nr. 1 o. Nr. 2/VI prüfen. Zusätzlich: subjektiver Tatbestand:
Absicht , die Tat zum Gegenstand einer pornographischen Schrift (§ 11 III) zu machen und diese nach § 184 b I/II zu verbreiten

Besonders schwerer sexueller Missbrauch von Kindern, § 176 a V
(vorsatzbedürftige Qualifikation)

Als Grunddelikt § 176 I/II/III prüfen. Zusätzlich:

Objektiver Tatbestand:

- § 176 a V Alt. 1:
  schwere körperliche Misshandlung des Opfers bei der Tat
- § 176 a V Alt. 2:
  Gefahr des Todes durch die Tat

Subjektiver Tatbestand: Vorsatz bzgl. der Qualifikationsumstände

Sexueller Missbrauch von Kindern mit Todesfolge, § 176 b
(Erfolgsqualifikation ⇨ allg. S. 213)

Als Grunddelikt § 176/§ 176 a prüfen. Zusätzlich: Tod des Opfers, spezifischer Gefahrzusammenhang zwischen Tod und Grunddelikt, wenigstens Leichtfertigkeit bzgl. Todesverursachung (einfache Fahrlässigkeit, § 18, genügt nicht!)

Sexueller Missbrauch von Jugendlichen, § 182 I, II

Tatbestand

Objektiver Tatbestand

§ 182 I	§ 182 II
Opfer: Person unter 18 Jahren	**Täter:** Person über 18 Jahren
Tathandlung: Missbrauch durch	**Opfer:** Person unter 18 Jahren
▪ Nr. 1: Vornahme sexueller Handlungen – des Täters am Opfer – des Opfers am Täter	**Tathandlung:** Missbrauch durch Vornahme sexueller Handlungen – des Täters am Opfer – des Opfers am Täter
▪ Nr. 2: Bestimmen des Opfers zur Vornahme sexueller Handlungen – des Opfers an einem Dritten – von einem Dritten am Opfer	
Unter Ausnutzung einer Zwangslage = alle bedrängenden Umstände, die so gewichtig sind, dass sie mit einer wesentlichen Einschränkung der Entscheidungs- und Handlungsmöglichkeiten einhergehen und so die Gefahr begründen, den Widerstand des Opfers gegen sexuelle Übergriffe herabzusetzen	**Gegen Entgelt** = Gewährung einer in einem Vermögensvorteil bestehenden Gegenleistung (§11 I Nr. 9) für die Vornahme/Duldung der sexuellen Handlung

Subjektiver Tatbestand

Vorsatz

Rechtswidrigkeit

Keine Rechtfertigung denkbar

Schuld

Allgemeine Grundsätze

Absehen von Strafe

Bei Geringfügigkeit des Unrechts unter Berücksichtigung des Opferverhaltens möglich, § 182 VI

Sexueller Missbrauch von Jugendlichen unter Ausnutzung eingeschränkter Selbstbestimmungsfähigkeit, § 182 III

Tatbestand

Objektiver Tatbestand

Täter: Person über 21 Jahren

Opfer: Person unter 16 Jahren

Tathandlung: Missbrauch durch

- Nr. 1:
  Vornahme sexueller Handlungen
  - des Täters am Opfer
  - des Opfers am Täter
- Nr. 2:
  Bestimmen des Opfers zur Vornahme sexueller Handlungen
  - des Opfers an einem Dritten
  - von einem Dritten am Opfer

Unter Ausnutzung der fehlenden Fähigkeit des Opfers zur sexuellen Selbstbestimmung = Unfähigkeit aus altersbedingter Unreife, die Entscheidung über die Vornahme/Duldung sexueller Handlungen intellektuell, moralisch und emotional in ein Selbstbild und Lebenskonzept in einer Weise zu integrieren, welche der Bedeutung sexueller Selbstbestimmung gerecht wird

Subjektiver Tatbestand

Vorsatz

Rechtswidrigkeit

Keine Rechtfertigung denkbar

Schuld

Allgemeine Grundsätze

Absehen von Strafe

Bei Geringfügigkeit des Unrechts unter Berücksichtigung des Opferverhaltens möglich, § 182 VI

Verfolgbarkeit

Strafantrag/Bejahung des besonderen öffentlichen Verfolgungsinteresses, § 182 V; Ruhen der Verjährung nach § 78 b I Nr. 1

V. Straftaten gegen die Ehre und das Pietätsgefühl
1. Verleumdung; Vernetzung der Ehrdelikte untereinander und mit anderen Straftatbeständen

Verleumdung, § 187 Hs. 1 (vorsatzbedürftige Qualifikation zu § 185)

Prüfungsschema	Deliktsmangel:	weiterprüfen:
Tatbestand		
obj. Tatbestand		
Tatopfer: individueller Ehrträger **und** im Tatzeitpunkt am Leben	→ Äußerung bezieht sich auf Personenmehrheit ohne Verbandsehre und ist mangels klarer Abgrenzung auch nicht als Beleidigung unter einer Kollektivbezeichnung zu erfassen	→ Volksverhetzung, § 130; Beschimpfung von (Religions-)Bekenntnissen, § 166
	→ Ehrträger verstorben	→ Verunglimpfung des Andenkens Verstorbener, § 189 ⇨ S. 47; Störung der Totenruhe, § 168 ⇨ S. 47
Tatmittel: Tatsachen, geeignet zur Verächtlichmachung/Herabwürdigung und unwahr	→ Äußerung beinhaltet nur negatives Werturteil	→ Beleidigung, § 185 ⇨ S. 46
	→ Äußerung wahrer Tatsachen	→ (Formal-)Beleidigung, §§ 185, 192 ⇨ S. 46
Tathandlung: ▪ Behaupten ▪ Verbreiten	→ Äußerungen in beleidigungsfreier Sphäre	→ von den Ehrdelikten nicht erfasst (h.M.)
	→ Bloße Schaffung einer kompromittierenden Sachlage	→ von den Ehrdelikten nicht erfasst (h.M.)
	→ Sexuelle Handlung unterhalb der Schwelle der §§ 174 ff. ohne darüber hinausgehende Missachtenskundgabe	→ von den Ehrdelikten nicht erfasst (h.M.)
in Beziehung auf einen anderen	→ Täter gibt ehrenrührige Erklärungen unter Namen des Opfers selbst ab	→ von §§ 186, 187 nicht erfasst, ggf. § 267; gelangen die Äußerungen an den Ehrträger: § 185 ⇨ S. 46
	→ Unwahre Tatsache wird allein ggü. dem Ehrträger geäußert	→ Beleidigung, § 185 ⇨ S. 46
subj. Tatbestand		
Vorsatz **und** positive Kenntnis der Unwahrheit	→ Täter hält Unwahrheit nur für möglich oder glaubt sogar an die Wahrheit	→ Üble Nachrede, § 186 ⇨ S. 45
Rechtswidrigkeit	Allgemeine Grundsätze ⚠ *§ 193 gilt grds. nicht bei wissentlich unwahren Tatsachenbehauptungen!*	
Schuld	Allgemeine Grundsätze	
Verfolgbarkeit	Strafantrag, § 194 ⚠ *Absolutes Antragsdelikt!*	

Öffentliche Verleumdung, § 187 Hs. 2 (vorsatzbedürftige Qualifikation)

Als Grunddelikt §187 Hs. 1 prüfen. Zusätzlich: **objektiver Tatbestand:** öffentlich/in einer Versammlung/durch Verbreiten von Schriften (§ 11 III); **subjektiver Tatbestand:** Vorsatz diesbzgl.

Verleumdung von Personen des politischen Lebens, § 188 II i.V.m. I (vorsatzbedürftige Qualifikation)

Als Grunddelikt § 187 Hs. 2 prüfen bei wissentlich unwahren Tatsachenbehauptungen!
Zusätzlich: **objektiver Tatbestand:** Opfer: eine im politischen Leben stehende Person; Eignung der Tat, das politische Wirken des Opfers erheblich zu erschweren; **subjektiver Tatbestand:** Vorsatz diesbzgl. **und** Handeln aus besonderen Beweggründen, die mit der Stellung des Opfers im öffentlichen Leben zusammenhängen.

Üble Nachrede, § 186 Hs. 1

Tatbestand

Objektiver Tatbestand

Tatopfer: individueller, im Tatzeitpunkt lebender Ehrträger

Tatmittel: Tatsache, die zur Verächtlichmachung oder Herabwürdigung in der öffentlichen Meinung geeignet ist

Tathandlung: Behaupten/Verbreiten in Beziehung auf einen anderen

Subjektiver Tatbestand

Vorsatz ⚠ *Nicht in Bezug auf Unwahrheit erforderlich*

Objektive Strafbarkeitsbedingung

Nichterweislichkeit der Wahrheit der geäußerten Tatsache

Rechtswidrigkeit

- Allgemeine Rechtfertigungsgründe
- **Wahrnehmung berechtigter Interessen, § 193**

  Täter verfolgt **berechtigte Interessen** = jeder öffentliche, private, ideelle oder vermögensrechtliche Zweck, soweit er rechtlich schutzwürdig ist **und**

  Wahrnehmung der Interessen in berechtigter Weise = geeignet, erforderlich, angemessen **und**

  ⚠ *Äußerung insbes. unangemessen bei leichtfertiger Äußerung ehrenrühriger Tatsachen, Angriffen auf die Menschenwürde, Formalbeleidigungen, Schmähungen; i.Ü. Abwägung zwischen Art. 5 GG und allg. Persönlichkeitsrecht, Art. 2 I i.V.m. Art. 1 I GG*

  subjektiv: Absicht der Interessenwahrnehmung

Schuld

Allgemeine Grundsätze

Verfolgbarkeit

Strafantrag, § 194 ⚠ *Absolutes Antragsdelikt!*

Öffentliche üble Nachrede, § 186 Hs. 2 (vorsatzbedürftige Qualifikation)

Als Grunddelikt § 186 Hs. 1 prüfen. Zusätzlich: **objektiver Tatbestand:** öffentlich/durch Verbreiten von Schriften (§ 11 III) geschehene Äußerung; **subjektiver Tatbestand:** Vorsatz diesbzgl.

Üble Nachrede gegen Personen des politischen Lebens, § 188 I (vorsatzbedürftige Qualifikation)

Als Grunddelikt § 186 Hs. 2 prüfen. Weitere Mod.: in einer Versammlung.
Zusätzlich: **objektiver Tatbestand:** Opfer: eine im politschen Leben stehende Person; Eignung der Tat, das politische Wirken des Opfers erheblich zu erschweren;
subjektiver Tatbestand: Vorsatz diesbzgl. **und** Handeln aus besonderen Beweggründen, die mit der Stellung des Opfers im öffentlichen Leben zusammenhängen.

V. Straftaten gegen die Ehre und das Pietätsgefühl
3. Beleidigung; Formalbeleidigung

Beleidigung, § 185 Hs. 1

Tatbestand	**Objektiver Tatbestand** **Opfer:** individueller, im Tatzeitpunkt existenter Ehrträger **Tathandlung:** Beleidigung = Kundgabe der eigenen Nicht-/Missachtung des Täters ▪ durch Äußerung unwahrer (h.M.), ehrenrühriger Tatsache gegenüber dem Ehrträger selbst ▪ durch Äußerung eines selbstständigen negativen Werturteils gegenüber dem Ehrträger selbst/in Beziehung auf den Ehrträger gegenüber Dritten **Subjektiver Tatbestand** Vorsatz bzgl. Missachtungskundgabe; bei Tatsachenäußerungen auch bzgl. Unwahrheit (h.M.) ⚠ *Kein Beleidigungswille erforderlich!*
Rechtswidrigkeit	Spezieller Rechtfertigungsgrund: Wahrnehmung berechtigter Interessen, § 193 ⇨ S. 45
Schuld	Allgemeine Grundsätze
Straffreierkl.	Möglich bei wechselseitigen Beleidigungen, § 199 (gilt auch für §§ 186 ff.)
Verfolgbarkeit	Strafantrag, § 194 ⚠ *Absolutes Antragsdelikt!*

Tätliche Beleidigung, § 185 Hs. 2 (vorsatzbedürftige Qualifikation)
Als Grunddelikt § 185 Hs. 1 prüfen. **Objektiver Tatbestand:** anstelle der Missachtungskundgabe durch Äußerung Tätlichkeit (= unmittelbar gegen den Körper gerichtete Einwirkung);
subjektiver Tatbestand: Vorsatz

Formalbeleidigung, §§ 192, 185

Anwendbarkeit	Nach Verneinung der §§ 185–189 wegen Wahrheit der behaupteten/verbreiteten Tatsache
Tatbestand	**Objektiver Tatbestand** Äußerung einer wahren Tatsache **und** eigenständige Missachtungskundgabe im Zusammenhang mit der Tatsache (Wertungsexzess) ▪ durch die Form der Äußerung ▪ durch die Umstände der Äußerung (insbes. Publikationsexzess) **Subjektiver Tatbestand** Vorsatz bzgl. der formalbeleidigenden Merkmale ⚠ *Keine Beleidigungsabsicht erforderlich (h.M.)!*
Rechtswidrigkeit	Allgemeine Grundsätze ⚠ *Wahrnehmung berechtigter Interessen (§ 193) nicht anwendbar!*
Schuld	Allgemeine Grundsätze
Verfolgbarkeit	Strafantrag, § 194 ⚠ *Absolutes Antragsdelikt!*

V. Straftaten gegen die Ehre und das Pietätsgefühl
4. Verunglimpfung des Andenkens Verstorbener; Störung der Totenruhe

Verunglimpfung des Andenkens Verstorbener, § 189

Tatbestand

Objektiver Tatbestand

Opfer: Betroffener im Tatzeitpunkt verstorben/für tot erklärt

Tathandlung: Verunglimpfung = nach Form/Inhalt/Begleitumständen/Beweggrund erhebliche Herabsetzung durch objektive Beleidigung/üble Nachrede/Verleumdung

Tatadressat: Das Andenken muss durch die Tat betroffen sein, d.h. die Äußerung muss zur Kenntnis einer lebenden Person gelangt sein.

Subjektiver Tatbestand

Vorsatz

⚠ *Irrtum über Tod des Verunglimpften schließt Bestrafung sowohl aus §§ 185 ff. als auch aus § 189 aus (h.M.)!*

Rechtswidrigkeit

Allgemeine Grundsätze

⚠ *Wahrnehmung berechtigter Interessen (§ 193) nicht anwendbar!*

Schuld

Allgemeine Grundsätze

Verfolgbarkeit

Strafantrag, § 194 II

Störung der Totenruhe, § 168

Tatbestand

Objektiver Tatbestand

- **§ 168 I Alt. 1: unbefugte Wegnahme**
  Tatobjekt: Körper/Teile des Körpers eines verstorbenen Menschen/tote Leibesfrucht/ Teile einer toten Leibesfrucht/Asche eines verstorbenen Menschen
  Tatopfer: Totensorgeberechtigter, in dessen Obhut sich das Tatobjekt befindet
  Tathandlung: Wegnahme = Bruch des Obhutsverhältnisses
- **§ 168 I Alt. 2; II Mod. 3: Verübung beschimpfenden Unfugs**
  Tatobjekte bei I Alt. 2: solche des I Alt. 1
  Tatort bei II Mod. 3: Aufbahrungsstätte/Beisetzungsstätte/öffentl. Totengedenkstätte
  Tathandlung: Verübung beschimpfenden Unfugs = besonders rohe Missachtenskundgabe
- **§ 168 II Mod. 1, 2: Zerstörung/Beschädigung**
  Tatobjekt: Aufbahrungsstätte/Beisetzungsstätte/öffentl. Totengedenkstätte
  Tathandlung: Zerstören/Beschädigen (wie bei § 303 I ⇨ S. 79)

Subjektiver Tatbestand

Vorsatz

⚠ *Absicht einer Pietätsverletzung nicht erforderlich!*

Rechtswidrigkeit

Allgemeine Grundsätze (deklaratorische Funktion des Merkmals „unbefugt" in § 168 I)

Schuld

Allgemeine Grundsätze

V. Straftaten gegen die Ehre und das Pietätsgefühl
5. Konkurrenzen

Verhältnis	zu anderen Ehrdelikten in Bezug auf denselben Ehrträger	zu anderen Delikten
§ 185	zu §§ 186–188 ▪ verdrängen § 185 als leges speciales für Tatsachenäußerungen gegenüber Dritten ▪ Tateinheit – bei Tatsachenäußerungen gegenüber dem Ehrträger, wenn Dritte die Äußerung gleichzeitig zur Kenntnis nehmen – bei Äußerungen gegenüber Dritten in Bezug auf den Ehrträger, die sowohl Werturteile (§ 185) als auch herabwürdigende Tatsachen beinhalten	Tateinheit
§ 186	wird von den Qualifikationen der §§ 187, 188 als gesetzeskonkurrierend verdrängt (Spezialität)	
§ 187	verdrängt als Qualifikation § 186 als gesetzeskonkurrierend (Spezialität)	
§ 189	wegen tatbestandlicher Exklusivität hinsichtlich der Tatopfer kein Konkurrenzverhältnis zu §§ 185 ff.	

VI. Straftaten gegen die Privat- und Intimsphäre

1. System und Grenzen der §§ 123 f., 201 ff.

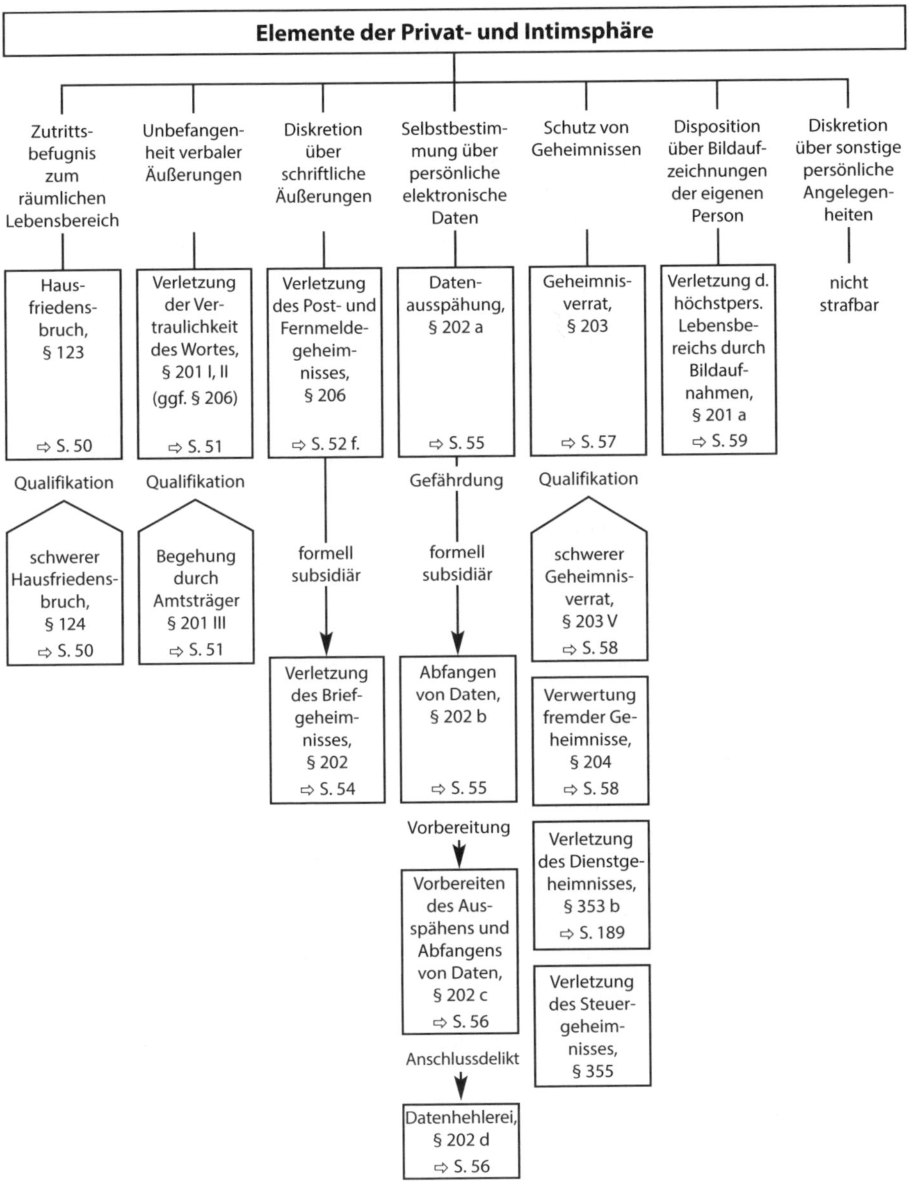

Hausfriedensbruch, § 123

Tatbestand	Objektiver Tatbestand **Tatobjekt:** Wohnung eines anderen/Geschäftsräume eines anderen/befriedetes Besitztum eines anderen/abgeschlossene Räume, welche zum öffentlichen Dienst/Verkehr bestimmt sind **Tathandlungen:** ▪ 1. Alt.: Eindringen = Betreten (zumindest mit einem Teil des Körpers) ohne (individuelle oder generelle) Zutrittserlaubnis des Hausrechtsinhabers ▪ 1. Alt. i.V.m. § 13: Eindringen durch garantenpflichtwidriges Unterlassen auch durch Nichtverlassen der Räumlichkeit (str.) ▪ 2. Alt. (subsidiär): Verweilen trotz Aufforderung des Berechtigten zum Verlassen Subjektiver Tatbestand Vorsatz ⚠ *Tatumstandsirrtum i.S.v. § 16 insbes. bei irriger Annahme des Einverständnisses*
Rechtswidrigkeit	Allgemeine Grundsätze (deklaratorische Funktion der Merkmale widerrechtlich [1. Alt.]/ohne Befugnis [2. Alt.])
Schuld	Allgemeine Grundsätze
Verfolgbarkeit	Strafantrag, § 123 II ⚠ *Absolutes Antragsdelikt!*

Schwerer Hausfriedensbruch, § 124 (vorsatzbedürftige Qualifikation)

Tatbestand	Objektiver Tatbestand Öffentliche Zusammenrottung einer Menschenmenge **und** Verwirklichung des § 123 I Alt. 1 durch die Menschenmenge **und** Teilnahme des Täters = räumliche Anwesenheit und körperliche Beteiligung an der Zusammenrottung und zumindest mittäterschaftliche Förderung des Eindringens Subjektiver Tatbestand Vorsatz **und** Absicht (der Menschenmenge und des fraglichen Täters, dass aus der Menschenmenge), dass Gewalttätigkeiten gegen Personen/Sachen (im Schutzbereich des verletzten Hausrechts) mit vereinten Kräften begangen werden
Rechtswidrigkeit	Allgemeine Grundsätze
Schuld	Allgemeine Grundsätze

Verletzung der Vertraulichkeit des Wortes, § 201 I, II

Tatbestand

Objektiver Tatbestand

Tatobjekt: das nicht öffentlich gesprochene Wort eines anderen = die unmittelbare stimmliche Äußerung eines Gedankens, die nicht für einen unbestimmten Personenkreis vorgesehen ist

Tatmodalitäten:

Herstellung	Weitergabe
▪ I Nr. 1: Aufnehmen auf einen Tonträger	▪ I Nr. 2: beim Tatobjekt zusätzl.: „so hergestellte Aufnahme" = nach Nr. 1 gemachte und rechtswidrige Aufnahme **und** gebrauchen/einem Dritten zugänglich machen
▪ II 1 Nr. 1: – beim Tatobjekt zusätzlich: nicht zur Kenntnis des Täters bestimmt – Abhören mit einem Abhörgerät	▪ II 1 Nr. 2: beim Tatobjekt zusätzlich: Aufnahme i.S.d. I Nr. 1/Abhörmaßnahme i.S.d. II 1 Nr. 1 **und** öffentliches Mitteilen im Wortlaut/dem wesentlichen Inhalt nach **und** Bagatellklausel II 2: Eignung der Tat, berechtigte Interessen eines anderen zu beeinträchtigen

Subjektiver Tatbestand

Vorsatz

Rechtswidrigkeit

Allgemeine Grundsätze (deklarator. Funktion d. Merkmals „unbefugt", h.M.)

Spez. Rechtfertigungsgrund für II 1 Nr. 2 bildet II 3: Prüfung wie § 193 (⇨ S. 45), statt berechtigter Interessen müssen hier überragende öffentliche Interessen wahrgenommen worden sein

Schuld

Allgemeine Grundsätze

Verfolgbarkeit

Strafantrag, § 205 I 1 ⚠ *Absolutes Antragsdelikt!*

Verletzung der Vertraulichkeit des Wortes durch Amtsträger, § 201 III
(vorsatzbedürftige Qualifikation)

Als Grunddelikt § 201 I/II prüfen. Zusätzlich: **objektiver Tatbestand:** Täter = Amtsträger (§ 11 I Nr. 2; § 48 I WStG)/für den öffentlichen Dienst besonders Verpflichteter (§ 11 I Nr. 4); **subjektiver Tatbestand:** Vorsatz bzgl. qualifizierender Umstände

Verletzung des Post- und Fernmeldegeheimnisses durch Bedienstete von Telekommunikationsunternehmen, § 206 I–III

Tatbestand

Objektiver Tatbestand

Täter:

- Inhaber (= [Mit-]Eigner) oder Beschäftigte von Unternehmen, die geschäftsmäßig Post- oder Telekommunikationsdienste erbringen
- betriebsnahe Personen, § 206 III:
  - Nr. 1: Beschäftigte der Aufsichtsverwaltung über Telekommunikationsunternehmen
  - Nr. 2: Nichtunternehmensangehörige, die mit Post- und Telekommunikationsdiensten betraut sind
  - Nr. 3: Personen, die mit der Herstellung von/Arbeiten an Telekommunikationsanlagen betraut sind

Tatmodalitäten:

§ 206 I

Tatgegenstand: Tatsache, die dem Post- oder Fernmeldegeheimnis unterliegt ⇨ Legaldefinition in § 206 V

Tathandlung: einer anderen Person mitteilen = jedes Informieren oder In-Kenntnis-Setzen einer anderen Person, gleichgültig in welcher Form

§ 206 II

- **Nr. 1:**
  Tatobjekt: dem Unternehmen anvertraute und verschlossene Sendung
  Tathandlung:
  - öffnen
  - sich ohne Öffnung vom Inhalt Kenntnis verschaffen, unter Anwendung technischer Mittel
- **Nr. 2:**
  Tatobjekt: dem Unternehmen zur Übermittlung anvertraute Sendung
  Tathandlung: unterdrücken
- **Nr. 3:**
  Tathandlung eines anderen i.S.d. I, II Nr. 1, 2
  Tathandlung: gestatten/fördern

Subjektiver Tatbestand

Vorsatz

Rechtswidrigkeit

Allgemeine Grundsätze
(nach h.M. deklaratorische Funktion des Merkmals „unbefugt“)

Schuld

Allgemeine Grundsätze

Verletzung des Post- und Fernmeldegeheimnisses durch betriebsfremde Amtsträger, § 206 IV

Tatbestand	Objektiver Tatbestand **Täter:** Amtsträger (§ 11 I Nr. 2; § 48 I WStG) außerhalb des Täterkreises des § 206 I–III **Tatgegenstand:** Tatsache, die dem Post- oder Fernmeldegeheimnis unterliegt ⇨ Legaldefinition in § 206 V **und** dem Täter bekannt geworden aufgrund eines befugten/unbefugten Eingriffs in das Post- oder Fernmeldegeheimnis (z.B. §§ 99 ff. StPO) **und** innerer Zusammenhang zwischen Amtstätigkeit und der Kenntniserlangung des Täters **Tathandlung:** einer anderen Person mitteilen (wie § 206 I) Subjektiver Tatbestand Vorsatz
Rechtswidrigkeit	Allgemeine Grundsätze (deklaratorische Funktion des Merkmals „unbefugt“)
Schuld	Allgemeine Grundsätze

Verletzung des Briefgeheimnisses, § 202

Tatbestand

Objektiver Tatbestand

Tatobjekt: Schriftstück, insbes. Brief (gleichgestellt gem. III: Abbildung), nicht zur Kenntnis des Täters bestimmt

Tatmodalitäten:

§ 202 I	§ 202 II
Verschluss (= unmittelbare Umschließung, z.B. Umschlag) **Tathandlungen:** ▪ Nr. 1: öffnen ▪ Nr. 2: Erlangung der Kenntnis vom Inhalt ohne Öffnung unter Anwendung technischer Mittel	mittelbarer Verschluss durch verschlossenes Behältnis (wie bei § 243 I 2 Nr. 2 ⇨ S. 63) mit der Funktion einer besonderen Sicherung gegen Kenntnisnahme **Tathandlung:** Öffnen und Kenntnis verschaffen vom Inhalt

Subjektiver Tatbestand

Vorsatz

Rechtswidrigkeit

Allgemeine Grundsätze
(nach h.M. deklaratorische Funktion des Merkmals „unbefugt")

Schuld

Allgemeine Grundsätze

Verfolgbarkeit

Strafantrag, § 205 I 1 ⚠ *Absolutes Antragsdelikt!*

Konkurrenzen

Formelle Subsidiarität gegenüber § 206

Ausspähen von Daten, § 202 a

Tatbestand	Objektiver Tatbestand **Tatobjekt:** Daten (mit Beschränkung des § 202 a II) **und** nicht zur Kenntnis des Täters bestimmt **und** gegen unberechtigten Zugang besonders gesichert **Tathandlung:** Sich/einem anderen Zugang verschaffen unter Überwindung der Zugangssicherung ⚠ *„Hacking" strafbar, Surfen in offenen WLAN-Netzen hingegen nicht!* Subjektiver Tatbestand Vorsatz
Rechtswidrigkeit	Allgemeine Grundsätze (nach h.M. deklaratorische Funktion des Merkmals „unbefugt")
Schuld	Allgemeine Grundsätze
Verfolgbarkeit	Strafantrag oder Bejahung besonderen öffentlichen Verfolgungsinteresses, § 205 I 2

Abfangen von Daten, § 202 b

Tatbestand	Objektiver Tatbestand **Tatobjekt:** Daten (mit Beschränkung des § 202 a II) **und** nicht zur Kenntnis des Täters bestimmt **und** in nicht öffentlicher Datenübermittlung/aus elektromagnetischer Abstrahlung einer Datenverarbeitungsanlage **Tathandlung:** Sich/einem anderen verschaffen unter Anwendung von technischen Mitteln Subjektiver Tatbestand Vorsatz
Rechtswidrigkeit	Allgemeine Grundsätze (nach h.M. deklaratorische Funktion des Merkmals „unbefugt")
Schuld	Allgemeine Grundsätze
Verfolgbarkeit	Strafantrag/Bejahung besonderen öffentlichen Verfolgungsinteresses, § 205 I 2

Vorbereitung des Ausspähens und Abfangens von Daten, § 202 c

Tatbestand

Objektiver Tatbestand

Tatobjekte:
- I Nr. 1: Passwörter/sonstige Sicherungscodes, die den Zugang zu Daten (§ 202 a II) ermöglichen
- I Nr. 2: Computerprogramme mit der Zweckbestimmung einer Tat nach § 202 a/§ 202 b

Tathandlungen:
Herstellen/sich oder einem anderen verschaffen/verkaufen/einem anderen überlassen/verbreiten/sonst zugänglich machen
als Vorbereitung einer Tat nach § 202 a/§ 202 b

Subjektiver Tatbestand

Vorsatz (einschließlich der Verwirklichung einer – wenn auch nicht konkretisierten – Tat nach § 202 a/§ 202 b)

Rechtswidrigkeit

Allgemeine Grundsätze

Schuld

Allgemeine Grundsätze

Persönlicher Strafaufhebungsgrund

Tätige Reue unter den Voraussetzungen des § 202 c II i.V.m. § 149 II/III

Datenhehlerei, § 202 d

Tatbestand

Objektiver Tatbestand

Tatobjekt:
- Daten (mit Beschränkung des § 202 a II) **und**
- nicht allgemein zugänglich **und**
- von einem anderen durch eine rechtswidrige Tat (nicht nur §§ 202 a, 202 b) erlangt

Tathandlung: Einem anderen überlassen, verbreiten oder sonst zugänglich machen

Tatbestandsausschluss für Handlungen, die ausschließlich der Erfüllung rechtmäßiger oder beruflicher Pflichten dienen (§ 202 d III)

Subjektiver Tatbestand

Vorsatz und besondere Absicht (einen Dritten zu bereichern oder einen anderen zu schädigen)

Rechtswidrigkeit

Allgemeine Grundsätze

Schuld

Allgemeine Grundsätze

Verfolgbarkeit

Strafantrag/Bejahung des öffentlichen Verfolgungsinteresses, § 205 I 2

Verletzung von Privatgeheimnissen, § 203

Tatbestand

Objektiver Tatbestand

Täter:

- I Nr. 1–6: Geheimnisträger kraft Berufs
  - Nr. 1: Angehöriger eines Heilberufs mit staatl. geregelter Ausbildung (nicht: Heilpraktiker)
  - Nr. 2: Berufspsychologe
  - Nr. 3: Rechtsanwalt/Patentanwalt/Notar/Verteidiger/Wirtschaftsprüfer/vereidigter Buchprüfer/Steuerberater/Steuerbevollmächtigter/Organ/Mitglied eines Organs entsprechender (RA- etc.)Gesellschaft, gleichgestellt nach III 1: andere Mitglieder einer Rechtsanwaltskammer
  - Nr. 4/4 a: Berater in anerkannten Beratungsstellen
  - Nr. 5: staatlich anerkannter Sozialarbeiter/Sozialpädagoge
  - Nr. 6: Angehöriger einer privaten Kranken-/Unfall-/Lebensversicherung/privatärztlichen/anwaltlichen/steuerberaterlichen Verrechnungsstelle
  - III 2: gleichgestellt Berufshelfer und Auszubildende
  - III 3: gleichgestellte Personen, die das Geheimnis vom verstorbenen Geheimnisträger oder aus dessen Nachlass erlangt haben
- II 1 Nr. 1–6: Geheimnisträger kraft Amtes/förmlicher Verpflichtung
  - Nr. 1: Amtsträger (§ 11 I Nr. 2; § 48 WStG)
  - Nr. 2: für den öffentlichen Dienst besonders Verpflichtete (§ 11 I Nr. 4)
  - Nr. 3: Interessenvertreter nach Personalvertretungsrecht
  - Nr. 4: Mitglieder/Hilfskräfte von Ausschüssen oder Räten für ein Gesetzgebungsorgan des Bundes/Landes
  - Nr. 5: öffentlich bestellte Sachverständige
  - Nr. 6: Personen, die im Rahmen wissenschaftlicher Vorhaben auf ihre Geheimhaltungspflicht förmlich verpflichtet worden sind
  - II a: Datenschutzbeauftragte

Tatgegenstand:
Fremdes Geheimnis, insbesondere zum persönlichen Lebensbereich gehörig/Betriebs- oder Geschäftsgeheimnis (II 2: Präzisierung für Angaben im Zusammenhang mit öffentlicher Verwaltung) **und**

dem Täter in seiner beruflichen Eigenschaft/amtlichen Funktion anvertraut/bekannt geworden (II a: Kenntniserlangung über anderen Geheimnisträger)

Tathandlung: Offenbaren (IV: auch das Offenbaren nach dem Tod des Betroffenen ist tatbestandsmäßig)

Subjektiver Tatbestand

Vorsatz

Rechtswidrigkeit

Allgemeine Grundsätze (nach h.M. deklaratorische Funktion des Merkmals „unbefugt")
Entfällt speziell bei Offenbarungspflichten, z.B. § 138 ⇨ S. 157 f.

Schuld

Allgemeine Grundsätze

Verfolgbarkeit

Strafantrag, § 205 I 1 ⚠ *Absolutes Antragsdelikt!*

Schwerer Geheimnisverrat, § 203 V (vorsatzbedürftige/rein subjektive Qualifikation)

Als Grunddelikt § 203 I–III prüfen. Zusätzlich:

- im **objektiven** und **subjektiven Tatbestand:** Handeln gegen Entgelt (§ 11 I Nr. 9)
- nur im **subjektiven Tatbestand:** Absicht, sich/einen anderen zu bereichern, oder Absicht, einen anderen zu schädigen

Verwertung fremder Geheimnisse, § 204

Tatbestand	Objektiver Tatbestand **Täter:** Geheimnisträger i.S.v. § 203 ⇨ S. 57 **Tatgegenstand:** fremdes Geheimnis i.S.v. § 203 ⇨ S. 57 **Tathandlung:** Verwerten = wirtschaftliche Nutzung zum Zweck der Gewinnerzielung, soweit die Tat nicht schon von § 203 V erfasst wird ⚠ *Auch Verwertung nach dem Tod des Betroffenen ist tatbestandsmäßig, § 204 II i.V.m. § 203 IV!* Subjektiver Tatbestand Vorsatz
Rechtswidrigkeit	Allgemeine Grundsätze (nach h.M. deklaratorische Funktion des Merkmals „unbefugt")
Schuld	Allgemeine Grundsätze
Verfolgbarkeit	Strafantrag, § 205 I 1 ⚠ *Absolutes Antragsdelikt!*

VI. Straftaten gegen die Privat- und Intimsphäre
8. Verletzung des höchstpersönlichen Lebensbereichs durch Bildaufnahmen

Verletzung des höchstpersönlichen Lebensbereichs durch Bildaufnahmen, § 201 a I Nr. 1, 2

Tatbestand	Objektiver Tatbestand **Tatobjekt:** Bildaufnahme ▪ von einer anderen Person, die sich in einer Wohnung oder einem gegen Einblick besonders geschützten Raum befindet (§ 201 a I Nr. 1) **oder** ▪ die die Hilflosigkeit einer anderen Person zur Schau stellt (§ 201 a I Nr. 2) **Tathandlungen:** ▪ Herstellen **oder** ▪ Übertragen (Live-Übertragung ohne Speicherung) **Taterfolg:** Dadurch den höchstpersönlichen Lebensbereich der abgebildeten Person verletzt Subjektiver Tatbestand Vorsatz
Rechtswidrigkeit	Allgemeine Grundsätze („unbefugt" als allgemeines Verbrechensmerkmal), § 201 a IV (nur für § 201 a I Nr. 2)
Schuld	Allgemeine Grundsätze
Verfolgbarkeit	Strafantrag oder besonderes öffentliches Verfolgungsinteresse, § 205 I 2

Verletzung des höchstpersönlichen Lebensbereichs durch Bildaufnahmen, § 201 a I Nr. 3

Tatbestand

Objektiver Tatbestand

Tatobjekt: durch eine Tat nach § 201 a I Nr. 1, 2 hergestellte Bildaufnahme

Tathandlungen:
- Gebrauchen **oder**
- einer dritten Person zugänglich machen

Subjektiver Tatbestand

Vorsatz

Rechtswidrigkeit

Allgemeine Grundsätze („unbefugt" als allgemeines Verbrechensmerkmal), § 201 a IV

Schuld

Allgemeine Grundsätze

Verfolgbarkeit

Strafantrag oder besonderes öffentliches Verfolgungsinteresse, § 205 I 2

Verletzung des höchstpersönlichen Lebensbereichs durch Bildaufnahmen, § 201 a I Nr. 4

Tatbestand

Objektiver Tatbestand

Tatobjekt: befugt hergestellte Bildaufnahme der in § 201 a I Nr. 1, 2 bezeichneten Art

Tathandlungen: unbefugt einer dritten Person zugänglich machen

Taterfolg: Dadurch den höchstpersönlichen Lebensbereich der abgebildeten Person verletzen

Subjektiver Tatbestand

Vorsatz; Wissentlichkeit bzgl. der Unbefugtheit

Rechtswidrigkeit

Allgemeine Grundsätze, § 201 a IV

Schuld

Allgemeine Grundsätze

Verfolgbarkeit

Strafantrag oder besonderes öffentliches Verfolgungsinteresse, § 205 I 2

Verletzung des höchstpersönlichen Lebensbereichs durch Bildaufnahmen, § 201 a II

Tatbestand	Objektiver Tatbestand **Tatobjekt:** Bildaufnahme von einer anderen Person, die geeignet ist, dem Ansehen der abgebildeten Person erheblich zu schaden **Tathandlungen:** Unbefugt einer dritten Person zugänglich machen Subjektiver Tatbestand Vorsatz
Rechtswidrigkeit	Allgemeine Grundsätze („unbefugt" als allgemeines Verbrechensmerkmal), § 201 a IV
Schuld	Allgemeine Grundsätze
Verfolgbarkeit	Strafantrag oder besonderes öffentliches Verfolgungsinteresse, § 205 I 2

Verletzung des höchstpersönlichen Lebensbereichs durch Bildaufnahmen, § 201 a III

Tatbestand	Objektiver Tatbestand **Tatobjekt:** Bildaufnahme, die die Nacktheit einer anderen Person unter achtzehn Jahren zum Gegenstand hat **Tathandlungen:** ▪ Herstellen oder anbieten (§ 201 a III Nr. 1) **oder** ▪ sich oder einer dritten Person gegen Entgelt (§ 11 I Nr. 9) verschaffen (§ 201 a III Nr. 2) Subjektiver Tatbestand Vorsatz; bei § 201 a III Nr. 1 Absicht, die Bildaufnahme einer dritten Person gegen Entgelt (§ 11 I Nr. 9) zu verschaffen
Rechtswidrigkeit	Allgemeine Grundsätze („unbefugt" als allgemeines Verbrechensmerkmal), § 201 a IV
Schuld	Allgemeine Grundsätze
Verfolgbarkeit	Strafantrag oder besonderes öffentliches Verfolgungsinteresse, § 205 I 2

I. System und Grenzen des strafrechtlichen Eigentumsschutzes

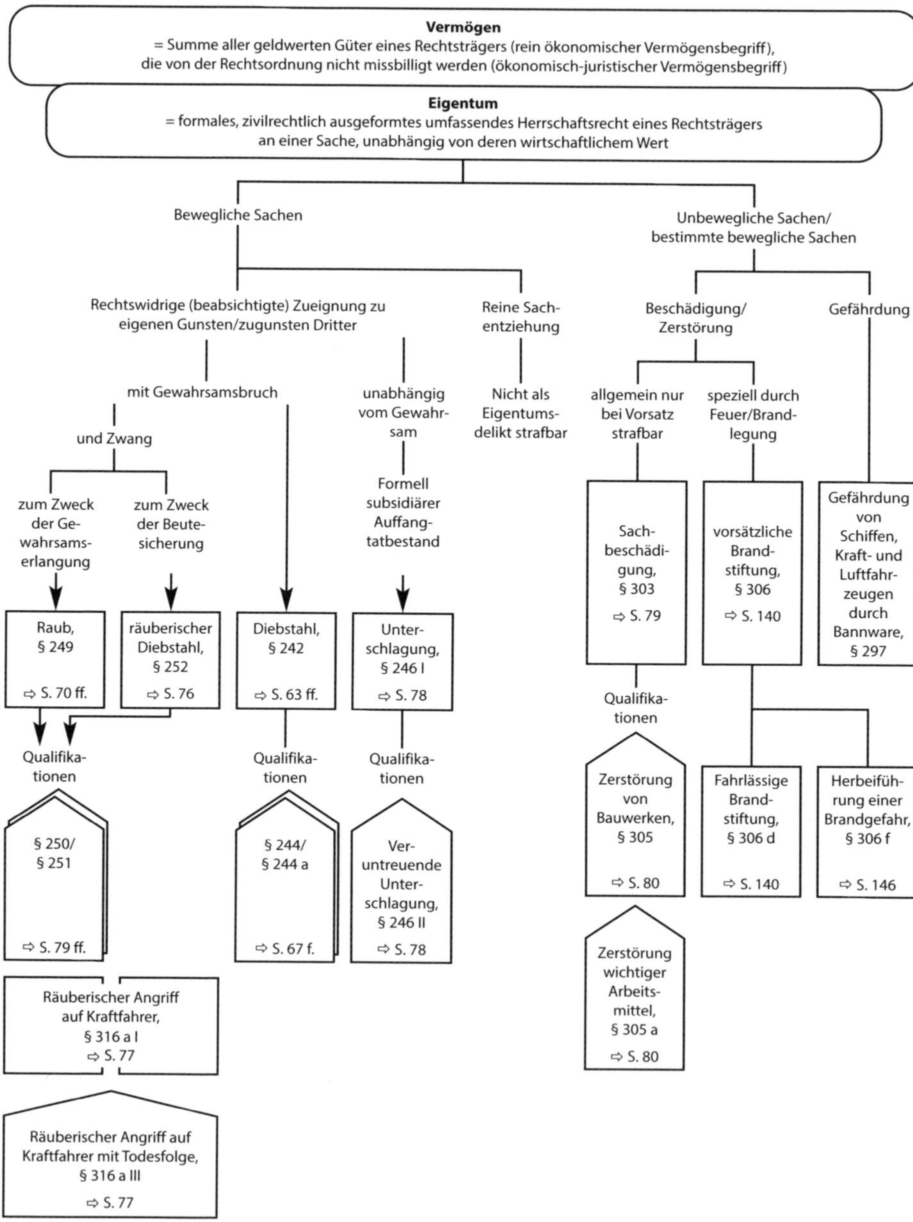

B. Delikte gegen Eigentum und Vermögen

II. Zueignungsdelikte mit Gewahrsamsbruch
1. Diebstahl

Diebstahl, § 242

Tatbestand

Objektiver Tatbestand

Tatobjekt: fremde bewegliche Sache
Tathandlung: Wegnahme = Bruch fremden und Begründung neuen, nicht notwendig tätereigenen Gewahrsams

Subjektiver Tatbestand

Vorsatz **und**
Zueignungsabsicht = Absicht zur zumindest vorübergehenden Aneignung **und** Vorsatz zur dauerhaften Enteignung

zusätzlich:

objektive Rechtswidrigkeit der erstrebten Zueignung **und** Vorsatz diesbezüglich

Rechtswidrigkeit

Allgemeine Grundsätze

Schuld

Allgemeine Grundsätze

Benannte Straferschwerungen

Besonders schwerer Fall mit Regelbeispielskatalog, § 243 I 2:

- **Nr. 1:** umschlossener Raum = Raumgebilde, zum Betreten von Menschen bestimmt und mit Vorrichtungen zur Abwehr von Menschen versehen; insbes.: Gebäude, Geschäftsraum (bei Wohnung lex specialis: § 244 I Nr. 3 ⇨ S. 67) **und** Zutritt auf besonders deliktische Weise: Einbrechen/Einsteigen/Eindringen mittels nicht zur ordnungsmäßigen Öffnung bestimmten Werkzeugs (insbes.: falscher Schlüssel)/Sichverborgenhalten **und** Vorsatz **und** Handeln zur Ausführung der Tat
- **Nr. 2:** Schutzvorrichtungen mit besonderer Wegnahmesicherungsfunktion (insbesondere: verschlossenes Behältnis) **und** Wegnahme der besonders gesicherten Sache, nicht notwendig Überwindung der Wegnahmesicherung **und** Vorsatz bzgl. Wegnahmesicherung
- **Nr. 3:** gewerbsmäßiges Stehlen = Absicht, durch wiederholte Begehung von Diebstählen Einnahmequelle von Dauer und Erheblichkeit zu schaffen
- **Nr. 4:** Tatobjekt muss sich in einem der Religionsausübung dienenden Raum befinden und dem Gottesdienst gewidmet sein/der religiösen Verehrung dienen **und** Vorsatz bzgl. der Regelbeispielsmerkmale
- **Nr. 5:** Tatobjekt muss sich in einer allgemein zugänglichen Sammlung befinden/öffentlich ausgestellt sein; ferner muss es bedeutendes Kulturgut sein **und** Vorsatz bzgl. Regelbeispielsmerkmalen
- **Nr. 6:** verminderter Gewahrsamsschutz durch atypische Situation, nämlich Hilflosigkeit des Betroffenen/Unglücksfall/gemeine Gefahr **und** Ausnutzen dieser Lage **und** Vorsatz bzgl. Ausnahmelage und Ausnutzung
- **Nr. 7:** Tatobjekt ist erlaubnispflichtige Handfeuerwaffe/Maschinengewehr(/-pistole)/voll- oder halbautomatisches Gewehr/Sprengstoff enthaltende Kriegswaffe/Sprengstoff **und** Vorsatz bzgl. der Regelbeispielsmerkmale

Ausschlussklausel des § 243 II:
(einheitliche) Tat i.S.d. §§ 242, 243 I 1, 2 Nr. 1–6 **und**
objektiver und subjektiver Geringwertigkeitsbezug = Verkehrswert bis 25 €

Verfolgbarkeit

- Strafantrag/Bejahung des besonderen öffentlichen Verfolgungsinteresses beim Diebstahl geringwertiger Sachen, § 248 a: Anwendbar nur auf nicht erschwerten Diebstahl **und** Tatobjekt objektiv geringwertig i.S.v. § 243 II
- Strafantrag beim Haus- und Familiendiebstahl, § 247: Anwendbar auf alle Diebstahlsfälle **und** besondere Nähebeziehung zwischen Täter und Verletztem (= sowohl Eigentümer als auch Gewahrsamsinhaber), nämlich Angehöriger (§ 11 I Nr. 1)/Vormund (§§ 1773 ff. BGB)/Betreuer (§§ 1896 ff. BGB)/häusliche Gemeinschaft

⚠ *In diesem Fall absolutes Antragsdelikt!*

II. Zueignungsdelikte mit Gewahrsamsbruch
2. Diebstahl; Vernetzung mit anderen Straftatbeständen

Diebstahl, § 242 ⇨ Einzelschema S. 63

Prüfungsschema	Deliktsmangel:	weiterprüfen:
Tatbestand		
Obj. Tatbestand		
Tatobjekt Sache = jeder körperl. Gegenstand	Zueignung unkörperlicher Objekte	Spezialtatbestände, z.B. § 248 c ⇨ S. 81; § 265 a ⇨ S. 104; § 106 UrhG
beweglich		
fremd = im Eigentum irgendeines anderen	Wegnahme eigener Sachen	untauglicher Versuch; ggf. § 289 ⇨ S. 84
	Wegnahme herrenloser wilder Tiere	§§ 292 ff. ⇨ S. 82 f.
	Entwendung von Organen, Gewebe oder Implantaten Verstorbener	§§ 18, 19 TransplantG; § 168 ⇨ S. 47; § 246 nach Erlangung der Eigentumsfähigkeit ⇨ S. 78
Tathandlung: Wegnahme ⇨ S. 61		
vor der Tat fremder Gewahrsam	Entwendung von Sachen des Geschäftsherrn durch Angestellte mit Alleingewahrsam	§ 246 II ⇨ S. 78; § 266 I Mod. 2 ⇨ S. 107
	Entwendung des Inhalts verschlossener Behältnisse durch Behältnisverwahrer mit Alleingewahrsam	§ 246 I, II ⇨ S. 78; § 266 I Mod. 2 ⇨ S. 107
	Entwendung gewahrsamslos gewordener Gegenstände	Versuch; § 246 ⇨ S. 78
durch die Tat neuer Gewahrsam	Täter wird vor Erlangung neuen Gewahrsams gestellt	Versuch
ohne Einverständnis des Gewahrsamsinhabers	Diebesfalle	Versuch; § 246 I ⇨ S. 78
	Gewahrsamserlangung erschlichen	§ 263 ⇨ S. 97 ff.
	Überlistung einer elektronischen Geld-/Warenautomatensicherung	§ 263 a ⇨ S. 101 f.; § 266 b ⇨ S. 109; § 265 a ⇨ S. 104

II. Zueignungsdelikte mit Gewahrsamsbruch
2. Diebstahl; Vernetzung mit anderen Straftatbeständen (Fortsetzung)

Diebstahl, § 242

Prüfungsschema	Deliktsmangel:	weiterprüfen:
Tatbestand		
Subj. Tatbestand		
Vorsatz	Täter kennt sein Eigentum an der weggenommenen Sache oder das Einverständnis des Gewahrsamsinhabers nicht	untauglicher Versuch
Zueignungsabsicht in Bezug auf die weggenommene Sache/deren Sachwert	Täter will die Sache dem Berechtigten nur entziehen,	§ 274 ⇨ S. 130; § 133 ⇨ S. 180; § 136 ⇨ S. 178
	insbesondere aus bloßem Schädigungswillen oder aus Hass-/Rachegefühlen	§ 240 ⇨ S. 19
	Täter will die Sache ohne vorherigen Gebrauch beschädigen/zerstören	§ 303 ⇨ S. 79
Aneignungsabsicht ▪ zu eigenen Gunsten ▪ zugunsten Dritter	Täter will die weggenommene Sache primär als Druckmittel gegen Eigentümer gebrauchen (Fälle der eigenmächtigen Inpfandnahme)	§§ 253, 255 ⇨ S. 105 f.; § 240 ⇨ S. 19
	Täter will die weggenommene Sache nach Gebrauch zurückgeben	§ 248 b ⇨ S. 85; § 290
Enteignungswille	Täter nimmt die Sache weg, um sie an den Eigentümer **als angeblich eigene** „zurückzuübereignen" (str.)	§ 263 (str.) ⇨ S. 97 ff.
	Täter nimmt die Sache weg, um sie dem Eigentümer **in Anerkennung dessen Eigentums** gegen Belohnung/zur Abwehr von Schadensersatzansprüchen zurückzugeben	§ 263 ⇨ S. 97 ff.; § 289 ⇨ S. 84
	Täter nimmt die Sache weg, um sie zur Erlangung rechtswidriger Vermögensvorteile zu verwenden und sie nachher unverändert zurückzugeben	§ 263 ⇨ S. 97 ff.; § 263 a ⇨ S. 101 ff.; § 274 ⇨ S. 130; § 281 ⇨ S. 131
Rechtswidrigkeit der erstrebten Zueignung objektiv **und** Vorsatz	Täter hat Speziesanspruch auf die weggenommene Sache (oder bei Geld: entsprechenden Wertsummenanspruch, str.), weiß das aber nicht	untauglicher Versuch
Rechtswidrigkeit	Allgemeine Grundsätze	
Schuld	Allgemeine Grundsätze	

II. Zueignungsdelikte mit Gewahrsamsbruch
3. Diebstahl; spezielle Prüfungsfolge der Zueignungsabsicht

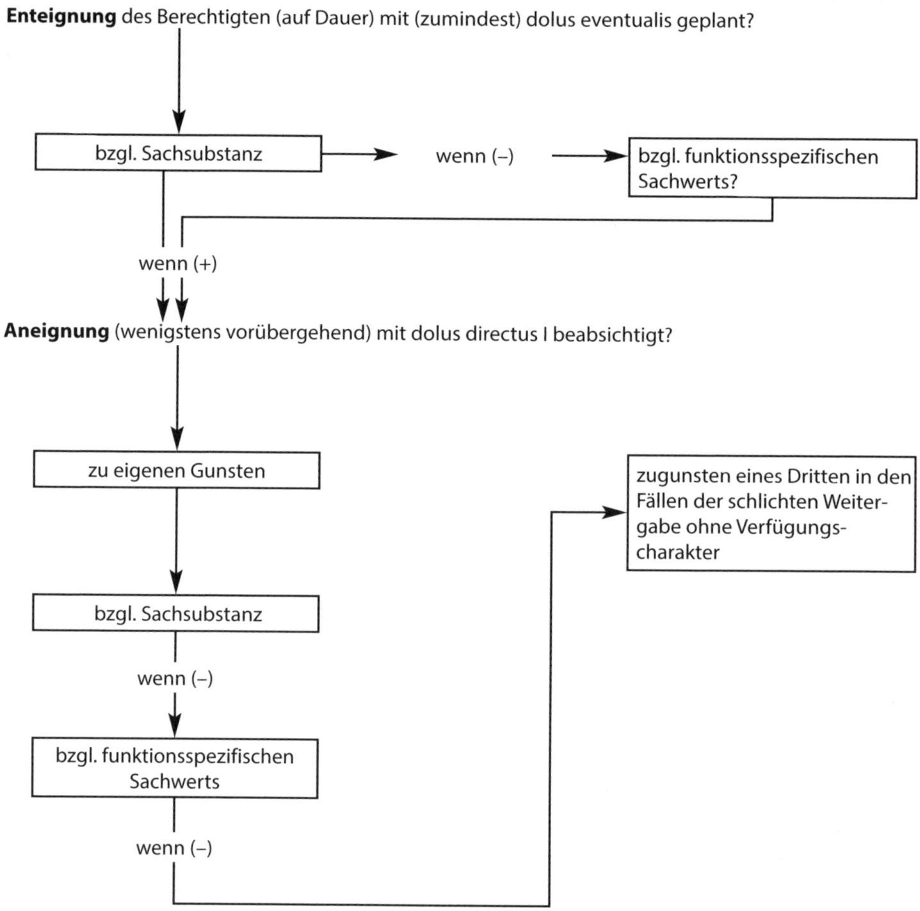

II. Zueignungsdelikte mit Gewahrsamsbruch
4. Diebstahl mit Waffen; Bandendiebstahl; Wohnungseinbruchdiebstahl; schwerer Bandendiebstahl

Diebstahl mit Waffen etc., § 244 (vorsatzbed. Qualifikation zu § 242)

Tatbestand

Objektiver Tatbestand

- I Nr. 1 a:
  Täterschaftliche Verwirklichung des Diebstahls (⇨ S. 63; entfällt bei Vorprüfung des § 242) **und**
  (objektiv) einsatzbereite Waffe im techn. Sinn/gefährliche Werkzeuge = alle Gegenstände, die geeignet sind (abstrakt oder konkret), nach Einsatzvorbehalt des Täters (Lit.) erhebliche Körperverletzungen zuzufügen **und**
  Beisichführen durch den Täter/anderen Beteiligten bei dem Diebstahl = tatsächliche Zugriffsmöglichkeit zwischen Versuchsbeginn und tatsächlicher Beendigung (str.)
- I Nr. 1 b:
  Täterschaftliche Verwirklichung des Diebstahls (s. Nr. 1 a) **und**
  sonstiges (ungefährliches) Werkzeug/Mittel **und**
  Beisichführen (s. Nr. 1 a)
- I Nr. 2:
  Täterschaftliche Verwirklichung des Diebstahls (s. Nr. 1 a) **und**
  Bande = Zusammenschluss von mind. 3 Personen zur fortgesetzten Begehung (= mehrere selbstständige, im Einzelnen noch ungewisse) von Straftaten i.S.v. § 249/§ 242 **und**
  Täter selbst ist Bandenmitglied **und**
  Bandentat unter Mitwirkung eines anderen Bandenmitglieds = jedes Zusammenwirken eines Bandenmitglieds – unabhängig von seiner Tatortanwesenheit – mit einem anderen Bandenmitglied; das andere Bandenmitglied kann sogar nur Gehilfe sein
- I Nr. 3:
  Täterschaftliche Verwirklichung des Diebstahls (s. Nr. 1 a) **und**
  Wohnung eines anderen = räumliche Privatsphäre, enger als § 123, Nebenräume nur bei unmittelbarer Verbindung zum Wohnbereich **und**
  Zutritt auf besonders deliktische Weise: Einbrechen/Einsteigen/mittels eines nicht zur ordnungsmäßigen Öffnung bestimmten Werkzeugs (insbesondere: falsche Schlüssel) eindringen/sich in der Wohnung verborgen halten (wie in § 243 I 2 Nr. 1 ⇨ S. 63)

Subjektiver Tatbestand

- I Nr. 1 a:
  Subjektiver Tatbestand des Diebstahls ⇨ S. 63 **und**
  Vorsatz bzgl. aller objektiven Qualifikationsmerkmale
  ⚠ *Kein Gebrauchswille erforderlich, sondern konkretes Bewusstsein, das Tatmittel gebrauchsbereit bei sich zu führen!*
- I Nr. 1 b:
  Subjektiver Tatbestand des Diebstahls (⇨ S. 63) **und**
  Vorsatz bzgl. aller objektiven Qualifikationsmerkmale **und**
  zielgerichteter Wille, den mitgeführten Gegenstand zur Verhinderung/Überwindung von Widerstand durch Gewalt (z.B. ungefährliches Fesselungsmittel)/durch Drohung mit Gewalt (z.B. Pistolenattrappe) einzusetzen
- I Nr. 2:
  Subjektiver Tatbestand des Diebstahls (⇨ S. 63) **und**
  Vorsatz bzgl. aller objektiven Qualifikationsmerkmale
- I Nr. 3:
  Subjektiver Tatbestand des Diebstahls (⇨ S. 63) **und**
  Handeln zur Ausführung der Tat

Rechtswidrigkeit: Allgemeine Grundsätze

Schuld: Allgemeine Grundsätze

Verfolgbarkeit: Strafantrag bei Haus- und Familiendiebstahl, § 247 ⇨S. 63
⚠ *In diesem Fall absolutes Antragsdelikt!*

Unben. Strafm.: Minder schwerer Fall, § 244 III

Schwerer Bandendiebstahl, § 244 a
(vorsatzbedürftige Qualifikation zu §§ 242, 244 I Nr. 2)

Tatbestand

Objektiver Tatbestand

Täterschaftliche Verwirklichung des Bandendiebstahls ⇨ S. 67;
entfällt bei Vorprüfung des § 244 I Nr. 2 **und**

Zusätzliche Strafschärfung:

- Regelbeispielskatalog des § 243 I 2 ⇨ S. 63 (der im Rahmen von § 244 a Tatbestandscharakter erlangt)
- Qualifikationstatbestand des § 244 I Nr. 1/§ 244 I Nr. 3 ⇨ S. 67

Subjektiver Tatbestand

Subjektiver Tatbestand des Bandendiebstahls ⇨ S. 67 **und**

Vorsatz bzgl. der Verwirklichung (mindestens) einer der Strafschärfungen des § 243 I 2/§ 244 I Nr. 1/3

Rechtswidrigkeit

Allgemeine Grundsätze

Schuld

Allgemeine Grundsätze

Verfolgbarkeit

Strafantrag bei Haus- und Familiendiebstahl, § 247 ⇨ S. 63

⚠ *In diesem Fall absolutes Antragsdelikt!*

II. Zueignungsdelikte mit Gewahrsamsbruch
5. Konkurrenzen

Verhältnis	zu anderen Vermögensdelikten	zu anderen Delikten
§ 242	▪ Wird als gesetzeskonkurrierend verdrängt von allen Diebstahlsqualifikationen (§§ 244, 244 a) und Raub (§ 249) sowie räuberischem Diebstahl (§ 252) ▪ Verdrängt als Erstzueignungsdelikt alle auf erneuter Betätigung des Herrschaftswillens beruhenden Eigentumsdelikte: – § 246 nach BGH schon nicht tatbestandlich; nach Lit. mitbestrafte Nachtat; – § 303 mitbestrafte Nachtat ▪ Betrug (§ 263) und Erpressung (§ 253) als bloße Sicherungstaten nach einer Ansicht schon tatbestandlich (–), nach a.A. als gesetzeskonkurrierend verdrängt (mitbestrafte Nachtat)	§ 274 wird als gesetzeskonkurrierend von § 242 an der Urkunde verdrängt (Konsumtion)
§§ 242, 243 I 2 Nr. 1	▪ Wird von § 244 I Nr. 3 als gesetzeskonkurrierend verdrängt (Spezialität) ▪ Zu § 303 am Einbruchsobjekt bei Schädigung von Gewicht Tateinheit (BGH)	§ 123 kann von Strafzumessungsregel nicht verdrängt werden (str.)

III. Zueignungsdelikte mit Gewahrsamsbruch und Zwang
1. Raub

Raub, § 249

Tatbestand	Objektiver Tatbestand
	Anwendung eines **qualifizierten Zwangsmittels** ▪ Gewalt gegen eine Person (grds. auch durch Unterlassen i.S.d. § 13 möglich, str.) ▪ Drohung mit gegenwärtiger Gefahr für Leib/Leben **Tatobjekt:** fremde bewegliche Sache (wie § 242 ⇨ S. 63) **Tathandlung:** Wegnahme, Auslegung str. ▪ Rspr.: äußeres Erscheinungsbild als Ansichnehmen des Täters ▪ Lit.: jeder Gewahrsamswechsel ohne Einverständnis
	Subjektiver Tatbestand
	Vorsatz, insbesondere Finalzusammenhang zwischen Anwendung des Zwangsmittels und Ermöglichung des Gewahrsamswechsels **und** Zueignungsabsicht (wie bei § 242 ⇨ S. 63)
	zusätzlich:
	Rechtswidrigkeit der erstrebten Zueignung **und** Vorsatz diesbezüglich
Rechtswidrigkeit	Allgemeine Grundsätze
Schuld	Allgemeine Grundsätze

III. Zueignungsdelikte mit Gewahrsamsbruch und Zwang
2. Raub; Vernetzung mit anderen Straftatbeständen

Raub, § 249

Prüfungsschema	Deliktsmangel:	weiterprüfen:
Tatbestand		
Obj. Tatbestand		
Qualifiziertes Zwangsmittel ▪ Gewalt gegen eine Person (grds. auch durch Unterlassen i.S.d. § 13 möglich [str.])	→ Nicht Zwang, sondern Ausnutzung eines Überraschungsmoments ist tatprägend	→ § 242 ⇨ S. 63 ff.
▪ Drohung mit gegenwärtiger Gefahr für Leib/Leben	→ Zwangsmittel unterhalb der Schwelle des Raubes	→ § 242 ⇨ S. 63 ff.; § 253 ⇨ S. 105; sonst § 240 ⇨ S. 19
Tatobjekt: fremde bewegliche Sache (wie § 242 ⇨ S. 63)	→ Der mit Raubmitteln erlangte Gegenstand ist kein taugliches Tatobjekt.	→ § 255 ⇨ S. 106; Spezialtatbestände, z.B. § 168 ⇨ S. 47; § 248 c ⇨ S. 81 § 265 a ⇨ S. 104; § 289 ⇨ S. 84; §§ 292 ff. ⇨ S. 82 f.; sonst § 240 ⇨ S. 19
Tathandlung Wegnahme: Auslegung str.: ▪ Rspr.: äußeres Erscheinungsbild als Ansichnehmen des Täters ▪ Lit: jeder Gewahrsamswechsel ohne Einverständnis	→ Täter lässt sich die Sache unter Zwang herausgeben	→ Sofern Rspr. gefolgt wird, § 255 ⇨ S. 106
Zusammenhang zwischen Zwangsmittel und Wegnahme ▪ Rspr.: räumlich-zeitliche Beeinträchtigung der Verteidigungsfähigkeit/-bereitschaft d. Gewahrsamsinhabers ▪ Lit: Kausalität i.S.v. Erleichterung	→ Zwangsmittel hat Wegnahme nicht erleichtert	→ § 242 ⇨ S. 63 ff.; § 240 ⇨ S. 19

Raub, § 249 (Fortsetzung)

Prüfungsschema	Deliktsmangel:	weiterprüfen:
Tatbestand		
Subj. Tatbestand		
Vorsatz, insbes. Finalzusammenhang zwischen Anwendung des Zwangsmittels und Ermöglichung des Gewahrsamswechsels	→ Motivationswechsel nach der Anwendung des Zwangsmittels	→ Versuch/Vollendung hinsichtlich des ursprünglich geplanten Delikts
	→ Ausnutzung der Nötigungsfolgen einer selbst geschaffenen qualifizierten Zwangslage Beachte: bei Möglichkeit der sofortigen Beseitigung, z.B. Fesselung, Einsperrung, §§ 249, 13 (str.)	→ § 242 ⇨ S. 63 ff. (ggf. i.V.m. § 243 I 2 Nr. 6); § 240 ⇨ S. 19
	→ Ausnutzung einer von einem Dritten geschaffenen Zwangssituation (ohne weitere Anwendung des Zwangs als schlüssige Drohung mit gegenwärtiger Gefahr für Leib/Leben)	→ § 242 ⇨ S. 63 ff. (ggf. i.V.m. § 243 I 2 Nr. 6); § 240 ⇨ S. 19
	→ Zwangsmittel dienen dazu, einen Dritten, der weder Gewahrsamsinhaber noch Gewahrsamshüter ist, zur Wegnahme zu veranlassen	→ § 255 ⇨ S. 106; §§ 242, 25 I Alt. 2 ⇨ S. 63 ff.; § 240 ⇨ S. 19
	→ Raubmittel dienen nicht mehr der Gewahrsamserlangung, sondern der Gewahrsamssicherung	→ § 252 ⇨ S. 76; § 240 ⇨ S. 19
Zueignungsabsicht (wie bei § 242 ⇨ S. 63)	→ Sache wird primär als Druckmittel entwendet	→ § 255 ⇨ S. 106; § 240 ⇨ S. 19
Rechtswidrigkeit der erstrebten Zueignung objektiv **und** subjektiv	→ Täter setzt Speziesanspruch auf die mit Raubmitteln weggenommene Sache (oder bei Geld: entsprechenden Wertsummenanspruch, str.) durch	→ § 240 ⇨ S. 19
Rechtswidrigkeit	Allgemeine Grundsätze	
Schuld	Allgemeine Grundsätze	

Schwerer Raub, § 250 I (vorsatzbedürftige 1. Qualifikationsstufe)

Tatbestand

Objektiver Tatbestand

- Nr. 1 a:
  Täterschaftliche Verwirklichung des Raubes **und**
  (objektiv) einsatzbereite Waffe/ gefährliches Werkzeug **und** Beisichführen } wie bei § 244 I Nr. 1 a ⇨ S. 67
- Nr. 1 b:
  Täterschaftliche Verwirklichung des Raubes **und**
  sonstiges ungefährliches Werkzeug/ Mittel (z.B. Scheinwaffe) **und** Beisichführen } wie bei § 244 I Nr. 1 b ⇨ S. 67
- Nr. 1 c:
  Täterschaftliche Begehung des Raubes **und**
  Gefahr schwerer Gesundheitsschädigung für andere Person (nicht Tatbeteiligten) **und**
  durch die Tat = Verursachung durch die spezifische Gefährlichkeit der Raubmittel vom Versuchsbeginn bis zur tatsächlichen Beendigung (str.) **und**
  durch den Täter/einen Beteiligten des Raubes
- Nr. 2:
  Täterschaftliche Verwirklichung des Raubes **und**
  Bande wie bei § 244 I Nr. 2 ⇨ S. 67 **und**
  Tatbegehung unter Mitwirkung eines anderen Bandenmitglieds wie bei § 244 I Nr. 2 ⇨ S. 67

Subjektiver Tatbestand

- Nr. 1 a:
  Subjektiver Tatbestand des Raubes (⇨ S. 70) **und**
  Vorsatz bzgl. aller objektiven qualifizierenden Umstände
  ⚠ *Kein Gebrauchswille, sondern konkretes Bewusstsein bzgl. des Beisichführens erforderlich, wie bei § 244 I Nr. 1 a ⇨ S. 67*
- Nr. 1 b:
  Subjektiver Tatbestand des Raubes (⇨ S. 70) **und**
  Vorsatz bzgl. aller objektiven qualifizierenden Umstände **und**
  zielgerichteter Wille, den mitgeführten Gegenstand zur Verhinderung/Überwindung von Widerstand durch Gewalt (z.B. ungefährliches Fesselungsmittel)/durch Drohung mit Gewalt (z.B. Pistolenattrappe) einzusetzen
- Nr. 1 c:
  Subjektiver Tatbestand des Raubes (⇨ S. 70) **und**
  Vorsatz bzgl. aller qualifizierenden Umstände
- Nr. 2:
  Subjektiver Tatbestand des Raubes (⇨ S. 70) **und**
  Vorsatz bzgl. aller qualifizierenden Umstände

Rechtswidrigkeit

Allgemeine Grundsätze

Schuld

Allgemeine Grundsätze

„Besonders schwerer" Raub, § 250 II (vorsatzbedürftige 2. Qualifikationsstufe)

Tatbestand

Objektiver Tatbestand

- Nr. 1:
  Täterschaftliche Verwirklichung des Raubes (§ 249) ⇨ S. 70 **und**
  (objektiv) gefährliche Waffe/gefährliches Werkzeug **und**
  „bei der Tat" = zwischen Versuchsbeginn und Beendigung der Tat (a.A.: nur bis zur Vollendung) **und**
  Verwenden = Einsetzen als Gewalt- oder auch Drohmittel durch Täter/anderen Beteiligten am Raub, auch wenn dadurch keine konkrete Gefahr erheblicher Verletzungen anderer begründet wird
  ⚠ *Verwendung zur Drohung setzt voraus, dass das Opfer den Gegenstand wahrnimmt!*
- Nr. 2:
  Täterschaftliche Verwirklichung des Bandenraubes (§ 250 I Nr. 2) **und**
  Waffe *(⚠ Nicht auch gefährliches Werkzeug)* **und**
  Beisichführen durch Täter/anderen Beteiligten am Raub; wie bei § 244 I Nr. 1 a ⇨ S. 67
- Nr. 3 a:
  Täterschaftliche Verwirklichung des Raubes (§ 249) **und**
  Schwere körperliche Misshandlung einer anderen Person (nicht Tatbeteiligte) **und**
  bei der Tat = zwischen Versuchsbeginn und Beendigung der Tat (a.A.: nur bis zur Vollendung) **und**
  durch Täter/anderen Beteiligten am Raub
- Nr. 3 b:
  Täterschaftliche Verwirklichung des Raubes (§ 249) **und**
  Lebensgefahr für eine andere Person (nicht Tatbeteiligte) **und**
  durch die Tat = zwischen Versuchsbeginn und Beendigung der Tat (a.A.: nur bis zur Vollendung) **und**
  durch Täter/anderen Beteiligten am Raub

Subjektiver Tatbestand

- Nr. 1:
  Subjektiver Tatbestand des Raubes (§ 249) ⇨ S. 70 **und**
  Vorsatz bzgl. aller qualifizierenden Umstände
- Nr. 2:
  Subjektiver Tatbestand des Bandenraubes (§ 250 I Nr. 2) ⇨ S. 73 **und**
  Vorsatz bzgl. aller qualifizierenden Umstände
  ⚠ *Aber kein Gebrauchswille erforderlich*
- Nr. 3 a:
  Subjektiver Tatbestand des Raubes (§ 249) ⇨ S. 70 **und**
  Vorsatz bzgl. aller qualifizierenden Umstände
- Nr. 3 b:
  Subjektiver Tatbestand des Raubes (§ 249) ⇨ S. 70 **und**
  Vorsatz bzgl. aller qualifizierenden Umstände

Rechtswidrigkeit

Allgemeine Grundsätze

Schuld

Allgemeine Grundsätze

Raub mit Todesfolge, § 251 (Erfolgsqualifikation ⇨ allg. S. 213)

Tatbestand	Objektiver und subjektiver Tatbestand des (schweren) Raubes ⇨ S. 73 **und** Tod eines anderen Menschen (nicht Tatbeteiligten) **und** Kausalzusammenhang zwischen Raub (nach Rspr. vom Versuchsbeginn bis zur tatsächlichen Beendigung, nach h.Lit. bis zur Vollendung) des Täters oder eines Beteiligten und Tod **und** Objektiv wenigstens Leichtfertigkeit hinsichtlich der Todesfolge **und** ⚠ *„Erst recht" bei Vorsatz erfüllt!* Tatbestandsspezifischer Gefahrzusammenhang zwischen Raubhandlung (= Einsatz von Zwangsmitteln; str., ob auch der Wegnahme) und Todesfolge
Rechtswidrigkeit	Allgemeine Grundsätze
Schuld	Allgemeine Grundsätze **und** Subjektiv wenigstens Leichtfertigkeit ⚠ *Nicht erforderlich bei Vorsatz bzgl. der schweren Folge!*

Räuberischer Diebstahl, § 252

Tatbestand

Objektiver Tatbestand

Vortat: nur Diebstahl ⇨ S. 63 ff. (oder der einen Diebstahl mitenthaltende Raub ⇨ S. 70 ff.)

Zeitpunkt: „bei einem Diebstahl" = Diebstahl tatbestandlich vollendet (sonst § 249 ⇨ S. 70 ff.), aber noch nicht tatsächlich beendet = kein gesicherter Beutegewahrsam

Täter: Vortatbeteiligter mit Beutegewahrsam **und**

auf frischer Tat betroffen = raum-zeitliches Zusammentreffen zwischen Täter und Tatunbeteiligtem in engem räumlichen und zeitlichen Zusammenhang mit der Wegnahmehandlung

Tathandlung: Gewalt gegen eine Person/Drohung mit gegenwärtiger Gefahr für Leib oder Leben (⇨ S. 70)

Subjektiver Tatbestand

Vorsatz **und**

Beutesicherungsabsicht

= Absicht des Täters, sich *(⚠ nicht einem anderen)* den Besitz an der Beute zu erhalten **und**

Opfer des Zwangsmittels muss nur aus Tätersicht jemand sein, der ihm die Beute zugunsten des Bestohlenen wieder entziehen könnte **und**

(auch Neben- oder Zwischenziel) Absicht rechtswidriger Eigen- oder Drittzueignung

Rechtswidrigkeit

Allgemeine Grundsätze

Schuld

Allgemeine Grundsätze

Schwerer und „besonders schwerer" räuberischer Diebstahl, §§ 252, 250
(vorsatzbedürftige Qualifikation)

Eröffnet durch Verweis „gleich einem Räuber zu bestrafen"; Aufbau wie schwerer und besonders schwerer Raub ⇨ S. 73 f.; statt § 249 im objektiven und subjektiven Tatbestand die entsprechenden Merkmale des § 252 prüfen

Räuberischer Diebstahl mit Todesfolge, §§ 252, 251 (Erfolgsqualifikation ⇨ allg. S. 213)

Eröffnet durch Verweis „gleich einem Räuber zu bestrafen"; Aufbau wie § 251 ⇨ S. 75; statt § 249 als Grunddelikt § 252 prüfen

5. Räuberischer Angriff auf Kraftfahrer; räuberischer Angriff auf Kraftfahrer mit Todesfolge

Räuberischer Angriff auf Kraftfahrer, § 316 a I

Tatbestand

Objektiver Tatbestand

Tatopfer:

- Führer eines Kraftfahrzeugs = jede Person, die das Kfz in Bewegung zu setzen beginnt, es in Bewegung hält oder auch bei einem verkehrsbedingten Halt noch mit dem Betrieb des Fahrzeugs oder mit der Bewältigung von Verkehrsvorgängen beschäftigt ist
- Mitfahrer = jeder Insasse oder Sozius, wenn und solange eine andere Person das Fahrzeug führt

Tathandlung:
Angriff auf Leben/Gesundheit/Entschlussfreiheit des Tatopfers = Vornahme einer feindseligen Handlung i.S.e. Körperverletzung/Tötung/Nötigung oder nötigungsgleichen Täuschung (vorgetäuschte Polizeikontrolle) **und**

Besondere Verhältnisse des Straßenverkehrs = Gefahren der Beanspruchung durch die Bewältigung von Betriebs- und Verkehrsvorgängen **und**

deren Ausnutzung für den Angriff = Funktionalisierung, d.h. innerer und zeitlicher Zusammenhang zwischen Angriff und Gefahren des Straßenverkehrs

⚠ *Nicht gegeben bei bloßer Isolierung des Opfers/allein weil der Motor noch läuft!*

Subjektiver Tatbestand

Vorsatz, insbesondere Ausnutzungsbewusstsein **und**

Besondere Absicht (die bei dem Angriff vorliegen muss; ausreichend aber, wenn sie während des zunächst zu anderen Zwecken begonnenen Angriffs gefasst wird) = zielgerichteter Tatentschluss in Bezug auf:

- Raub/schwerer Raub, §§ 249, 250 ⇨ S. 70 ff.
- Räuberischer Diebstahl, § 252 ⇨ S. 76
- Räuberische Erpressung, §§ 253, 255 ⇨ S. 106

Rechtswidrigkeit

Allgemeine Grundsätze

Schuld

Allgemeine Grundsätze

Räuberischer Angriff auf Kraftfahrer mit Todesfolge, § 316 a III (Erfolgsqualifikation ⇨ allg. S. 213)

Aufbau wie § 251 ⇨ S. 75; statt § 249 als Grunddelikt § 316 a I prüfen

IV. Zueignungsdelikte ohne Gewahrsamsbruch und Zwang – Unterschlagung

Einfache Unterschlagung, § 246 I

Tatbestand

Objektiver Tatbestand

Tatobjekt: fremde bewegliche Sache (wie bei § 242 ⇨ S. 63)

⚠ *Bei Objekten aus einer Sachgesamtheit erst ab Individualisierung*

Tathandlung: sich/einem Dritten zueignen = erstmaliges (str.) Verhalten, das für einen gedachten, das äußere Gesamtgeschehen überblickenden Beobachter den sicheren Schluss darauf zulässt, dass der Täter

Aneignungswillen zu eigenen Gunsten/zugunsten Dritter **und**

Enteignungswillen hat (Manifestationstheorie, h.M.), **und** das

zu einer Veränderung der sachenrechtlichen Verhältnisse führt, z.B. durch

- Umwandlung von Fremd- in Eigenbesitz
- Erlangung zu Eigenbesitz in der Person des Täters oder eines Dritten

Rechtswidrigkeit der Zueignung = Nichteingreifen von Rechtfertigungsgründen, die den Widerspruch der Zueignung zur Eigentumsordnung aufheben (h.M.) ⇨ wie bei § 242, S. 65

Subjektiver Tatbestand

Vorsatz bzgl. fremder beweglicher Sache, ferner Zueignungsvorsatz (dolus eventualis genügt im Gegensatz zur Aneignungsabsicht bei § 242, str.) **und**

Vorsatz bzgl. der Rechtswidrigkeit der Zueignung

Rechtswidrigkeit

Allgemeine Grundsätze

⚠ *Nur Rechtfertigungsgründe, die nicht den Widerspruch der Zueignung zur Eigentumsordnung betreffen!*

Schuld

Allgemeine Grundsätze

Verfolgbarkeit

- Strafantrag/Bejahung besonderen öffentlichen Verfolgungsinteresses, § 248 a ⇨ S. 63)
- Strafantrag bei Unterschlagung ggü. Haus- oder Familienangehörigen, § 247 ⇨ S. 63)

⚠ *In diesem Fall absolutes Antragsdelikt!*

Konkurrenzen

Formelle Subsidiarität gegenüber allen durch dieselbe Tat (nach Rspr. im prozessualen Sinn) verwirklichten Delikten mit schwererer Strafandrohung, auch bei unterschiedlicher Schutzrichtung

Veruntreuende Unterschlagung, § 246 II (vorsatzbedürftige Qualifikation)
Als Grunddelikt § 246 I prüfen. Zusätzlich: **objektiver Tatbestand:** Anvertrautsein des Tatobjekts = Gewahrsamserlangung mit der Maßgabe, mit der Sache im Interesse des Eigentümers zu verfahren oder sie ihm zurückzugeben; **subjektiver Tatbestand:** Vorsatz bzgl. des Anvertrautseins

⚠ *Auch § 246 II ist ggü. allen durch dieselbe Tat verwirklichten Delikte mit schwererer Strafandrohung formell subsidiär!*

V. Sachbeschädigungsdelikte
1. Sachbeschädigung

Sachbeschädigung, § 303

Tatbestand

Objektiver Tatbestand

Tatobjekt: fremde Sache (beweglich/unbeweglich, sonst wie bei § 242 ⇨ S. 63)

Tathandlungen:

- § 303 I:
  - Beschädigen = nicht ganz unerhebliche körperliche Einwirkung auf die Sache, durch die ihre stoffliche Zusammensetzung verändert/ihre Brauchbarkeit für ihre Zwecke gemindert wird;
    ⚠ *Bloße Zustandsveränderung genügt nicht!*
  - Zerstören = so wesentliche Beschädigung, dass die Sache für ihren Zweck völlig unbrauchbar wird
- § 303 II:
  Verändern des Erscheinungsbildes = jede Einwirkung auf die Substanz oder auch nur den optischen Eindruck (str.) der Sache, durch die ihr mit den Augen wahrnehmbares äußeres Bild geändert wird, und zwar
  - unbefugt *(⚠ echtes Tatbestandsmerkmal)* **und**
  - nicht nur unerheblich = Bagatellausschluss für geringfügige Veränderungen **und**
  - nicht nur vorübergehend = Bagatellausschluss für schnell vergängliche Veränderungen

Subjektiver Tatbestand

Vorsatz

Rechtswidrigkeit

Allgemeine Grundsätze
(deklaratorische Funktion des Merkmals „rechtswidrig" in Abs. 1)

Schuld

Allgemeine Grundsätze

Verfolgbarkeit

Strafantrag/Bejahung besonderen öffentlichen Verfolgungsinteresses, § 303 c

Zerstörung von Bauwerken, § 305

Tatbestand	Objektiver Tatbestand **Tatobjekte:** Bauwerke in fremdem Eigentum, insbesondere Gebäude/Schiff/Brücke/Damm/gebaute Straße/Eisenbahn **Tathandlungen:** Zerstören (wie bei § 303 ⇨ S. 79), ganz oder teilweise Subjektiver Tatbestand Vorsatz
Rechtswidrigkeit	Allgemeine Grundsätze (deklaratorische Bedeutung des Merkmals „rechtswidrig")
Schuld	Allgemeine Grundsätze

Zerstörung wichtiger Arbeitsmittel, § 305 a

Tatbestand	Objektiver Tatbestand **Tatobjekte** in fremdem Eigentum, und zwar: ▪ I Nr. 1: technisches Arbeitsmittel von bedeutendem Wert (Untergrenze ca. 1.300 €) und von wesentlicher Bedeutung für die Errichtung – einer Anlage/eines Unternehmens i.S.v. § 316 b I Nr. 1/2 – einer Anlage, die dem Betrieb/der Entsorgung einer Anlage/eines Unternehmens i.S.v. § 316 b I Nr. 1/2 dient ▪ I Nr. 2: für den Einsatz wesentliches technisches Arbeitsmittel (einsatzfertige Arbeitseinrichtungen, wie z.B. Werkzeuge, Maschinen, Computer, Mobiltelefone) der Polizei/der Bundeswehr/der Feuerwehr/des Katastrophenschutzes/eines Rettungsdienstes, das von bedeutendem Wert ist ⚠ *Auch private Dienste erfasst, sofern sie auf Grundlage öffentlich-rechtlicher Vorschriften zur Gefahrenabwehr/Schadensbeseitigung tätig sind.* ▪ I Nr. 3: Kraftfahrzeug der Polizei/der Bundeswehr/der Feuerwehr/des Katastrophenschutzes/eines Rettungsdienstes **Tathandlung:** Zerstören (wie in § 303), ganz oder teilweise Subjektiver Tatbestand Vorsatz
Rechtswidrigkeit	Allgemeine Grundsätze (deklaratorische Funktion des Merkmals „rechtswidrig")
Schuld	Allgemeine Grundsätze

I. Diebstahlsverwandte Delikte
1. Entziehung elektrischer Energie

Entziehung elektrischer Energie, § 248 c I

Tatbestand	Objektiver Tatbestand **Tatobjekt:** fremde elektrische Energie **Tathandlung:** Entziehung aus einer elektrischen Anlage/Einrichtung mittels eines nicht zur ordnungsgemäßen Entnahme bestimmten Leiters Subjektiver Tatbestand Vorsatz **und** Zueignungsabsicht zu eigenen Gunsten/zugunsten Dritter **und** Rechtswidrigkeit der erstrebten Zueignung, objektiv und subjektiv
Rechtswidrigkeit	Allgemeine Grundsätze
Schuld	Allgemeine Grundsätze
Verfolgbarkeit	§ 248 c III: Entsprechende Anwendung der §§ 247, 248 a ▪ Strafantrag/Bejahung besonderen öffentlichen Verfolgungsinteresses im Fall des § 248 a ▪ Strafantrag im Fall des § 247 ⚠ *Dann absolutes Antragsdelikt!*

Entziehung elektrischer Energie zur Schadenszufügung, § 248 c IV 1 (Privilegierung)

Aufbau wie § 248 c I; statt der dort verlangten Zueignungsabsicht Absicht rechtswidriger Schädigung prüfen; Verfolgbarkeit dieses Delikts nur auf Antrag, § 248 c IV 2

⚠ *Absolutes Antragsdelikt!*

Jagdwilderei, § 292

Tatbestand

Objektiver Tatbestand

I Nr. 1	I Nr. 2
Tatobjekt: Wild = gem. § 1 I BJagdG wild lebende, d.h. herrenlose Tiere, die dem Jagdrecht unterliegen	**Tatobjekt:** (sonstige) dem Jagdrecht unterliegende Sache i.S.d. § 1 V BJagdG = totes Wild oder dessen Teile
Tathandlungen: ▪ Nachstellen ▪ Fangen ▪ Erlegen ▪ Sich/einem Dritten zueignen	**Tathandlungen:** ▪ Sich/einem Dritten zueignen } wie bei § 246 ⇨ S. 78 ▪ Beschädigen ▪ Zerstören } wie bei § 303 ⇨ S. 79

unter Verletzung fremden Jagdrechts/fremden Jagdausübungsrechts (§§ 3, 11 BJagdG)

Tatbestandsausschluss: Tathandlung einer zur Jagdausübung befugten Person auf zu ihrem Jagdbezirk gehörenden, nach § 6 a BJagdG befriedeten Flächen, § 292 III

Subjektiver Tatbestand

Vorsatz

Rechtswidrigkeit

Allgemeine Grundsätze

Schuld

Allgemeine Grundsätze

Benannte Straferschwerung

Besonders schwerer Fall mit Regelbeispielskatalog, § 292 II 2:

- Nr. 1:
  - gewerbsmäßig
  - gewohnheitsmäßig
- Nr. 2:
  zur Nachtzeit/in der Schonzeit/unter Anwendung von Schlingen/in anderer nicht weidmännischer Weise **und**
  Vorsatz bzgl. der jeweiligen Regelbeispielsmerkmale
- Nr. 3:
  von mehreren mit Schusswaffen ausgerüsteten Beteiligten gemeinschaftlich (nach der Neufassung: auch Teilnehmer tatbestandlich erfasst) **und**
  Vorsatz bzgl. der Regelbeispielsmerkmale

Verfolgbarkeit

Strafantrag, wenn Tat von einem Angehörigen/an einem Ort begangen, an dem Täter Jagd/Fischerei in beschränktem Umfang ausüben durfte, § 294

⚠ *Absolutes Antragsdelikt! Strafantrag nicht erforderlich bei besonders schwerem Fall nach § 292 II. § 248 a nicht analog anwendbar, str.*

Fischwilderei, § 293

Tatbestand

Objektiver Tatbestand

Nr. 1

Tatobjekt: Fische, Wassertiere, herrenlos, fischbar

Tathandlung:
jede auf Fangen und Erlegen gerichtete Tätigkeit } fischen

Nr. 2

Tatobjekt: (sonstige) dem Fischereirecht unterliegende Sache

Tathandlungen:
- Sich zueignen/einem Dritten zueignen } wie bei § 246 § S. 78
- Beschädigen
- Zerstören } wie bei § 303 ⇨ S. 79

unter Verletzung fremden Fischereirechts/fremden Fischereiausübungsrechts

Subjektiver Tatbestand

Vorsatz

Rechtswidrigkeit

Allgemeine Grundsätze

Schuld

Allgemeine Grundsätze

Verfolgbarkeit

Strafantrag, wenn Tat von einem Angehörigen/an einem Ort begangen, an dem Täter Jagd/Fischerei in beschränktem Umfang ausüben durfte, § 294

⚠ *Absolutes Antragsdelikt! § 248 a nicht analog anwendbar, str.*

Pfandkehr, § 289

Tatbestand

Objektiver Tatbestand

1. Alt.	2. Alt.
Täter: Eigentümer des Tatobjekts	**Täter:** jeder Nichteigentümer des Tatobjekts
Tatobjekt: bewegliche Sache	**Tatobjekt:** fremde bewegliche Sache
belastet mit bestimmtem Recht des Tatopfers, nämlich:	belastet mit bestimmtem Recht des Tatopfers, nämlich:

Nutznießungsrechte/Pfandrechte, insbesondere Vertragspfandrechte, gesetzliche Pfandrechte, Pfändungspfandrecht, sofern der Gerichtsvollzieher die gepfändete Sache an sich genommen hat (str.)/Gebrauchs-/Zurückbehaltungsrechte

Tathandlung: Wegnahme = Fortschaffen der Sache aus dem besitzähnlichen, rechtlich fundierten Machtbereich des Rechtsinhabers, der diesem die faktische Zugriffsmöglichkeit auf die Sache gewährt

Subjektiver Tatbestand

1. Alt.	2. Alt.
Vorsatz **und**	Vorsatz und Handeln zugunsten des Eigentümers **und**
rechtswidrige Absicht	rechtswidrige Absicht

Rechtswidrigkeit

Allgemeine Grundsätze

Schuld

Allgemeine Grundsätze

Verfolgbarkeit

Strafantrag erforderlich, § 289 III ⚠ *Absolutes Antragsdelikt!*

Unbefugter Fahrzeuggebrauch, § 248 b

Tatbestand	Objektiver Tatbestand **Tatobjekt:** ▪ Kraftfahrzeug = Legaldefinition in § 248 b IV ▪ Fahrrad **Tathandlung:** in Gebrauch nehmen = vorübergehendes Gebrauchen als Fortbewegungsmittel **und** ⚠ *Wegen Dauerdeliktscharakters auch bei zeitlicher Überschreitung einer Gebrauchsgestattung!* entgegenstehender (erkennbarer oder mutmaßlicher) Wille des (Gebrauchs-) Berechtigten ⚠ *Mutmaßliches Einverständnis schließt nach BGH bereits den Tatbestand aus* Subjektiver Tatbestand Vorsatz, insbesondere auch in Bezug auf Nichtvorliegen des Einverständnisses
Rechtswidrigkeit	Allgemeine Grundsätze
Schuld	Allgemeine Grundsätze
Verfolgbarkeit	Strafantrag erforderlich, § 248 b III ⚠ *Absolutes Antragsdelikt!*
Konkurrenzen	▪ Formelle Subsidiarität gegenüber schwereren Delikten, auch bei unterschiedlicher Schutzrichtung (z.B. § 242 am Fahrzeug) ▪ Aber Umkehrung der Subsidiarität bei mitverbrauchten Betriebsstoffen: § 242 hieran durch Gebrauch des Fahrzeugs tritt deshalb hinter § 248 b zurück (h.M., nach a.A. in diesen Fällen Tatbestand der Zueignungsdelikte ausgeschlossen)

Datenveränderung, § 303 a I

Tatbestand	Objektiver Tatbestand **Tatobjekt:** Daten = Legaldefinition in § 202 a II; **Einschränkung:** nur fremde Daten erfasst (h.M.) = solche, an denen ein unmittelbares Recht einer anderen Person auf Verarbeitung/Löschung/Nutzung besteht **Tathandlungen:** ▪ Löschen ▪ Unterdrücken ▪ Unbrauchbarmachen ▪ Verändern **Rechtswidrigkeit** = Verletzung des eigentümerähnlichen Verfügungsrechts eines anderen über die Daten ⚠ *Nach h.M. unrechtskonstituierendes Tatbestandsmerkmal!* Subjektiver Tatbestand Vorsatz
Rechtswidrigkeit	Allgemeine Grundsätze
Schuld	Allgemeine Grundsätze
Verfolgbarkeit	Strafantrag/Bejahung besonderen öffentlichen Verfolgungsinteresses, § 303 c

Vorbereitung der Datenveränderung, § 303 a III
Prüfung wie § 202 c (⇨ S. 56); anstelle der dort genannten Vorbereitung einer Tat nach § 303 a I

Computersabotage, § 303 b I (Nr. 1 vorsatzbedürftige Qualifikation zu § 303 a)

Tatbestand

Objektiver Tatbestand

Tatobjekt: Datenverarbeitung, die für einen anderen von wesentlicher Bedeutung ist

Tathandlungen und -mittel:

Nr. 1	Nr. 2	Nr. 3
Tat nach § 303 a I	Daten eingeben/übermitteln	Datenverarbeitungsanlage/Datenträger ▪ Zerstören ▪ Beschädigen ▪ Unbrauchbar machen ▪ Beseitigen ▪ Verändern

Taterfolg: erhebliche Störung des Tatobjekts

Subjektiver Tatbestand

Vorsatz	Vorsatz **und** Absicht, einem anderen (durch die Tat) Nachteil zuzufügen	Vorsatz

Rechtswidrigkeit

Allgemeine Grundsätze

Schuld

Allgemeine Grundsätze

Benannte Straferschwerung

Besonders schwerer Fall mit Regelbeispielskatalog in § 303 b IV 2:

- Nr. 1: Herbeiführung eines Vermögensverlustes großen Ausmaßes
- Nr. 2: gewerbsmäßiges/bandenmäßiges Handeln
- Nr. 3:
  - Beeinträchtigung der Versorgung der Bevölkerung mit lebenswichtigen Gütern/Dienstleistungen
  - Beeinträchtigung der Sicherheit der Bundesrepublik Deutschland

Verfolgbarkeit

Strafantrag/Bejahung besonderen öffentlichen Verfolgungsinteresses, § 303 c nicht in den Fällen des Abs. 4, 5

Schwere Computersabotage, § 303 b II (vorsatzbedürftige Qualifikation zu § 303 b I)

Prüfung wie § 303 b; anstelle des dort genannten Tatobjekts: Datenverarbeitung, die für einen fremden Betrieb/fremdes Unternehmen/Behörde von wesentlicher Bedeutung ist

Vorbereitung der Computersabotage, § 303 b V

Prüfung wie § 202 c (⇨ S. 56); anstelle der dort genannten Vorbereitung einer Tat nach § 303 b I

D. Delikte gegen das Vermögen als Ganzes

I. System und Grenzen des strafrechtlichen Vermögensschutzes

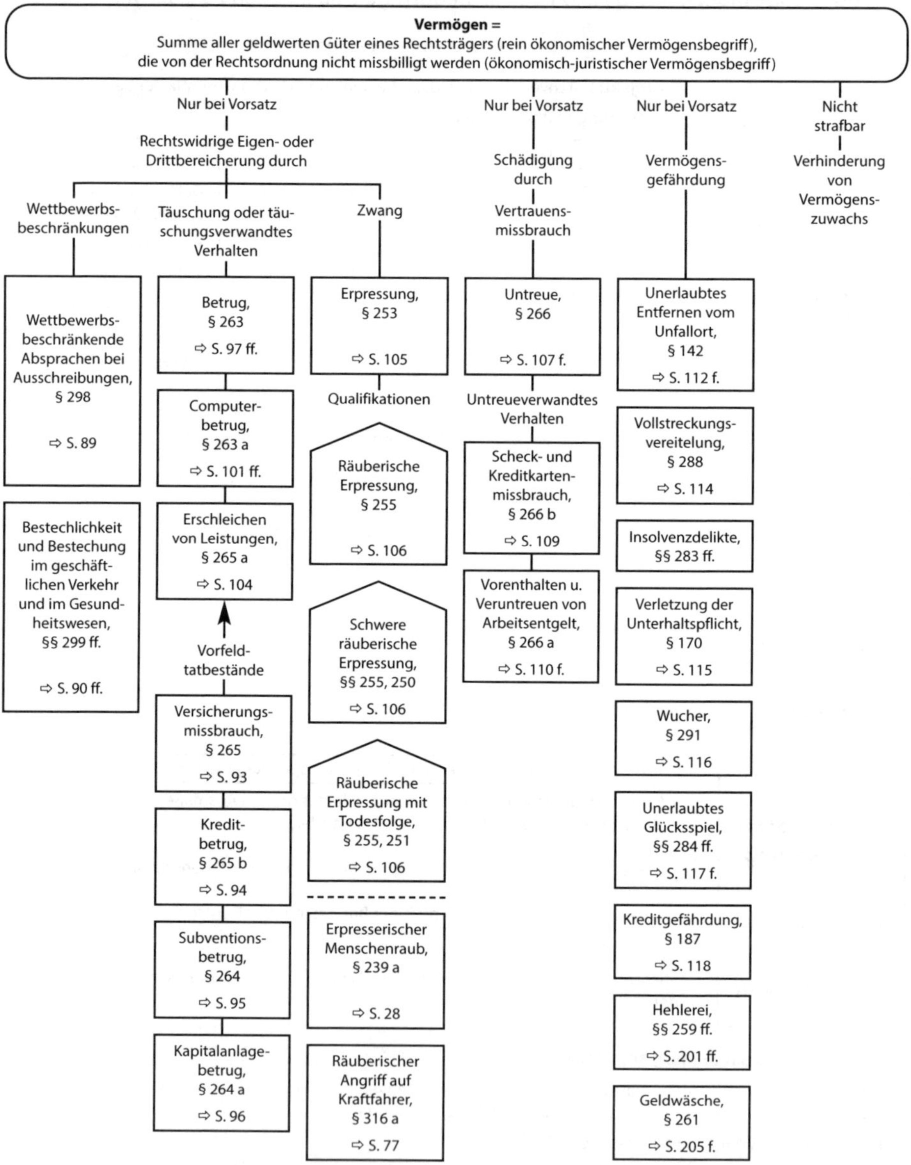

Wettbewerbsbeschränkende Absprachen bei Ausschreibungen, § 298

Tatbestand

Objektiver Tatbestand

Tatsituation:

- Ausschreibung über Waren/Dienstleistungen, § 298 I
- Gleichgestellt gem. § 298 II: freihändige Auftragsvergabe nach Teilnahmewettbewerb

Tathandlung: Abgabe eines Angebots

Wettbewerbswidriges Vorverhalten:
Rechtswidrige horizontale Absprache zwischen miteinander im Wettbewerb stehenden Unternehmen oder vertikale Absprache zwischen Veranstalter und Bieter (§ 1 GWB), mit dem Ziel, Veranstalter zur Annahme eines bestimmten Angebots zu veranlassen

Zusammenhang: Beruhen des Angebots auf der Absprache

Subjektiver Tatbestand

Vorsatz

Rechtswidrigkeit

Allgemeine Grundsätze

Schuld

Allgemeine Grundsätze

Strafaufhebung

Tätige Reue unter den Voraussetzungen des § 298 III

Bestechlichkeit und Bestechung im geschäftlichen Verkehr, §§ 299, 300, 301

Tatbestand

Objektiver Tatbestand

§ 299 I, Bestechlichkeit	§ 299 II, Bestechung
Täter: Angestellter oder Beauftragter eines Unternehmens	**Täter:** jedermann Vorteilsempfänger (→ Angestellter oder Beauftragter eines Unternehmens)
Tathandlungen: Vorteil für sich/ einen Dritten ▪ Fordern ▪ Sich versprechen lassen ▪ Annehmen	**Tathandlungen:** Vorteil für den Vorteilsempfänger/einen Dritten ▪ Anbieten ▪ Versprechen ▪ Gewähren
Bezugsverhalten ▪ Nr. 1: Unlautere Bevorzugung eines anderen Bei dem Bezug von Waren oder Dienstleistungen Im inländischen oder ausländischen Wettbewerb ▪ Nr. 2: Pflichtverletzung gegenüber dem Unternehmen durch Handlung oder Unterlassen Ohne Einwilligung des Unternehmens Bei dem Bezug von Waren oder Dienstleistungen	**Bezugsverhalten** ▪ Nr. 1: Unlautere Bevorzugung des Täters oder eines anderen Bei dem Bezug von Waren oder Dienstleistungen Im inländischen oder ausländischen Wettbewerb ▪ Nr. 2: Pflichtverletzung gegenüber dem Unternehmen durch Handlung oder Unterlassen Ohne Einwilligung des Unternehmens Bei dem Bezug von Waren oder Dienstleistungen

Gegenleistungsverhältnis zwischen Vorteil und Bezugsverhalten (sog. Unrechtsvereinbarung)

Subjektiver Tatbestand

Vorsatz

Rechtswidrigkeit

Allgemeine Grundsätze

Schuld

Allgemeine Grundsätze

Benannte Straferschwerung

Besonders schwerer Fall mit Regelbeispielskatalog, § 300 S. 2:

- Nr. 1: Tat bezieht sich objektiv und subjektiv auf Vorteil großen Ausmaßes
- Nr. 2: nur subjektiv: gewerbsmäßiges Handeln oder
  objektiv und subjektiv: Täter handelt als Mitglied einer Bande, die sich zur fortgesetzten Begehung des § 299 verbunden hat

Verfolgbarkeit

Strafantrag/Bejahung besonderen öffentlichen Verfolgungsinteresses, § 301 I

⚠ *Erweiterung der Antragsberechtigten in den Fällen des § 299 I Nr. 1 , II Nr. 1 gem. § 301 II i.V.m. § 8 III Nr. 2, Nr. 4 UWG!*

Bestechlichkeit im Gesundheitswesen, §§ 299 a, 300

Tatbestand

Objektiver Tatbestand

Täter: Angehöriger eines Heilberufs, der für die Berufsausübung oder die Führung der Berufsbezeichnung eine staatlich geregelte Ausbildung erfordert

Tathandlungen: Im Zusammenhang mit Berufsausübung Vorteil für sich/einen Dritten

- Fordern
- Sich versprechen lassen
- Annehmen

Bezugsverhalten: Unlautere Bevorzugung eines anderen im inländischen oder ausländischen Wettbewerb bei

- Nr. 1: Verordnung von Arznei-, Heil-, oder Hilfsmitteln oder von Medizinprodukten
- Nr. 2: Bezug von Arznei- oder Hilfsmitteln oder von Medizinprodukten, die jeweils zur unmittelbaren Anwendung durch den Heilberufsangehörigen oder einen seiner Berufshelfer bestimmt sind
- Nr. 3: Zuführung von Patienten oder Untersuchungsmaterial

Gegenleistungsverhältnis zwischen Vorteil und Bezugsverhalten

Subjektiver Tatbestand

Vorsatz

Rechtswidrigkeit

Allgemeine Grundsätze

Schuld

Allgemeine Grundsätze

Benannte Straferschwerung

Besonders schwerer Fall mit Regelbeispielskatalog, § 300 S. 2:

- Nr. 1: Tat bezieht sich objektiv und subjektiv auf Vorteil großen Ausmaßes
- Nr. 2: nur subjektiv: gewerbsmäßiges Handeln **oder**
  Objektiv und subjektiv: Täter handelt als Mitglied einer Bande, die sich zur fortgesetzten Begehung des § 299 a verbunden hat

Bestechung im Gesundheitswesen, §§ 299, 300

Tatbestand

Objektiver Tatbestand

Täter: jedermann

Tathandlungen: Einem Heilberufsangehörigen im Zusammenhang mit dessen Berufsausübung einen Vorteil für diesen/einen Dritten
- Anbieten
- Versprechen
- Gewähren

Bezugsverhalten: Unlautere Bevorzugung des Täters oder eines anderen im inländischen oder ausländischen Wettbewerb bei
- Nr. 1: Verordnung von Arznei-, Heil-, oder Hilfsmitteln oder von Medizinprodukten
- Nr. 2: Bezug von Arznei- oder Hilfsmitteln oder von Medizinprodukten, die jeweils zur unmittelbaren Anwendung durch den Heilberufsangehörigen oder einen seiner Berufshelfer bestimmt sind
- Nr. 3: Zuführung von Patienten oder Untersuchungsmaterial

Gegenleistungsverhältnis zwischen Vorteil und Bezugsverhalten

Subjektiver Tatbestand

Vorsatz

Rechtswidrigkeit

Allgemeine Grundsätze

Schuld

Allgemeine Grundsätze

Benannte Straferschwerung

Besonders schwerer Fall mit Regelbeispielskatalog, § 300 S. 2:
- Nr. 1: Tat bezieht sich objektiv und subjektiv auf Vorteil großen Ausmaßes
- Nr. 2: nur subjektiv: gewerbsmäßiges Handeln **oder**
  Objektiv und subjektiv: Täter handelt als Mitglied einer Bande, die sich zur fortgesetzten Begehung des § 299 a verbunden hat

Versicherungsmissbrauch, § 265

Tatbestand

Objektiver Tatbestand

Tatobjekt:

bewegliche/unbewegliche Sache **und**

förmlich bestehender Versicherungsvertrag **und**

(mit-)versicherte Risiken:

- Untergang
- Beschädigung
- Brauchbarkeitsbeeinträchtigung
- Verlust
- Diebstahl

Tathandlungen:

- Beschädigen
- Zerstören
- in der Brauchbarkeit beeinträchtigen
- beiseite schaffen
- einem anderen überlassen

} betrifft insbesondere „Autoverschiebereien"

Subjektiver Tatbestand

Vorsatz **und**

Absicht (= zielgerichteter Wille),

sich/einem Dritten Leistungen aus der Inanspruchnahme der Versicherung zu verschaffen,

die das durch die Tathandlung betroffene Risiko abdeckt

⚠ *Auch dann, wenn dem Versicherungsnehmer Anspruch auf die Versicherungssumme tatsächlich bzw. nach Tätervorstellung zusteht!*

Rechtswidrigkeit

Allgemeine Grundsätze

Schuld

Allgemeine Grundsätze

Konkurrenzen

Formelle Subsidiarität gegenüber Betrug, nach der Rspr. auch bei nur prozessualem Tatzusammenhang; beachte vor allem § 263 III 2 Nr. 5

Kreditbetrug, § 265 b

Tatbestand

Objektiver Tatbestand

Tatopfer: Betrieb/Unternehmen (i.S.v. § 265 b III Nr. 1) als Kreditgeber **und**

begünstigte Kreditnehmer: Betrieb/Unternehmen (i.S.v. § 265 b III Nr. 1), auch wenn diese nur vorgetäuscht sind **und**

Zusammenhang mit einem Kreditantrag (i.S.v. § 265 b III Nr. 2) **und**

Tathandlungen:

- I Nr. 1:
  - Vorlage unrichtiger/unvollständiger Unterlagen über wirtschaftliche Verhältnisse (Nr. 1 a)
  - schriftliche unrichtige/unvollständige Angaben (Nr. 1 b),

  für den Kreditnehmer vorteilhaft und für die Entscheidung über den Kreditantrag erheblich
- I Nr. 2:

  Unterlassen der Mitteilung von Verschlechterungen der in den Unterlagen/Angaben dargestellten wirtschaftlichen Verhältnisse **und**

  bei Vorlage der Unterlagen/der Angaben **und**

  Entscheidungserheblichkeit für den Kreditantrag

Subjektiver Tatbestand

Vorsatz

Rechtswidrigkeit

Allgemeine Grundsätze

Schuld

Allgemeine Grundsätze

Strafaufhebung

Tätige Reue unter den Voraussetzungen des § 265 b II

Subventionsbetrug, § 264

Tatbestand

Objektiver Tatbestand

- I Nr. 1: **Tatadressat:** Subventionsgeber (unter Berücksichtigung des § 264 VII als Legaldefinition der Subvention)

  Tathandlung:
  - in Bezug auf subventionserhebliche Tatsache (i.S.v. § 264 VIII)
  - unrichtige/unvollständige Angaben für den Täter/Dritten, die für diesen vorteilhaft sind
- I Nr. 2: **Tatobjekt:** Gegenstand/Geldleistung, deren Verwendung durch Rechtsvorschriften/durch Subventionsgeber im Hinblick auf Subvention beschränkt ist

  Tathandlung: Verwenden entgegen der Verwendungsbeschränkung
- I Nr. 3: **Täter:** Mitteilungspflichtiger nach Subventionsvergabevorschriften

  Tathandlung: Unterlassen von Mitteilungen über subventionserhebliche Tatsachen (i.S.v. § 264 VIII), die dem Subventionsgeber unbekannt sind
- I Nr. 4: **Tatmittel:** durch unrichtige/unvollständige Angaben erlangte Bescheinigung (einer nicht in das Subventionsverfahren eingeschalteten zuständigen Stelle) über Subventionsberechtigung/subventionserhebliche Tatsache (i.S.v. § 264 VIII)

  Tathandlung: Gebrauchen (wie bei § 267 ⇨ S. 120) in einem Subventionsverfahren

Subjektiver Tatbestand

Vorsatz

Rechtswidrigkeit

Allgemeine Grundsätze

Schuld

Allgemeine Grundsätze

Benannte Straferschwerung

Besonders schwerer Fall mit Regelbeispielskatalog, § 264 II 2:

- Nr. 1: Erlangung einer nicht gerechtfertigten Subvention großen Ausmaßes (ab 50.000 €) für den Täter/Dritten
  - unter Verwendung nachgemachter/verfälschter Belege **und** Vorsatz oder
  - Vorsatz bzgl. aller Regelbeispielsmerkmale u. subjektiv aus grobem Eigennutz
- Nr. 2: Missbrauch von Befugnissen/der Stellung als Amtsträger **und** Vorsatz
- Nr. 3: Ausnutzen der Mithilfe eines i.S.d. Nr. 2 handelnden Amtsträgers **und** Vorsatz

Strafaufhebung

Tätige Reue bei nicht erschwertem Subventionsbetrug unter den Voraussetzungen des § 264 V

Banden- und gewerbsmäßiger Subventionsbetrug, § 264 III i.V.m. § 263 V (vorsatzbedürftige Qualifikation)
Als Grunddelikt § 264 I prüfen. Zusätzlich: **objektiver Tatbestand:** Tatbegehung durch Mitglied einer Bande, die sich zur fortgesetzten Begehung von Straftaten nach den §§ 263–264 oder §§ 267–269 verbunden hat; **subjektiver Tatbestand:** Vorsatz bzgl. der bandenmäßigen Begehung **und** Gewerbsmäßigkeit prüfen

Leichtfertiger Subventionsbetrug, § 264 IV i.V.m. I Nr. 1–3
Aufbau wie § 264 I: statt Vorsatz Leichtfertigkeit prüfen; tätige Reue gilt auch hier, § 264 V

Kapitalanlagebetrug, § 264 a

Tatbestand

Objektiver Tatbestand

Tatsituation:

I Nr. 1	I Nr. 2
Zusammenhang mit Vertrieb von Wertpapieren/Bezugsrechten/Anteilen, die eine Beteiligung an dem Ergebnis eines Unternehmens (gleichgestellt nach II: Anteile an einem Vermögen, das ein Unternehmen im eigenen Namen für fremde Rechnung verwaltet) gewähren sollen	Zusammenhang mit einem Angebot, die Einlage auf Anteile i.S.d. Nr. 1 zu erhöhen

Tatobjekte: Prospekte/Darstellungen/Übersichten über den Vermögensgegenstand

Adressat der Tat: größerer Kreis von Personen

Tathandlungen:

- unrichtige vorteilhafte Angaben machen über die für die Entscheidung über den Erwerb/die Erhöhung erheblichen Umstände
- Verschweigen nachteiliger Tatsachen über die für die Entscheidung über den Erwerb/die Erhöhung erheblichen Umstände

Subjektiver Tatbestand

Vorsatz

Rechtswidrigkeit

Allgemeine Grundsätze

Schuld

Allgemeine Grundsätze

Strafaufhebung

Tätige Reue unter den Voraussetzungen des § 264 a III

IV. Bereicherungsdelikte mit Täuschungselementen
1. Betrug

Betrug, § 263

Tatbestand

Objektiver Tatbestand

Täuschungshandlung = jede intellektuelle Einwirkung auf das Vorstellungsbild eines anderen durch ausdrückliche/schlüssige Behauptung unwahrer Tatsachen/garantenpflichtwidriges Nichtaufklären

dadurch Irrtum = jede Fehlvorstellung über die Tatsachen, die Gegenstand der Täuschung waren

dadurch Vermögensverfügung (ungeschriebenes Tatbestandsmerkmal) = jedes Tun/Dulden/Unterlassen des Getäuschten, das bei ihm/aufgrund einer Nähebeziehung bei einem anderen zu einer Vermögensminderung/konkreten Vermögensgefährdung führt und das bei Gewahrsamsverschiebung von Verfügungsbewusstsein getragen ist

dadurch Vermögensschaden = Vergleich der Vermögenslagen vor und nach der Verfügung (Gesamtsaldierung) ergibt, dass die Vermögensminderung nicht unmittelbar durch ein (nach objektiv-individuellen Kriterien gleichwertiges) Äquivalent ausgeglichen wurde

Subjektiver Tatbestand

Vorsatz **und**
Absicht stoffgleicher Bereicherung zu eigenen Gunsten/zugunsten Dritter

zusätzlich:

Rechtswidrigkeit der erstrebten Bereicherung **und** Vorsatz diesbezüglich

Rechtswidrigkeit

Allgemeine Grundsätze

Schuld

Allgemeine Grundsätze

Benannte Strafschwerung

Besonders schwerer Fall mit Regelbeispielskatalog, § 263 III 2:

Nr. 1:
- Nur subjektiv: gewerbsmäßiges Handeln
- Objektiv und subjektiv: Tatbegehung durch Mitglied einer Bande, die sich zur fortgesetzten Begehung (= mehrere selbstständige Handlungen) von Urkundenfälschung oder Betrug verbunden hat

Betrug, § 263 (Fortsetzung)

Benannte Straferschwerung	Nr. 2: ▪ Objektiv und subjektiv: Vermögensverlust großen Ausmaßes (ab 50.000 €/ein Gefährdungsschaden reicht hier nicht aus, str.) herbeigeführt; rechtlich selbstständige Handlungen ausreichend im Gegensatz zur 2. Alt. nur 1 Opfer ▪ Nur subjektiv: Absicht i.S.v. zielgerichtetem Willen zur fortgesetzten Begehung von Betrug = unbestimmte, im Einzelnen noch ungewisse Vielzahl von Betrugshandlungen geplant **und** dadurch große Anzahl von Menschen in die Gefahr des Verlustes von Vermögenswerten zu bringen Nr. 3: Objektiv und subjektiv: andere (natürliche) Person in wirtschaftliche Not gebracht Nr. 4: Objektiv und subjektiv: Befugnisse/Stellung als Amtsträger missbraucht Nr. 5: Objektiv und subjektiv: Vorbereitungshandlung eines Versicherungsbetruges begangen ▪ Sache von bedeutendem Wert vom Täter/einem Dritten in Brand gesetzt/durch Brandlegung ganz oder teilweise zerstört ▪ Schiff zum Sinken oder Stranden gebracht **und** Vortäuschen eines Versicherungsfalls **und** Finalzusammenhang zwischen Vorbereitungshandlung und Versicherungsbetrug Ausschlussklausel für Bagatellbetrug i.S.d. § 263 IV i.V.m. § 243 II ⇨ S. 63
Verfolgbarkeit	▪ Strafantrag/Bejahung besonderen öffentlichen Verfolgungsinteresses beim Bagatellbetrug, § 263 IV i.V.m. § 248 a ⇨ S. 63 ▪ Strafantrag bei Betrug zum Nachteil von Haus- und Familienangehörigen, § 263 IV i.V.m. § 247 ⚠ *In diesem Fall absolutes Antragsdelikt!*

Banden- und gewerbsmäßiger Betrug, § 263 V (vorsatzbedürftige Qualifkation)

Als Grunddelikt § 263 I prüfen. Zusätzlich: **objektiver Tatbestand:** Tatbegehung durch Mitglied einer Bande, die sich zur fortgesetzten Begehung von Straftaten nach den §§ 263–264/§§ 267–269 verbunden hat; **subjektiver Tatbestand:** Vorsatz bzgl. der bandenmäßigen Begehung und Gewerbsmäßigkeit

Betrug, § 263 (Einzelschema ⇨ S. 97)

Prüfungsschema	Deliktsmangel:	weiterprüfen:
Tatbestand		
Obj. Tatbestand		
Täuschungshandlung = jede intellektuelle Einwirkung auf das Vorstellungsbild eines anderen durch ausdrückl. /schlüssige Behauptung unwahrer Tatsachen/ durch garantenpflichtwidriges Nichtaufklären	→ Einwirken auf Automaten	→ § 263 a ⇨ S. 101 ff.; § 265 a ⇨ S. 104; § 266 b ⇨ S. 109; § 242 ⇨ S. 63 ff.; § 246 ⇨ S. 78
	→ Täuschung als notwendiger Bestandteil eines Spezialtatbestandes	→ § 352; § 353 I; §§ 370, 371 AO
	→ Äußerung unselbstständiger Bestandteil einer Scheindrohung	→ § 249 ⇨ S. 70 ff.; §§ 253, 255 ⇨ S. 105 f.
↓ dadurch ↓		
Irrtum = jede Fehlvorstellung über die Tatsachen, die Gegenstand der Täuschung waren	→ bloße Unkenntnis der Wahrheit (ignorantia facti)	→ § 246 ⇨ S. 78; § 265 a ⇨ S. 104; § 266 ⇨ S. 107 f.; § 266 a ⇨ S. 110 f.; § 266 b ⇨ S. 109
↓ dadurch ↓		
Vermögensverfügung = jedes Tun, Dulden, Unterlassen des Getäuschten, das bei ihm/aufgrund einer Nähebeziehung bei einem anderen zu einer Vermögensminderung oder einer konkreten Vermögensgefährdung führt und das bei Gewahrsamsverschiebungen von Verfügungsbewusstsein getragen ist	→ Abwehr einer Geldstrafe/Geldbuße/eines Verwarnungsgeldes durch Täuschung	→ § 258 ⇨ S. 207 f.
	→ Getäuschter steht in keiner Nähebeziehung zum betroffenen Vermögen	→ §§ 242, 25 I Alt. 2
	→ Vermögensminderung wird erst durch neuen deliktischen Zwischenschritt ausgelöst	→ § 242 ⇨ S. 63 ff. § 263 a ⇨ S. 101 ff.
	→ Verfügender hat bei erschlichener Gewahrsamsverschiebung kein (konkretes, wenn auch täuschungsbedingtes) Verfügungsbewusstsein	→ § 242 ⇨ S. 63 ff.
↓ dadurch ↓		

Betrug, § 263 (Fortsetzung)

Prüfungsschema	Deliktsmangel:	weiterprüfen:
Tatbestand		
Obj. Tatbestand		
Vermögensschaden = Vergleich der Vermögenslagen vor und nach der Verfügung ergibt, dass die Vermögensminderung nicht unmittelbar durch einen wirtschaftlichen Vorteil (nach objektiv-individuellen Kriterien) ausgeglichen wurde	→ Getäuschter hat infolge seiner Verfügung gutgläubig Rechtsposition eines Dritten (Eigentum, Forderungsinhaberschaft) erlangt oder zunichte gemacht	→ Erneuter (Dreiecks-)Betrug gegenüber dem unmittelbar Getäuschten und zulasten des von der Gutglaubensverfügung Betroffenen
Subj. Tatbestand		
Vorsatz	→ Täter erkennt erst nachträglich, dass er täuschungsbedingt vermögensschädigende Verfügung veranlasst hat	→ § 263, 13
Bereicherungsabsicht ▪ zu eigenen Gunsten/ ▪ zugunsten Dritter	→ Täter hat lediglich Schädigungswillen	→ ggf. § 266 ⇨ S. 107 f.
Stoffgleichheit		
Rechtswidrigkeit der erstebten Bereicherung objektiv **und** Vorsatz	→ Täter hat objektiv Anspruch auf Vermögensvorteil, weiß das aber nicht	→ untauglicher Versuch
Rechtswidrigkeit	Allgemeine Grundsätze	
Schuld	Allgemeine Grundsätze	

Computerbetrug, § 263 a I, II

Tatbestand

Objektiver Tatbestand

Tathandlungen:
- I Mod. 1: unrichtige Programmgestaltung
- I Mod. 2: Verwendung unrichtiger/unvollständiger Daten (§ 202 a II gilt nicht)
- I Mod. 3: Verwendung von Daten, unbefugt (nach h.M. Betrugsäquivalenz erforderlich)

  Hauptfall: EC-Geldautomatenmissbrauch

- I Mod. 4: sonst unbefugte Einwirkung auf den Ablauf

  Hauptfall: systematisches Leerspielen computergesteuerter Geldspielautomaten

dadurch (= Kausalzusammenhang)
Zwischenerfolg: Ergebnis eines Datenverarbeitungsvorgangs (Daten = codierte Informationen in einer im Wege automatisierter Verarbeitung nutzbaren Darstellungsform) beeinflusst
dadurch (= Kausalzusammenhang)
Taterfolg: Vermögensschaden beim Systembetreiber oder einem Dritten

Subjektiver Tatbestand

Vorsatz **und**
Bereicherungsabsicht
  zu eigenen Gunsten/zugunsten Dritter **und**
  Stoffgleichheit **und**
Rechtswidrigkeit der erstrebten Bereicherung
  objektiv **und**
  Vorsatz

Rechtswidrigkeit

Allgemeine Grundsätze

Schuld

Allgemeine Grundsätze

Benannte Straf-erschwerung

Besonders schwerer Fall mit Regelbeispielskatalog, § 263 a II i.V.m. § 263 III 2:

Nr. 1:
- Nur subjektiv: gewerbsmäßiges Handeln
- Objektiv und subjektiv: Tatbegehung durch Mitglied einer Bande, die sich zur fortgesetzten Begehung (= mehrere selbstständige Handlungen) von Urkundenfälschung oder (Computer-)Betrug verbunden hat

Computerbetrug, § 263 a (Fortsetzung)

Benannte Straferschwerung	Nr. 2: ▪ Objektiv und subjektiv: Vermögensverlust großen Ausmaßes (ab 50.000 €) herbeigeführt ▪ Nur subjektiv: Absicht i.S.v. zielgerichtetem Willen zur fortgesetzten Begehung von (Computer-)Betrug (= unbestimmte, im Einzelnen noch ungewisse Vielzahl von Betrugshandlungen geplant, **und** dadurch große Anzahl von Menschen in die Gefahr des Verlustes von Vermögenswerten zu bringen Nr. 3: Objektiv und subjektiv: andere (natürliche) Person in wirtschaftliche Not gebracht Nr. 4: Objektiv und subjektiv: Befugnisse/Stellung als Amtsträger missbraucht Nr. 5: Objektiv und subjektiv: Vorbereitungshandlung eines Versicherungsbetrugs begangen ▪ Sache von bedeutendem Wert vom Täter/einem Dritten in Brand gesetzt/durch Brandlegung ganz oder teilweise zerstört ▪ Schiff zum Sinken oder Stranden gebracht Vortäuschen eines Versicherungsfalls **und** Finalzusammenhang zwischen Vorbereitungshandlung und Versicherungsbetrug Ausschlussklausel für Bagatelltat, § 263 a II i.V.m. § 263 IV i.V.m. § 243 II ⇨ S. 63
Verfolgbarkeit	▪ Strafantrag/Bejahung besonderen öffentlichen Verfolgungsinteresses beim Bagatell-Computerbetrug, § 263 a II i.V.m. § 263 IV i.V.m. § 248 a ⇨ S. 63 ▪ Strafantrag beim Computerbetrug zum Nachteil von Haus- und Familienangehörigen, § 263 a II i.V.m. § 263 IV i.V.m. § 247 ⇨ S. 63 ⚠ *In diesem Fall absolutes Antragsdelikt!*

Banden- und gewerbsmäßiger Computerbetrug, § 263 a II i.V.m. § 263 V
(vorsatzbedürftige Qualifkation)

Als Grunddelikt § 263 a I prüfen. Zusätzlich: **objektiver Tatbestand:** Tatbegehung durch Mitglied einer Bande, die sich zur fortgesetzten Begehung von Straftaten nach den §§ 263–264 oder §§ 267–269 verbunden hat; **subjektiver Tatbestand:** Vorsatz bzgl. der bandenmäßigen Begehung und Gewerbsmäßigkeit

Vorbereitung eines Computerbetruges, § 263 a III, IV

Tatbestand

Objektiver Tatbestand

Tatobjekt:
Computerprogramm, dessen Zweck die Begehung einer Tat nach § 263 a I ist

Tathandlungen:
- Herstellen
- Verschaffen (sich/einem anderen)
- Feilhalten
- Verwahren
- Überlassen (einem anderen)

} als Vorbereitung einer Straftat nach § 263 a I

Subjektiver Tatbestand

Vorsatz

Rechtswidrigkeit

Allgemeine Grundsätze

Schuld

Allgemeine Grundsätze

Strafaufhebung

§ 263 a IV: Tätige Reue unter den Voraussetzungen des § 149 II, III

Erschleichen von Leistungen, § 265 a

Tatbestand	**Objektiver Tatbestand** **Tatgegenstand:** ▪ I Mod. 1: Leistung eines Automaten (nach h.M. nur Leistungs-, keine Warenautomaten) ▪ I Mod. 2: Leistung eines öffentlichen Zwecken dienenden Telekommunikationsnetzes ▪ I Mod. 3: Beförderung durch ein Verkehrsmittel ▪ I Mod. 4: Zutritt zu einer Veranstaltung/Einrichtung **Tathandlung:** Erschleichen = unbefugte Inanspruchnahme der Leistung bei gleichzeitigem Anschein der Ordnungsgemäßheit (h.M.; a.A.: täuschungsähnliches/manipulatives Verhalten des Täters erforderlich) oder bei Umgehung von Sicherungsvorkehrungen **Subjektiver Tatbestand** Vorsatz **und** Absicht, Entgelt nicht (oder nicht voll) zu entrichten
Rechtswidrigkeit	Allgemeine Grundsätze
Schuld	Allgemeine Grundsätze
Verfolgbarkeit	▪ Strafantrag/Bejahung besonderen öffentlichen Verfolgungsinteresses bei geringwertiger Leistungserschleichung, § 265 a III i.V.m. § 248 a ⇨ S. 63 ▪ Strafantrag bei Leistungserschleichung zum Nachteil von Haus- und Familienangehörigen, § 265 a III i.V.m. § 247 ⚠ *In diesem Fall absolutes Antragsdelikt!*
Konkurrenzen	Formelle Subsidiarität gegenüber schwereren Delikten, auch bei unterschiedlicher Schutzrichtung (z.B. §§ 242, 263, 263 a)

V. Bereicherungsdelikte mit Zwangskomponente
1. Erpressung

Erpressung, § 253

Tatbestand

Objektiver Tatbestand

Tathandlungen:
- Gewalt (wie bei § 240 ⇨ S. 19)
- Drohung mit empfindlichem Übel (wie bei § 240 ⇨ S. 19)

dadurch (erpressungsspezifischer Zusammenhang)

erzwungenes Opferverhalten: Tun/Dulden/Unterlassen

= nach Lit. Vermögensverfügung ähnlich der des Betrugs, d.h. aus Sicht des Genötigten notwendiger (h.M.) Mitwirkungsakt, der bei ihm/aufgrund einer Nähebeziehung bei einem anderen zu einer unmittelbaren Vermögensminderung führt

= nach Rspr. wie bei § 240, also auch Duldung der Wegnahme; Unmittelbarkeit der Vermögensminderung; Einwirkung auf Drittvermögen aber nur tatbestandsmäßig, wenn Genötigter dazu in Nähebeziehung steht

dadurch (= Kausal- und Zurechnungszusammenhang)

Taterfolg: Vermögensnachteil (wie Vermögensschaden bei § 263 ⇨ S. 97)

Subjektiver Tatbestand

Vorsatz, Finalzusammenhang **und**

Bereicherungsabsicht
zu eigenen Gunsten/zugunsten Dritter **und**
Stoffgleichheit
} wie bei § 263 ⇨ S. 97

zusätzlich:

Rechtswidrigkeit der erstrebten Bereicherung
objektiv **und**
Vorsatz

Rechtswidrigkeit

Verwerflichkeit der Mittel-Zweck-Relation, § 253 II
(wie bei § 240 ⇨ S. 19)

Schuld

Allgemeine Grundsätze

Benannte Straferschwerung

Besonders schwerer Fall mit Regelbeispielskatalog, § 253 IV 2:

- Nur subjektiv: Gewerbsmäßigkeit
- Objektiv und subjektiv: Tatbegehung als Mitglied einer Bande, die sich zur fortgesetzten Begehung (selbstständige Handlungen) einer Erpressung verbunden hat

Räuberische Erpressung, §§ 253, 255 (vorsatzbedürftige Qualifikation zu § 253)

Tatbestand

Objektiver Tatbestand

Tathandlung:
- Gewalt gegen eine Person
- Drohung mit gegenwärtiger Gefahr für Leib/Leben

} wie bei § 249 ⇨ S. 70

dadurch (erpressungsspezifischer Zusammenhang)

Erzwungenes Opferverhalten: Tun/Dulden/Unterlassen (wie bei § 253 ⇨ S. 105)

dadurch (= Kausal- und Zurechnungszusammenhang)

Taterfolg: Vermögensnachteil (wie Vermögensschaden bei § 263 ⇨ S. 97)

Subjektiver Tatbestand

Vorsatz , Finalzusammenhang **und**

Bereicherungsabsicht
- zu eigenen Gunsten/zugunsten Dritter **und**
- Stoffgleichheit

} wie bei § 263 ⇨ S. 97

zusätzlich:

Rechtswidrigkeit der erstrebten Bereicherung
- objektiv **und**
- Vorsatz

Rechtswidrigkeit

Allgemeine Grundsätze
⚠ *Hier – anders als bei § 253 II – durch die Tatbestandsmäßigkeit indiziert!*

Schuld

Allgemeine Grundsätze

Schwere/besonders schwere räuberische Erpressung, §§ 253, 255, 250
(vorsatzbedürftige Qualifikationen)

Aufbau wie schwerer/besonders schwerer Raub (⇨ S. 73 f.); statt des dort vorgesehenen Raubes als Grunddelikt räuberische Erpressung prüfen

Räuberische Erpressung mit Todesfolge, §§ 253, 255, 251
(Erfolgsqualifikation ⇨ allg. S. 213)

Aufbau wie Raub mit Todesfolge (⇨ S. 75); statt des dort vorgesehenen Raubes als Grunddelikt räuberische Erpressung prüfen

VI. Vermögensschädigungsdelikte
1. Untreue

Untreue, § 266

Tatbestand

Objektiver Tatbestand

Speziell: Missbrauchstatbestand, § 266 I Alt. 1	Allgemein: Treubruchstatbestand, § 266 I Alt. 2
Täter: Verfügungs- oder Verpflichtungsbefugnis über fremdes Vermögen kraft ▪ Gesetzes ▪ behördlichen Auftrags ▪ Rechtsgeschäfts **und** Vermögensbetreuungspflicht, nach h.M. inhaltsgleich mit der 2. Alt.	**Täter:** Vermögensbetreuungspflichtiger Entstehung kraft ▪ Gesetzes ▪ behördlichen Auftrags ▪ Rechtsgeschäfts ▪ tatsächlichen Treueverhältnisses durch Fremdnützigkeit bestimmt **und** von gewisser Bedeutung i.S.v. Hauptpflicht, Aufgabenkreis von Gewicht, Selbstständigkeit/ Bewegungsfreiheit
Tathandlung: Missbrauch = Handeln im Rahmen des rechtlichen Könnens im Außenverhältnis bei Überschreitung des Dürfens im Innenverhältnis	**Tathandlung:** Verletzung dieser spezifischen Treuepflicht (nicht: allgemeine Schuldnerpflicht)

dadurch Vermögensnachteil (wie Vermögensschaden bei § 263 ⇨ S. 97) beim zu betreuenden Vermögen

Subjektiver Tatbestand

Vorsatz

Rechtswidrigkeit

Allgemeine Grundsätze

Schuld

Allgemeine Grundsätze

Benannte Strafschwerung

Besonders schwerer Fall mit Regelbeispielskatalog, § 266 II i.V.m. § 263 III 2:

Nr. 1:
- Nur subjektiv: gewerbsmäßiges Handeln
- Objektiv und subjektiv: Tatbegehung durch Mitglied einer Bande, die sich zur fortgesetzten Begehung selbstständiger Untreuehandlungen verbunden hat

Untreue, § 266 (Fortsetzung)

Benannte Straferschwerung

Nr. 2:
- Objektiv und subjektiv: Vermögensverlust großen Ausmaßes (ab 50.000 €) herbeigeführt
- Nur subjektiv: Absicht i.S.v. zielgerichtetem Willen zur

  fortgesetzten Begehung von Untreue (= unbestimmte, im Einzelnen noch ungewisse Vielzahl von Handlungen geplant) **und**

  dadurch große Anzahl von Menschen in die Gefahr des Verlustes von Vermögenswerten zu bringen

Nr. 3: Objektiv und subjektiv: andere (natürliche) Person in wirtschaftliche Not gebracht

Nr. 4: Objektiv und subjektiv: Befugnisse/Stellung als Amtsträger missbraucht

Nr. 5: Objektiv und subjektiv:

Vorbereitungshandlung eines Versicherungsbetruges begangen
- Sache von bedeutendem Wert vom Täter/einem Dritten in Brand gesetzt/durch Brandlegung ganz oder teilweise zerstört
- Schiff zum Sinken oder Stranden gebracht

Vortäuschen eines Versicherungsfalls **und**

Finalzusammenhang zwischen Vorbereitungshandlung und Vortäuschen

Ausschlussklausel für Bagatelltat i.S.d. § 266 II i.V.m. 243 II ⇨ S. 63

Verfolgbarkeit

- Strafantrag/Bejahung besonderen öffentlichen Verfolgungsinteresses bei Bagatelluntreue, § 266 II i.V.m. § 248 a ⇨ S. 63
- Strafantrag bei Untreue zum Nachteil von Haus- und Familienangehörigen, § 266 II i.V.m. § 247 ⇨ S. 63

  ⚠ *In diesem Fall absolutes Antragsdelikt!*

Missbrauch von Scheck- und Kreditkarten, § 266 b

Tatbestand

Objektiver Tatbestand

Scheckkartenmissbrauch, § 266 b I Alt. 1

Täter:

Inhaber einer (Euro-)Scheckkarte **und**

Möglichkeit, durch Benutzung den Aussteller zu einer Zahlung zu veranlassen (muss unmittelbar vom ausstellenden Kreditinstitut durch Überlassung der Karte eingeräumt sein)

Tathandlung: Missbrauch (wie bei § 266 ⇨S. 107 f.) durch Verwendung der Karte im unbaren Zahlungsverkehr mit ec-Garantie gegenüber Dritten; nach umstr. Ansicht auch durch Verwendung der Magnetkartenfunktion im garantierten POS-System

⚠ *Nach Auslaufen des EC-Systems am 31.12.2001 ist zweifelhaft und noch ungeklärt, ob die Verwendung einer – weiterhin mit ec-Symbol versehbaren – Maestro-System-Karte im garantierten Zahlungsverfahren dem Tatbestand unterfällt. Nach der Differenzierung in Abs. 4 des § 152 b handelt es sich bei diesen Karten nämlich nicht um Euroscheckkarten oder Kreditkarten, sondern vielmehr um sonstige Zahlungskarten mit Garantiefunktion, sodass der Wortlaut des § 266 b I gegen eine Einbeziehung spricht.*

Kreditkartenmissbrauch, § 266 b I Alt. 2

Täter:

Inhaber einer Kreditkarte mit Garantiezusage (im Drei- oder Vier-Partner-System) **und**

Möglichkeit, durch Benutzung den Aussteller zu einer Zahlung zu veranlassen (muss unmittelbar vom ausstellenden Kreditkartenunternehmen durch Überlassung eingeräumt sein)

Tathandlung: Missbrauch (wie bei § 266 ⇨ S. 107 f.) durch wirksame Begründung einer Zahlungsverpflichtung zwischen Kartenaussteller und dem die Karte akzeptierenden Vertragsunternehmen, obwohl im Innenverhältnis zwischen Kartenaussteller und -inhaber unzulässig, vor allem weil Vermögensverhältnisse des Karteninhabers Zahlungsausgleich im Abrechnungszeitpunkt ausschließen

dadurch Vermögensnachteil (wie Vermögensschaden bei § 263 ⇨ S. 97 beim Kartenaussteller

Subjektiver Tatbestand

Vorsatz

Rechtswidrigkeit

Allgemeine Grundsätze

Schuld

Allgemeine Grundsätze

Verfolgbarkeit

Strafantrag/Bejahung besonderen öffentlichen Verfolgungsinteresses, § 266 b II i.V.m. § 248 a ⇨ S. 63

Vorenthalten und Veruntreuen von Arbeitsentgelt, § 266 a

Tatbestand

Objektiver Tatbestand

Täter:

- Arbeitgeber (im faktischen Sinn)
- Für den Arbeitgeber gemäß § 14 verantwortlich Handelnde
- Nach § 266 a V gleichgestellte Personen: Auftraggeber eines Heimarbeiters oder Hausgewerbetreibenden oder eine diesen gleichgestellte Person/Zwischenmeister (vgl. § 12 SGB IV)

- **§ 266 a I (Vorenthalten von Arbeitnehmeranteilen)**

  Tatobjekt: tatsächlich geschuldete Gesamtsozialversicherungsbeiträge i.S.d. § 28 d SGB IV des Arbeitnehmers (Beiträge für Renten-, Kranken-, Arbeitslosen- und Pflegeversicherung sowie Beiträge zur Arbeitsförderung), für deren Zahlung gegenüber der Einzugsstelle allein der Arbeitgeber haftet (vgl. § 28 e SGB IV)

  Tathandlung: Vorenthalten = Nichtzahlung der Arbeitnehmeranteile bei Fälligkeit, unabhängig davon, ob der Arbeitgeber Arbeitsentgelt (Lohn) gezahlt hat

- **§ 266 a II (Vorenthalten von Arbeitgeberanteilen)**

  Tatobjekt: tatsächlich geschuldete Sozialversicherungsbeiträge, die vom Arbeitgeber zu tragen sind (auch solche, die er allein schuldet, z.B. Unfallversicherung i.S.d. § 150 I 1 SGB VII)

  [aber ausdrücklicher Anwendungsausschluss für die Fälle geringfügiger Beschäftigung in Privathaushalten gem. § 111 I 2 SGB IV und § 209 I 2 SGB VII]

  Tathandlung:

  – Nr. 1: unrichtige/unvollständige Angaben über sozialversicherungsrechtlich erhebliche Tatsachen gegenüber der für den Einzug der Beiträge zuständigen Stelle

  – Nr. 2: pflichtwidriges In-Unkenntnis-Lassen der für den Einzug der Beiträge zuständigen Stelle über sozialversicherungsrechtlich erhebliche Tatsachen

  dadurch Vorenthalten (= Nichtzahlung der Arbeitgeberbeiträge bei Fälligkeit), unabhängig davon, ob der Arbeitgeber Arbeitsentgelt (Lohn) gezahlt hat

- **§ 266 a III (Nichtabführen von Entgeltteilen):**

  Tatobjekt: Teile des Arbeitsentgelts, die der Arbeitgeber für den Arbeitnehmer abzuführen hat und die nicht unter Abs. 1 fallen und nicht als Lohnsteuer einbehalten werden (z.B. vermögenswirksame Leistungen zur Arbeitnehmer-Sparzulage)

  Tathandlung:

  einbehalten **und**

  nicht zahlen = Nichtabführen an den Gläubiger bei Fälligkeit **und**

  nicht unverzügliche Unterrichtung des Arbeitnehmers über die Nichtzahlung

Subjektiver Tatbestand

Vorsatz

Vorenthalten und Veruntreuen von Arbeitsentgelt, § 266 a (Fortsetzung)

Rechtswidrigkeit	Allgemeine Grundsätze
Schuld	Allgemeine Grundsätze
Benannte Straferschwerung	Besonders schwerer Fall mit Regelbeispielskatalog, § 266 a IV 2 ▪ Nr. 1: Objektiv und subjektiv: Vorenthalten von Beiträgen in großem Ausmaß **und** nur subjektiv: Handeln aus grobem Eigennutz ▪ Nr. 2: Objektiv und subjektiv: Fortgesetztes Vorenthalten von Beiträgen unter Verwendung nachgemachter oder verfälschter Belege ▪ Nr. 3: Objektiv und subjektiv: Ausnutzen der Mithilfe eines Amtsträgers, der seine Befugnisse oder seine Stellung missbraucht
Fakultatives Absehen von Strafe	§ 266 a VI 1: Schriftliche Offenbarung der Höhe und Gründe der Nichtzahlung ggü. der Einzugsstelle bei Fälligkeit/unverzüglich danach und Darlegung der ernsthaften Zahlungsbemühungen
Obligatorisches Absehen von Strafe	§ 266 a VI 2: Voraussetzungen des § 266 a VI 1 und zusätzlich fristgemäße Nachzahlung

Unerlaubtes Entfernen vom Unfallort, § 142 I

Tatbestand

Objektiver Tatbestand

Tatsituation: Unfall im Straßenverkehr = jedes plötzliche Ereignis im Straßenverkehr, das einen nicht ganz unerheblichen, beweissicherungsbedürftigen Personen- oder Sachschaden zur Folge hat und das mit den typischen Gefahren des Straßenverkehrs in innerem Zusammenhang steht

Täter: Unfallbeteiligter = Legaldefinition in § 142 V

Tathandlung: (räumliches) Sichentfernen vom Unfallort

Bei Anwesenheit feststellungsbereiter Personen (§ 142 I Nr. 1):	Bei Nichtanwesenheit feststellungsbereiter Personen (§ 142 I Nr. 2):
unter Verletzung der Vorstellungs- und passiven Feststellungsduldungspflicht hinsichtlich der Person, des Fahrzeugs und der Art der Beteiligung durch angemessen lange Anwesenheit am Unfallort **und** Angabe der Tatsache der Unfallbeteiligung	unter Verletzung der Wartepflicht für eine dem Grad des Feststellungsbedürfnisses und der Zumutbarkeit angemessene Zeit

⚠ *Tatbestand nicht erfüllt, wenn alle Berechtigten auf die Feststellungen verzichten (h.M.; a.A.: Rechtfertigungsgrund)*

Subjektiver Tatbestand

Vorsatz, insbesondere bzgl. des Unfallereignisses

Rechtswidrigkeit

Allgemeine Grundsätze

Schuld

Allgemeine Grundsätze

Obligatorische Strafmilderung/fakultatives Absehen von Strafe

Tätige Reue bei „Parkunfällen", § 142 IV

- Unfall außerhalb des fließenden Verkehrs **und**
- ausschließlich nicht bedeutender Sachschaden (Schadenssumme unter 1.300 €, h.M.) **und**
- nachträgliche Ermöglichung nach § 142 III, also mit Wahlrecht, ob gegenüber dem Berechtigten oder der Polizei, innerhalb von 24 Stunden nach dem Unfall **und**
- Freiwilligkeit

Unerlaubtes Entfernen vom Unfallort, § 142 II
(Nichtermöglichung nachträglicher Feststellung der Unfallbeteiligung)

Tatbestand	**Objektiver Tatbestand** **Täter:** Unfallbeteiligter = Legaldefinition in § 142 V **Tatsituation:** In der Vergangenheit liegender Unfall im Straßenverkehr, bei dem sich der Täter vom Unfallort entfernt hatte, ohne nach § 142 I strafbar zu sein (Exklusivität zwischen § 142 I/II) ▪ II Nr. 1: weil er sich nach Ablauf der Wartefrist i.S.v. § 142 I Nr. 2 entfernt hatte ▪ II Nr. 2: weil er sich (willentlich) entfernt hatte – berechtigt = gerechtfertigt – entschuldigt = wegen Eingreifens von Schuldausschließungsgründen außer trunkenheitsbedingter Schuldunfähigkeit, str. ⚠ *Nach BVerfG keine Gleichstellung mehr zwischen berechtigtem/entschuldigtem und unvorsätzlichem Sichentfernen!* – nach h.M. auch bei Erlaubnistatbestandsirrtum **Tathandlung:** Verletzung der Nachholungspflicht durch nicht unverzügliches Handeln, das die Mindestfeststellungen i.S.v. § 142 III 1 erfüllt Trotz formaler Ermöglichung der Feststellungen Tatbestand erfüllt bei absichtlicher Vereitelung der Feststellungen, § 142 III 2 **Subjektiver Tatbestand** Vorsatz, insbesondere bzgl. des Unfallereignisses
Rechtswidrigkeit	Allgemeine Grundsätze
Schuld	Allgemeine Grundsätze
Obligatorische Strafmilderung/ fakultatives Absehen von Strafe	Tätige Reue bei „Parkunfällen", § 142 IV Unfall außerhalb des fließenden Verkehrs **und** ausschließlich nicht bedeutender Sachschaden (also unter 1.300 € Schadenssumme, h.M.) **und** nachträgliche Ermöglichung nach § 142 III, also mit Wahlrecht, ob gegenüber dem Berechtigten oder der Polizei, innerhalb von 24 Stunden nach dem Unfall **und** Freiwilligkeit

Vereiteln der Zwangsvollstreckung, § 288

Tatbestand

Objektiver Tatbestand

Täter: Vollstreckungsschuldner (einschl. Personenkreis aus § 14)

Tatsituation: drohende Zwangsvollstreckung

Ungeschriebenes Tatbestandsmerkmal: materiell-rechtlich begründeter und durchsetzbarer Anspruch vermögensrechtlicher Natur

Tatobjekte: Bestandteile des Tätervermögens = alle körperlichen und unkörperlichen Gegenstände, in die der Gläubiger die Vollstreckung betreiben darf

Tathandlungen:

- Veräußern
- Beiseiteschaffen

Subjektiver Tatbestand

Vorsatz **und**

Absicht (dolus directus I oder II), die Befriedigung des Gläubigers zu vereiteln

Rechtswidrigkeit

Allgemeine Grundsätze

Schuld

Allgemeine Grundsätze

Verfolgbarkeit

Strafantrag erforderlich, § 288 II ⚠ *Absolutes Antragsdelikt!*

Verletzung der Unterhaltspflicht, § 170 I

Tatbestand	Objektiver Tatbestand **Täter:** Schuldner (oder dessen gesetzlicher Vertreter, § 14 I Nr. 3) einer gesetzlichen Unterhaltspflicht **Ungeschriebenes Tatbestandsmerkmal:** Leistungsfähigkeit **Tathandlung:** Sichentziehen der Unterhaltspflicht = Nichtgewährung des vollen (gesetzlichen) Unterhalts/Herbeiführung der eigenen Leistungsunfähigkeit **Taterfolg:** Gefährdung des Lebensbedarfs des Berechtigten/hypothetische Gefährdung, wenn Hilfe Dritter nicht vorliegen würde Subjektiver Tatbestand Vorsatz
Rechtswidrigkeit	Allgemeine Grundsätze
Schuld	Allgemeine Grundsätze

Verletzung der Unterhaltspflicht gegenüber einer Schwangeren, § 170 II

(vorsatzbedürftige Qualifikation)

Tatbestand	Objektiver Tatbestand **Täter:** Schuldner (oder dessen gesetzlicher Vertreter, § 14 I Nr. 3) einer gesetzlichen Unterhaltspflicht gegenüber einer Schwangeren **Ungeschriebenes Tatbestandsmerkmal:** Leistungsfähigkeit **Tathandlung:** Vorenthalten des Unterhalts in verwerflicher Weise **Taterfolg:** Bewirken des Schwangerschaftsabbruchs durch die Vorenthaltung des Unterhalts Subjektiver Tatbestand Vorsatz
Rechtswidrigkeit	Allgemeine Grundsätze
Schuld	Allgemeine Grundsätze

Wucher, § 291

Tatbestand

Objektiver Tatbestand

Bezugsvorgang: gegenseitiges Rechtsgeschäft

Geschäftsgegenstand:

- I 1 Nr. 1: Vermietung von Wohnraum oder damit verbundene Nebenleistungen
- I 1 Nr. 2: Gewährung eines Kredits
- I 1 Nr. 3: sonstige Leistung
- I 1 Nr. 4: Vermittlung einer der Leistungen i.S.v. I 1 Nr. 1–3
  - Gegenleistung in auffälligem Missverhältnis zur Leistung (i.S.d. Nr. 1–3)/der Vermittlung (i.S.d. Nr. 4), zugunsten des Leistenden/Vermittelnden

Tathandlung:
Vermögensvorteil sich/Drittem versprechen/gewähren lassen

dadurch Ausbeutung

- der Zwangslage
- der Unerfahrenheit
- des Mangels an Urteilsvermögen
- erheblicher Willensschwäche

Additionsklausel, § 291 I 2:
Bei einheitlichem Geschäftsvorgang, an dem verschiedene Personen als Nebentäter selbstständig mitwirken, ergibt erst die Summe aller Leistungen und Gegenleistungen ein auffälliges Missverhältnis

Tathandlung:
übermäßigen Vermögensvorteil sich/Drittem versprechen/gewähren lassen

dadurch Ausnutzung der Zwangslage/der Schwäche

Subjektiver Tatbestand

Vorsatz

Rechtswidrigkeit

Allgemeine Grundsätze

Schuld

Allgemeine Grundsätze

Benannte Strafschwerung

Besonders schwerer Fall mit Regelbeispielskatalog, § 291 II 2:

- Nr. 1: Objektiv und subjektiv: durch die Tat Schuldner in wirtschaftliche Not gebracht
- Nr. 2: Nur subjektiv: Gewerbsmäßigkeit
- Nr. 3: Objektiv und subjektiv: Sichversprechenlassen wucherischer Vermögensvorteile durch Wechsel

Unerlaubte Veranstaltung eines Glücksspiels, § 284 I

Tatbestand	Objektiver Tatbestand **Tatgegenstand:** Glücksspiel, öffentlich (mit Erweiterung § 284 II) **Tathandlungen:** Veranstalten/Halten/Bereitstellen von Einrichtungen **und** Nichtvorliegen einer behördlichen Erlaubnis Subjektiver Tatbestand Vorsatz
Rechtswidrigkeit	Allgemeine Grundsätze
Schuld	Allgemeine Grundsätze

Schweres unerlaubtes Glücksspiel, § 284 III (vorsatzbedürftige Qualifikation)

Als Grunddelikt § 284 I prüfen. Zusätzlich:

- Nr. 1: nur im **subjektiven Tatbestand:** Gewerbsmäßigkeit
- Nr. 2: im **objektiven Tatbestand:** Tatbegehung als Mitglied einer Bande, die sich zur fortgesetzten Begehung solcher Taten verbunden hat; im **subjektiven Tatbestand:** Vorsatz bzgl. der qualifizierenden Umstände

Werben für unerlaubtes Glücksspiel, § 284 IV

Aufbau wie § 284 I; anstelle der dort genannten Tathandlungen im **objektiven Tatbestand:** Werben; im **subjektiven Tatbestand:** Vorsatz hierzu

Beteiligung am unerlaubten Glücksspiel, § 285

Tatbestand	Objektiver Tatbestand **Tatgegenstand:** Glücksspiel, öffentlich, ohne behördliche Erlaubnis (i.S.v. § 284) **Tathandlung:** sich beteiligen = selbst spielen (nicht nur zum Schein) Subjektiver Tatbestand Vorsatz
Rechtswidrigkeit	Allgemeine Grundsätze
Schuld	Allgemeine Grundsätze

Unerlaubte Veranstaltung einer Lotterie oder einer Ausspielung, § 287 I

Tatbestand	Objektiver Tatbestand **Tatgegenstand:** ▪ Lotterie, öffentlich ▪ Ausspielung beweglicher/unbeweglicher Sachen, öffentlich **Tathandlung:** Veranstalten, insbesondere: ▪ Abschluss von Spielverträgen anbieten ▪ auf den Abschluss von Spielverträgen gerichtete Angebote annehmen } erfasst vor allem Handlungen bei ausländischem Veranstalter ohne Spieleinrichtungen im Inland ⚠ *Bloßes Auffordern oder Sicherbieten zur Vermittlung bleibt straflos!* Nichtvorliegen einer behördlichen Genehmigung Subjektiver Tatbestand Vorsatz
Rechtswidrigkeit	Allgemeine Grundsätze
Schuld	Allgemeine Grundsätze

Werben für unerlaubte Lotterien und Ausspielungen, § 287 II

Aufbau wie § 287 I; anstelle der dort genannten Tathandlungen im **objektiven Tatbestand:** Werben; im **subjektiven Tatbestand:** Vorsatz hierzu

Kreditgefährdung, § 187 Hs. 1

Aufbau wie Verleumdung ⇨ S. 44; im **objektiven Tatbestand** statt der Eignung zur Herabwürdigung die Eignung zur Kreditgefährdung prüfen; im **subjektiven Tatbestand** Vorsatz in Bezug auf die Eignung zur Kreditgefährdung

Öffentliche Kreditgefährdung, § 187 Hs. 2 (Qualifikation)

Aufbau wie öffentliche Verleumdung ⇨ S. 44; statt der dort vorausgesetzten Verleumdung die Kreditgefährdung als Grunddelikt prüfen

E. Delikte gegen kollektive Rechtsgüter

I. Straftaten gegen beweiserhebliche Informationsträger
1. Schutzrichtungen der Urkundsdelikte i.w.S.

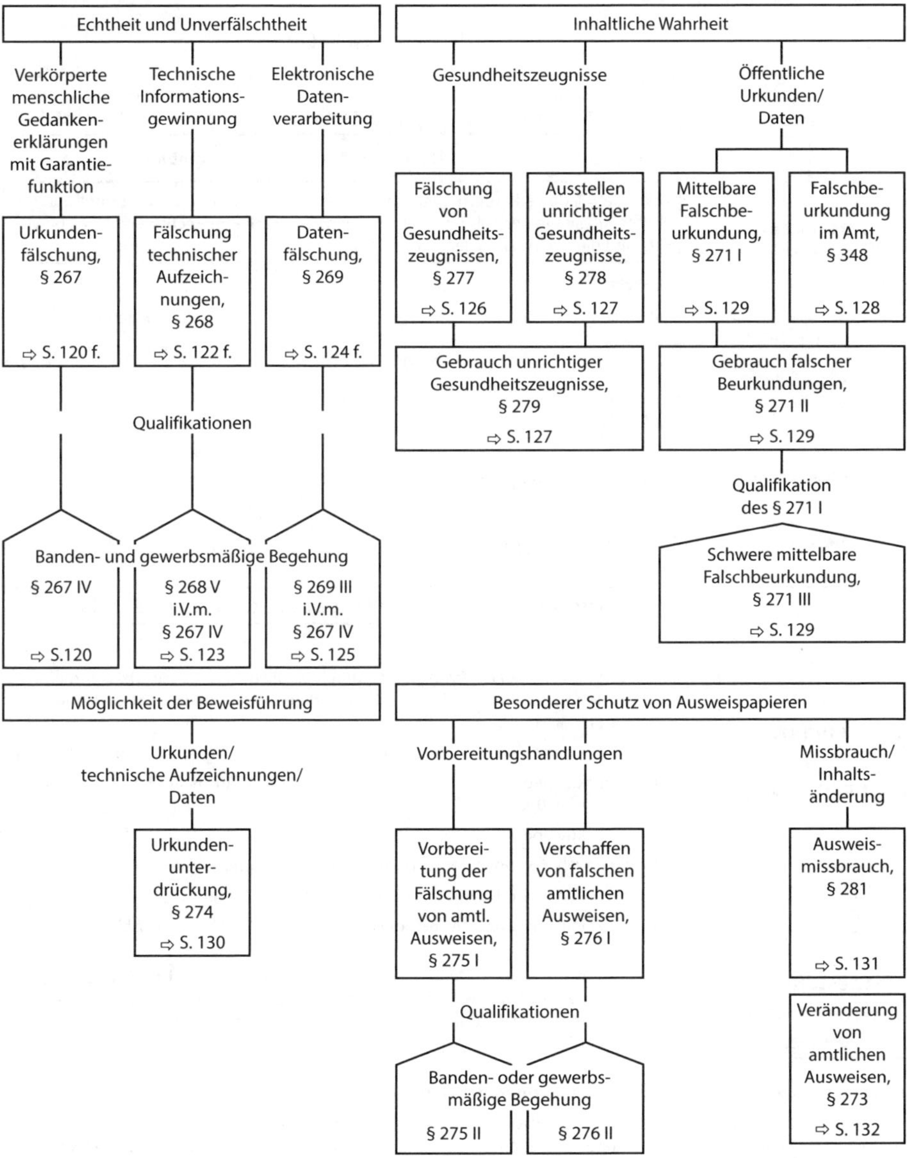

Urkundenfälschung, § 267

Tatbestand

Objektiver Tatbestand

Herstellung, § 267 I Mod. 1	Verfälschung, § 267 I Mod. 2	Gebrauch, § 267 I Mod. 3
Tatprodukt:	**Tatobjekt:**	**Tatobjekt:**

Urkunde = jede verkörperte menschliche Gedankenerklärung, die bestimmt und geeignet ist, eine außerhalb ihrer selbst liegende Tatsache im Rechtsverkehr zu beweisen, und die einen Aussteller erkennen lässt

unecht	echt	unecht/verfälscht
▪ herstellen	▪ verfälschen	▪ gebrauchen

Subjektiver Tatbestand

Vorsatz **und**

Täuschungswille im Rechtsverkehr

Rechtswidrigkeit

Allgemeine Grundsätze

Schuld

Allgemeine Grundsätze

Benannte Straferschwerung

Besonders schwerer Fall mit Regelbeispielskatalog, § 267 III 2:

- Nr. 1:
  - Objektiv und subjektiv: Tatbegehung durch Mitglied einer Bande, die sich zur fortgesetzten Begehung (= mehrere selbstständige Handlungen) von Betrug oder Urkundenfälschung verbunden hat
  - Nur subjektiv: gewerbsmäßiges Handeln
- Nr. 2: Objektiv und subjektiv: Vermögensverlust großen Ausmaßes herbeigeführt (ab ca. 50.000 €)
- Nr. 3: Objektiv und subjektiv:
  Große Anzahl von unechten/verfälschten Urkunden **und**
  dadurch Sicherheit des Rechtsverkehrs erheblich gefährdet
- Nr. 4: Objektiv und subjektiv: Befugnisse/Stellung als Amtsträger missbraucht

Tatbestandliche Bewertungseinheit

Manipulationsvarianten (I 1 Mod. 2) und Gebrauch (I Mod. 3) verschmelzen zu einer einzigen zweiaktigen Tat, wenn der Täter schon bei der Manipulation den späteren Gebrauch geplant hatte, sodass Letzterer nur eine Absichtsverwirklichung ist.

Bei Verwirklichung mehrerer Regelbeispiele nur eine Tat

Banden- und gewerbsmäßige Urkundenfälschung, § 267 IV (vorsatzbedürftige Qualifikation)

Als Grunddelikt § 267 I prüfen. Zusätzlich: **objektiver Tatbestand:** Tatbegehung durch Mitglied einer Bande, die sich zur fortgesetzten Begehung von Straftaten nach den §§ 263–264 oder §§ 267–269 verbunden hat; **subjektiver Tatbestand:** Vorsatz bzgl. der bandenmäßigen Begehung und Gewerbsmäßigkeit

Urkundenfälschung, § 267

Prüfungsschema	Deliktsmangel:	weiterprüfen:
Tatbestand		
Obj. Tatbestand		
Tatprodukt (bei der 1. Mod.), **Tatobjekt** (bei der 2. u. 3. Mod.): Urkunde = verkörperte menschliche Gedankenerklärung; auch verkürzte oder wortvertretendes Symbol (h.M.) **und** Beweisbestimmung und -eignung für den Rechtsverkehr für eine außerhalb der Erklärung liegende Tatsache **und** Aussteller erkennbar **und**	Manipulation bezieht sich auf Augenscheinsobjekt	Sachbeschädigung, § 303 ⇨ S. 79 Verwahrungsbruch, § 133 ⇨ S. 180 Verstrickungsbruch, § 136 ⇨ S. 178 f.
	Tathandlung bezieht sich auf maschinell erstellte Information, ohne dass sich diese ein Mensch als seine Erklärung zu eigen gemacht hat	Fälschung technischer Aufzeichnungen, § 268 ⇨ S. 122 f.
	Bezugsobjekt ist als elektronische Information nur auf einem Bildschirm wahrnehmbar	Datenfälschung, § 269 ⇨ S. 124 f.
	Tatobjekt ist bloße Fotokopie und rückt auch nicht zur Scheinurkunde auf	Urkundsrechtlich nicht strafbar
	Verkörperte Erklärung ist lediglich Kennzeichen	Spezialtatbestände, z.B. § 22 StVG
unecht (bei der 1./3. Mod.) = Identitätstäuschung über wahren Erklärungsgaranten	Tatobjekt ist lediglich Entwurf oder Aussteller ist anonym	Urkundsrechtlich nicht strafbar
	Urkunde enthält nur schriftliche Lüge	§§ 271, 348 ⇨ S. 128 f. §§ 277–279 ⇨ S. 126 f.
Tathandlungen: ▪ 1. Mod.: Herstellen	= Schaffung aller Urkundsvoraussetzungen in Bezug auf das Tatobjekt, auch durch nachträgliche Beweisbestimmung	
▪ 2. Mod.: Verfälschen	= Veränderung der Beweisrichtung ohne/nach Verlust der Änderungsbefugnis	
▪ 3. Mod.: Gebrauchen	= dem zu Täuschenden so zugänglich machen, dass Kenntnisnahme möglich ist	
Subj. Tatbestand		
Vorsatz **und** Täuschungswille im Rechtsverkehr (mit Gleichstellungsklausel in § 270)	Urkunde unter falschem Namen dient nur zur Täuschung im gesellschaftlichen Bereich	Ggf. Verleumdung/Beleidigung, §§ 185 ff. ⇨ S. 44 ff.
Rechtswidrigkeit	Allgemeine Grundsätze	
Schuld	Allgemeine Grundsätze	

Fälschung technischer Aufzeichnungen, § 268

Tatbestand

Objektiver Tatbestand

Herstellung, § 268 I Nr. 1 Alt. 1	Verfälschung, § 268 I Nr. 1 Alt. 2	Gebrauch, § 268 I Nr. 2
Tatprodukt:	**Tatobjekt:**	**Tatobjekt:**

Technische Aufzeichnung = Legaldefinition in § 268 II:

Darstellung von Daten-/Mess-/Rechenwerten/Zuständen/Geschehensabläufen (jeweils auf einem vom Gerät abtrennbaren Stück, str.) **und**

durch ein technisches Gerät ganz/zum Teil selbsttätig (= i.S.d. selbstständigen Schaffung neuer Informationen) bewirkt **und**

Gegenstand der Aufzeichnung erkennbar (nicht notwendig unmittelbar visuell wahrnehmbar wie bei § 267) **und**

Beweisbestimmung und -eignung (wie bei § 267 ⇨ S. 120)

Unecht	Echt	Unecht/Verfälscht
Tathandlung:	**Tathandlung:**	**Tathandlung**:
▪ Herstellen ▪ Gleichgestellt gem. § 268 III: durch störende Einwirkung auf den Aufzeichnungsvorgang Ergebnis der Aufzeichnung beeinflussen	Verfälschen (= nachträgliche Veränderung des Inhalts)	Gebrauchen (wie bei § 267 I Mod. 3 ⇨ S. 120)

Subjektiver Tatbestand

Vorsatz **und**

Täuschungswille im Rechtsverkehr (mit Gleichstellungsklausel in § 270)

Rechtswidrigkeit

Allgemeine Grundsätze

Schuld

Allgemeine Grundsätze

Fälschung technischer Aufzeichnungen, § 268 (Fortsetzung)

Benannte Straf-erschwerung

Besonders schwerer Fall mit Regelbeispielskatalog, § 268 V i.V.m. § 267 III 2:

- Nr. 1:
  - Objektiv und subjektiv: Tatbegehung durch Mitglied einer Bande, die sich zur fortgesetzten Begehung (= mehrere selbstständige Handlungen) von Betrug oder Urkundenfälschung (bzw. Fälschung technischer Aufzeichnungen) verbunden hat
  - Nur subjektiv: gewerbsmäßiges Handeln
- Nr. 2:

  Objektiv und subjektiv: Vermögensverlust großen Ausmaßes herbeigeführt (ab ca. 50.000 €)
- Nr. 3:

  Objektiv und subjektiv:

  Große Anzahl von unechten/verfälschten Urkunden/technischen Aufzeichnungen **und**

  dadurch Sicherheit des Rechtsverkehrs erheblich gefährdet
- Nr. 4:

  Objektiv und subjektiv: Befugnisse/Stellung als Amtsträger missbraucht

Banden- und gewerbsmäßige Fälschung tech. Aufzeichnungen, § 268 V i.V.m. § 267 IV
(vorsatzbedürftige Qualifikation)

Als Grunddelikt § 268 I prüfen. Zusätzlich: **objektiver Tatbestand:** Tatbegehung durch Mitglied einer Bande, die sich zur fortgesetzten Begehung von Straftaten nach den §§ 263–264 oder §§ 267–269 verbunden hat; **subjektiver Tatbestand:** Vorsatz bzgl. der bandenmäßigen Begehung und Gewerbsmäßigkeit

Fälschung beweiserheblicher Daten, § 269

Tatbestand

Objektiver Tatbestand

Herstellung, § 269 I Mod. 1	Verfälschung, § 269 I Mod. 2	Gebrauch, § 269 I Mod. 3
Tatprodukt:	**Tatobjekt:**	**Tatobjekt:**

Beweiserhebliche Daten:

Daten = alle (auch noch nicht gespeicherten) Informationen, die Gegenstand eines Datenverarbeitungsvorgangs sind **und**

Beweiserheblichkeit = die Daten müssen dazu bestimmt sein, bei einer Verarbeitung im Rechtsverkehr als Beweisdaten für rechtserhebliche Tatsachen benutzt zu werden

Herstellung, § 269 I Mod. 1	Verfälschung, § 269 I Mod. 2	Gebrauch, § 269 I Mod. 3
Tathandlung: Speichern (= Erfassen, Kopieren, Aufnehmen oder Aufbewahren der Daten auf einem Datenträger zum Zwecke ihrer weiteren Verwendung) sodass bei (visueller) Wahrnehmung eine unechte Urkunde vorläge ⚠ *Ausgrenzung der bloßen „Datenlüge"*	**Tathandlung:** Verändern (= inhaltliches Umgestalten der Daten) sodass bei (visueller) Wahrnehmung eine verfälschte Urkunde vorläge	Falsch gespeicherte (i.S.d. 1. Mod.)/ veränderte (i.S.d. 2. Mod.) Daten **Tathandlung:** Gebrauchen (= der Wahrnehmung zugänglich machen)

Subjektiver Tatbestand

Vorsatz **und**

Täuschungswille im Rechtsverkehr (mit Gleichstellungsklausel in § 270)

Rechtswidrigkeit

Allgemeine Grundsätze

Schuld

Allgemeine Grundsätze

Fälschung beweiserheblicher Daten, § 269 (Fortsetzung)

Benannte Straferschwerung

Besonders schwerer Fall mit Regelbeispielskatalog, § 269 III i.V.m. § 267 III 2:

- Nr. 1:
  - Objektiv und subjektiv: Tatbegehung durch Mitglied einer Bande, die sich zur fortgesetzten Begehung (= mehrere selbstständige Handlungen) von Betrug oder Urkundenfälschung (bzw. Datenfälschung) verbunden hat
  - Nur subjektiv: gewerbsmäßiges Handeln
- Nr. 2:

  Objektiv und subjektiv: Vermögensverlust großen Ausmaßes herbeigeführt (ab ca. 50.000 €)
- Nr. 3:

  Objektiv und subjektiv:

  Große Anzahl von unechten/verfälschten Urkunden/Daten **und** dadurch Sicherheit des Rechtsverkehrs erheblich gefährdet
- Nr. 4:

  Objektiv und subjektiv: Befugnisse/Stellung als Amtsträger missbraucht

Banden- und gewerbsmäßige Datenfälschung, § 269 III i.V.m. § 267 IV
(vorsatzbedürftige Qualifikation)

Als Grunddelikt § 269 I prüfen. Zusätzlich: **objektiver Tatbestand:** Tatbegehung durch Mitglied einer Bande, die sich zur fortgesetzten Begehung von Straftaten nach den §§ 263–264 oder §§ 267–269 verbunden hat; **subjektiver Tatbestand:** Vorsatz bzgl. der bandenmäßigen Begehung und Gewerbsmäßigkeit

Fälschung von Gesundheitszeugnissen, § 277

Tatbestand

Objektiver Tatbestand

Herstellung, § 277 Alt. 1	Verfälschung, § 277 Alt. 2
Tatprodukt:	**Tatobjekt:**

Gesundheitszeugnis = Bescheinigung über frühere Krankheiten/gegenwärtigen Gesundheitszustand/zukünftige Gesundheitsaussichten

Herstellung, § 277 Alt. 1

Tathandlung 1. Akt:
Ausstellen = körperliches/elektronisches Herstellen des Zeugnisses und die nach außen kenntlich gemachte Übernahme der Verantwortung für den Inhalt

- Unter dem richtigen Namen, aber einer dem Täter nicht zustehenden Bezeichnung als Arzt/als andere approbierte Medizinalperson
- Unberechtigt unter dem Namen eines Arztes/einer anderen approbierten Medizinalperson

Verfälschung, § 277 Alt. 2

Von einem Arzt oder einer anderen approbierten Medizinalperson ausgestellt **und**

Echt

Tathandlung 1. Akt:
Verfälschen
(wie bei § 267 ⇨ S. 120)

↓ zweiaktiges Delikt ↓

Tathandlung 2. Akt: Gebrauchen (wie bei § 267 ⇨ S. 120)

Subjektiver Tatbestand

Vorsatz **und**

Täuschungswille in Bezug auf Behörde/Versicherungsgesellschaft

Rechtswidrigkeit

Allgemeine Grundsätze

Schuld

Allgemeine Grundsätze

Ausstellen unrichtiger Gesundheitszeugnisse, § 278

Tatbestand	**Objektiver Tatbestand** **Täter:** Arzt/andere approbierte Medizinalperson **Tatprodukt:** Gesundheitszeugnis (wie in § 277 ⇨ S. 126) **und** Zweckbestimmung zum Gebrauch bei einer Behörde/Versicherungsgesellschaft **und** Inhaltlich unrichtig **Tathandlung:** Ausstellen (§ 277 ⇨ S. 126) **Subjektiver Tatbestand** Vorsatz bzgl. der inhaltlichen Unrichtigkeit wider besseres Wissen
Rechtswidrigkeit	Allgemeine Grundsätze
Schuld	Allgemeine Grundsätze

Gebrauch unrichtiger Gesundheitszeugnisse, § 279

Tatbestand	**Objektiver Tatbestand** **Tatobjekt:** Gesundheitszeugnis (wie in § 277 ⇨ S. 126) **und** Objektiv falsch (i.S.v. § 277)/objektiv unrichtig (i.S.v. § 278) [nicht notwendig aus einer strafbaren Tat gem. §§ 277/278] **Tathandlung:** Gebrauchen (wie bei § 267 ⇨ S. 120) **Subjektiver Tatbestand** Vorsatz **und** Täuschungswille in Bezug auf Behörde/Versicherungsgesellschaft
Rechtswidrigkeit	Allgemeine Grundsätze
Schuld	Allgemeine Grundsätze

Falschbeurkundung im Amt, § 348

Tatbestand	Objektiver Tatbestand **Täter:** Amtsträger (i.S.v. § 11 I Nr. 2; § 48 I, II WStG) **und** zur Aufnahme öffentlicher Urkunden befugt **und** sachlich/örtlich zuständig **Tatprodukte/Tatobjekte:** ▪ Öffentliche Urkunde i.S.v. § 415 ZPO mit Beweiskraft für/gegen jedermann ▪ Öffentliche Bücher/Register/Dateien **Taterfolg und Tathandlung:** Falschbeurkundung/Falscheintragung/Falscheingabe: Fixierung einer inhaltlich unwahren Tatsache mit Rechtserheblichkeit in der öffentlichen Urkunde (etc.) **und** **Erhöhte Beweiskraft der öffentlichen Urkunde (etc.) muss sich gerade auf die unwahre Tatsache beziehen** Subjektiver Tatbestand Vorsatz
Rechtswidrigkeit	Allgemeine Grundsätze
Schuld	Allgemeine Grundsätze

Mittelbare Falschbeurkundung, § 271

Tatbestand

Objektiver Tatbestand

Herstellung, § 271 I	Gebrauch, § 271 II
Tatprodukt:	**Tatobjekt:**

öffentliche Urkunde i.S.v. § 415 ZPO mit Beweiskraft für und gegen jedermann/öffentliche Bücher/Register/Dateien

mit Falschbeurkundung/Falscheintragung/Falscheingabe (wie bei § 348 ⇨ S. 128, nicht notwendig mit Vorsatz der Beurkundungsperson)

Herstellung, § 271 I	Gebrauch, § 271 II
Tathandlung: Bewirken = zurechenbare Verursachung der Beurkundung **und** Tatherrschaft (str.)	**Tathandlung:** Gebrauchen (wie bei § 267 I Mod. 3 ⇨ S. 120)

Subjektiver Tatbestand

Vorsatz (nach m.M. auch bzgl. Gutgläubigkeit des Beurkundenden)

Gebrauch, § 271 II: **und** Täuschungswille im Rechtsverkehr (mit Gleichstellungsklausel in § 270)

Rechtswidrigkeit

Allgemeine Grundsätze

Schuld

Allgemeine Grundsätze

Schwere mittelbare Falschbeurkundung, § 271 III (vorsatzbedürftige Qualifikation)

Als Grunddelikt § 271 I/II prüfen. Zusätzlich:

- objektiv und subjektiv: Handeln gegen Entgelt (§ 11 I Nr. 9);
- nur subjektiv: Absicht, sich/einen Dritten zu bereichern/eine andere Person zu schädigen

Urkundenunterdrückung, § 274

Tatbestand	**Objektiver Tatbestand** ▪ I Nr. 1: **Tatobjekte:** Urkunde i.S.v. § 267 (⇨ S. 120)/technische Aufzeichnung i.S.v. § 268 (⇨ S. 122) **und** **ungeschriebenes Tatbestandsmerkmal:** echt **und** nicht/nicht ausschließlich dem Täter gehörend = kein alleiniges Beweisführungsrecht des Täters **Tathandlungen:** – Vernichten = Zerstören } wie bei § 303 (⇨ S. 79) – Beschädigen } wie bei § 303 (⇨ S. 79) – Unterdrücken = zumindest zeitweiliges Vorenthalten der Urkunde als Beweismittel ▪ I Nr. 2: **Tatobjekte:** Beweiserhebliche Daten i.S.v. § 269 (⇨ S. 124), aber mit Beschränkung auf bereits i.S.v. § 202 a II gespeicherte bzw. übermittelte Daten **und** **ungeschriebenes Tatbestandsmerkmal:** echt **und** nicht/nicht ausschließlich in der Verfügungsbefugnis des Täters **Tathandlungen:** – Löschen – Unterdrücken – Unbrauchbarmachen – Verändern } wie bei § 303 a (⇨ S. 86) ▪ I Nr. 3: **Tatobjekte:** – Speziell: Grenzstein – Anderes zur Bezeichnung einer Grenze/eines Wasserstandes bestimmtes (künstliches oder natürliches) Merkmal **Tathandlungen:** wegnehmen/vernichten/unkenntlich machen/verrücken/fälschlich setzen **Subjektiver Tatbestand** Vorsatz **und** Absicht (dolus directus I oder II), einem anderen *(⚠ Nicht: dem Staat in Bezug auf Bußgeld-, Verwarnungsgeld- oder Strafansprüche)* durch die Beweisverkürzung einen beliebigen Nachteil zuzufügen
Rechtswidrigkeit	Allgemeine Grundsätze
Schuld	Allgemeine Grundsätze

Missbrauch von Ausweispapieren, § 281

Tatbestand

Objektiver Tatbestand

Gebrauch, § 281 I 1 Alt. 1	Überlassung, § 281 I 1 Alt. 2
Tatobjekt:	**Tatobjekt:**

- Ausweispapiere = amtliche Ausweise: ausschließlich oder neben anderen Zwecken zur Ermöglichung des Identitätsnachweises ausgestellte amtliche Urkunden, insbesondere Pässe, Dienst- und Studentenausweise, auch Führerscheine
- Gleichgestellt gem. § 281 II: im Rechtsverkehr als Ausweis verwendete amtliche Urkunden, z.B. Schulzeugnisse

Gebrauch	Überlassung
echt (ungeschriebenes Abgrenzungsmerkmal zu § 267 I Mod. 3)	echt
für einen anderen (als den Täter) ausgestellt	für einen anderen als den Übernehmer ausgestellt
Tathandlung: Gebrauchen (wie bei § 267 ⇨ S. 120)	**Tathandlung:** Überlassen = wenigstens vorübergehende Übertragung der Verfügungsgewalt, sodass Gebrauch möglich

Subjektiver Tatbestand

Vorsatz **und**

Täuschungswille im Rechtsverkehr (mit Gleichstellungsklausel in § 270)

Rechtswidrigkeit

Allgemeine Grundsätze

Schuld

Allgemeine Grundsätze

Verändern von amtlichen Ausweisen, § 273

Tatbestand

Objektiver Tatbestand

Veränderung, § 273 I Nr. 1	Gebrauch, § 273 I Nr. 2
Tatobjekt:	**Tatobjekt:**
amtlicher Ausweis = ausschließlich oder neben anderen Zwecken zur Ermöglichung des Identitätsnachweises ausgestellte amtliche Urkunde (insbes. Pässe, Dienst- und Studentenausweise, auch Führerscheine)	
echt	i.S.d. Nr. 1 veränderter Ausweis
Tathandlung: ▪ 1. Var.: Eintragung entfernen/ unkenntlich machen/ überdecken/unterdrücken ▪ 2. Var.: einzelne Seite entfernen	**Tathandlung:** Gebrauchen (wie bei § 267 ⇨ S. 120)

Subjektiver Tatbestand

Vorsatz **und**

Täuschungswille im Rechtsverkehr (mit Gleichstellungsklausel in § 270)

Rechtswidrigkeit

Allgemeine Grundsätze

Schuld

Allgemeine Grundsätze

Konkurrenzen

Formelle Subsidiarität gegenüber § 267/§ 274

Verhältnis	zu anderen Urkundsdelikten	zu anderen Tatbeständen
§ 267	Mit § 268 Tateinheit auch bzgl. gleichem Objekt und Zeichenbestand möglich, soweit der Aussteller die technische Aufzeichnung zugleich als eigene Gedankenerklärung autorisiert	Tateinheit, häufig sogar Verklammerung zur Tateinheit bei Delikten, die durch dieselbe Handlung zusammen mit der Manipulation bzw. dem anschließenden absichtsgemäßen Gebrauch verwirklicht werden
	Mit § 269 wegen tatbestandlicher Exklusivität von Urkunde und Daten bzgl. gleichem Zeichenbestand Tateinheit (–)	
	Wird von § 277 Alt. 1 Fall 2 und Alt. 2 als gesetzeskonkurrierend verdrängt (Spezialität)	
	Mit §§ 271, 348 hinsichtlich derselben Gedankenerklärung kein Zusammentreffen möglich Verdrängt § 274 I Nr. 1 als gesetzeskonkurrierend, soweit die Manipulation als typische Begleittat die Vernichtung, Beschädigung oder Unterdrückung einer vorher existenten echten Urkunde zur Folge hatte (Konsumtion)	Wird in Bezug auf Geld und Wertzeichen von den §§ 146 ff., auch § 152 a, b, als gesetzeskonkurrierend verdrängt (Spezialität)
		Verdrängt § 303 als gesetzeskonkurrierend, soweit die Manipulation als typische Begleittat die Beschädigung, Zerstörung oder Veränderung des Erscheinungsbildes des Urkundenkörpers zur Folge hatte (Konsumtion)

II. Straftaten gegen den Geld- und Wertzeichenverkehr

1. System der Geld- und Wertzeichendelikte

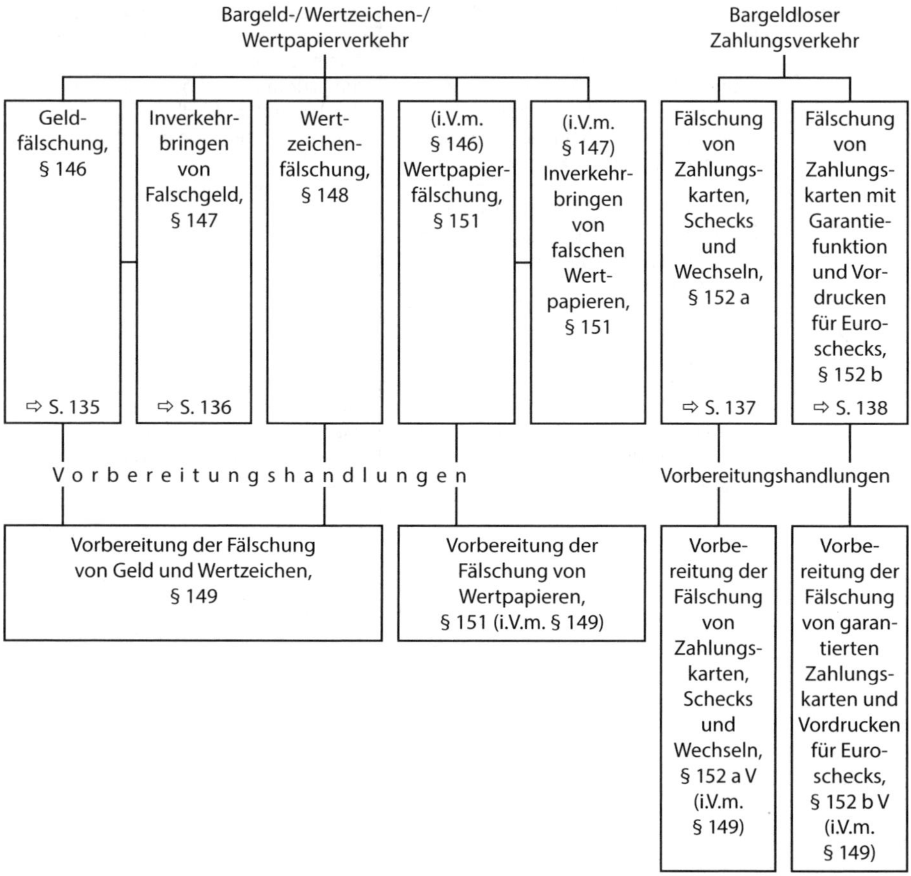

II. Straftaten gegen den Geld- und Wertzeichenverkehr
2. Geldfälschung

Geldfälschung, § 146 I

Tatbestand

Objektiver Tatbestand

Herstellung und Verfälschung, § 146 I Nr. 1	Verschaffung, § 146 I Nr. 2	Gebrauch, § 146 I Nr. 3
Tatprodukt:	**Tatobjekt:**	**Tatobjekt:**

- Falsches Geld des Inlands (mit Erweiterungsklausel des § 152 auf ausländisches Geld)
- Gleichgestellt gem. § 151: spezielle inländische Wertpapiere (mit Erweiterungsklausel des § 152 auf entsprechende ausländische Wertpapiere)

Nr. 1	Nr. 2	Nr. 3
Tathandlungen: ▪ Nachmachen = (erstmalige) Herstellung von Falschgeld mit beliebigen Mitteln und aus beliebigem Material ▪ Verfälschen durch Hervorrufen des Anscheins höheren Wertes	**Tathandlungen:** ▪ Sichverschaffen = Täter bringt Falschgeld in seinen Besitz/seine Verfügungsgewalt ▪ Feilhalten = äußerlich als solches erkennbares Bereithalten zum Zweck des Verkaufs	vom Täter unter den obj. und subj. Voraussetzungen der ← Nr. 1/Nr. 2 schuldhaft erlangt **Tathandlung:** Inverkehrbringen als echt = nach h.M. Weitergabe an Gutgläubige, aber auch an Eingeweihte zur weiteren Verbreitung

Subjektiver Tatbestand

Nr. 1	Nr. 2	Nr. 3
Vorsatz **und** Absicht, Falschgeld ▪ als echt in Verkehr zu bringen = Weitergabe an Gutgläubige ▪ solches Inverkehrbringen zu ermöglichen = Weitergabe an Eingeweihte	Vorsatz **und** Absicht wie bei Nr. 1	Vorsatz

Rechtswidrigkeit Allgemeine Grundsätze

Schuld Allgemeine Grundsätze

Banden- oder gewerbsmäßige Geldfälschung, § 146 II (vorsatzbedürftige Qualifikation)

Als Grunddelikt § 146 I prüfen. Zusätzlich:

- objektiv und subjektiv: Tatbegehung durch Mitglied einer Bande, die sich zur fortgesetzten Begehung einer Geldfälschung (= mehrere selbstständige Handlungen) verbunden hat
- nur subjektiv: Gewerbsmäßigkeit

Inverkehrbringen von Falschgeld, § 147

Tatbestand

Objektiver Tatbestand

Tatobjekt: falsches Geld (wie bei § 146 ⇨ S. 135)

Tathandlung: Inverkehrbringen als echt = nach h.M. Weitergabe an Gutgläubige, aber auch an Eingeweihte

Subjektiver Tatbestand

Vorsatz

Rechtswidrigkeit

Allgemeine Grundsätze

Schuld

Allgemeine Grundsätze

Konkurrenzen

Klarstellung „abgesehen von den Fällen des § 146" verdeutlicht Subsidiarität des § 147; selbstständige Strafbarkeit hieraus in folgenden Fällen:

- Täter hat objektiven Tatbestand des § 146 I Nr. 2 erfüllt, aber beim Sichverschaffen keinen Vorsatz bzgl. Falschgeldeigenschaft besessen
- Täter hat objektiven Tatbestand des § 146 I Nr. 1/2 vorsätzlich erfüllt, aber Absicht des Inverkehrbringens erst später gefasst
- Täter hat § 146 I Nr. 1/2 nicht schuldhaft begangen

Fälschung von Zahlungskarten, Schecks und Wechseln, § 152 a I, IV

Tatbestand

Objektiver Tatbestand

Herstellung- und Verfälschung, § 152 a I Nr. 1	Gebrauch und Überlassung, § 152 a I Nr. 2
Tatprodukt:	**Tatobjekt:**

- inländische/ausländische Zahlungskarten (= Legaldefinition in § 152 a IV), die von einem Kredit-/Finanzdienstleistungsinstitut (i.S.d. § 1 I, I a KWG) herausgegeben wurden (§ 152 a IV Nr. 1) und durch Ausgestaltung/Codierung besonders gegen Nachahmung gesichert sind (§ 152 a IV Nr. 2).

  ⚠ *Erfasst werden auch Zahlungskarten ohne Garantiefunktion, z.B. Kunden- oder Bankkarten im „Zwei-Partner-System"; für Karten mit Garantiefunktion ist der speziellere § 152 b ⇨ S. 138 einschlägig.*
- Schecks (str., ob auch Scheckvordrucke erfasst werden)
- Wechsel

⚠ *Ausreichend, dass sich die Tat nur auf jeweils ein Stück bezieht!*

Tathandlungen: (§ 152 a I Nr. 1)	**Tathandlungen:** (§ 152 a I Nr. 2)
▪ Nachmachen (wie bei § 146 ⇨ S. 135)	▪ Sichverschaffen/einem anderen verschaffen
▪ Verfälschen (wie bei §§ 267–269 ⇨ S. 120 ff.; auch wenn die Verfälschung nur auf elektronischen Zahlungsverkehr gerichtet ist)	▪ Feilhalten (wie bei § 146 ⇨ S. 135)
	▪ Einem anderen überlassen
	▪ Gebrauchen (wie bei § 146 ⇨ S. 135)

Subjektiver Tatbestand

Vorsatz **und**

Absicht
- eigener Täuschung im Rechtsverkehr
- Täuschung im Rechtsverkehr zu ermöglichen = durch Weitergabe an Eingeweihte

} mit Gleichstellungsklausel in § 270

Rechtswidrigkeit

Allgemeine Grundsätze

Schuld

Allgemeine Grundsätze

Banden- oder gewerbsmäßige Fälschung von Zahlungskarten, Schecks und Wechseln, § 152 a III
(vorsatzbedürftige Qualifikation)
Als Grunddelikt § 152 a I prüfen. Zusätzlich:
- objektiv und subjektiv: Tatbegehung durch Mitglied einer Bande, die sich zur fortgesetzten Begehung (= mehrere selbstständige Handlungen) von Straftaten nach § 152 a I verbunden hat;
- nur subjektiv: Gewerbsmäßigkeit

Vorbereitung der Fälschung von Zahlungskarten, Schecks und Wechseln, § 152 a V:
Spezielle Vorbereitungshandlungen i.S.d. § 149 auch für die Tatobjekte des § 152 a IV

Fälschung von Zahlungskarten mit Garantiefunktion und Vordrucken für Euroschecks, § 152 b I, IV

Tatbestand

Objektiver Tatbestand

Herstellung- und Verfälschung, § 152 b I i.V.m. § 152 a Nr. 1	Gebrauch und Überlassung, § 152 b i.V.m. § 152 a I Nr. 2
Tatprodukte:	**Tatobjekte:**

- Inländische/ausländische Zahlungskarten mit Garantiefunktion (= Legaldefinition in § 152 b IV): Kreditkarten/Euroscheckkarten/sonstige Karten (die z.B. durch das Maestro-System eine Garantiefunktion besitzen), die
  ermöglichen, den Aussteller im Zahlungsverkehr zu einer garantierten Zahlung zu veranlassen, **und**
  durch Ausgestaltung/Codierung besonders gegen Nachahmung gesichert sind
- Vordrucke für Euroschecks (wegen Auslaufens des EC-Systems zum 31.12.2001 überholt)

⚠ *Ausreichend, dass sich die Tat nur auf jeweils ein Stück bezieht!*

Tathandlungen:
- Nachmachen (wie bei § 146 ⇨ S. 135)
- Verfälschen (wie bei §§ 267–269 ⇨ S. 120 ff.; auch wenn die Verfälschung nur auf elektronischen Zahlungsverkehr gerichtet ist)

Tathandlungen:
- Sichverschaffen/einem anderen verschaffen
- Feilhalten (wie bei § 146 ⇨ S. 135)
- Einem anderen überlassen
- Gebrauchen (wie bei § 146 ⇨ S. 135)

Subjektiver Tatbestand

Vorsatz **und**
Absicht
- eigener Täuschung im Rechtsverkehr
- Täuschung im Rechtsverkehr zu ermöglichen = durch Weitergabe an Eingeweihte

} mit Gleichstellungsklausel in § 270

Rechtswidrigkeit

Allgemeine Grundsätze

Schuld

Allgemeine Grundsätze

Banden- oder gewerbsmäßige Fälschung von Zahlungskarten mit Garantiefunktion und Vordrucken für Euroschecks, § 152 b II (vorsatzbedürftige Qualifikation)
Als Grunddelikt § 152 b I prüfen. Zusätzlich:

- objektiv und subjektiv: Tatbegehung durch Mitglied einer Bande, die sich zur fortgesetzten Begehung (= mehrere selbstständige Handlungen) von Straftaten nach § 152 b I verbunden hat;
- nur subjektiv: Gewerbsmäßigkeit

Vorbereitung der Fälschung von Zahlungskarten mit Garantiefunktion und Vordrucken für Euroschecks, § 152 b V: spezielle Vorbereitungshandlungen i.S.d. §149 auch für die Tatobjekte des § 152 b IV

III. Brandstiftungsdelikte

1. System der Brandstiftungsdelikte

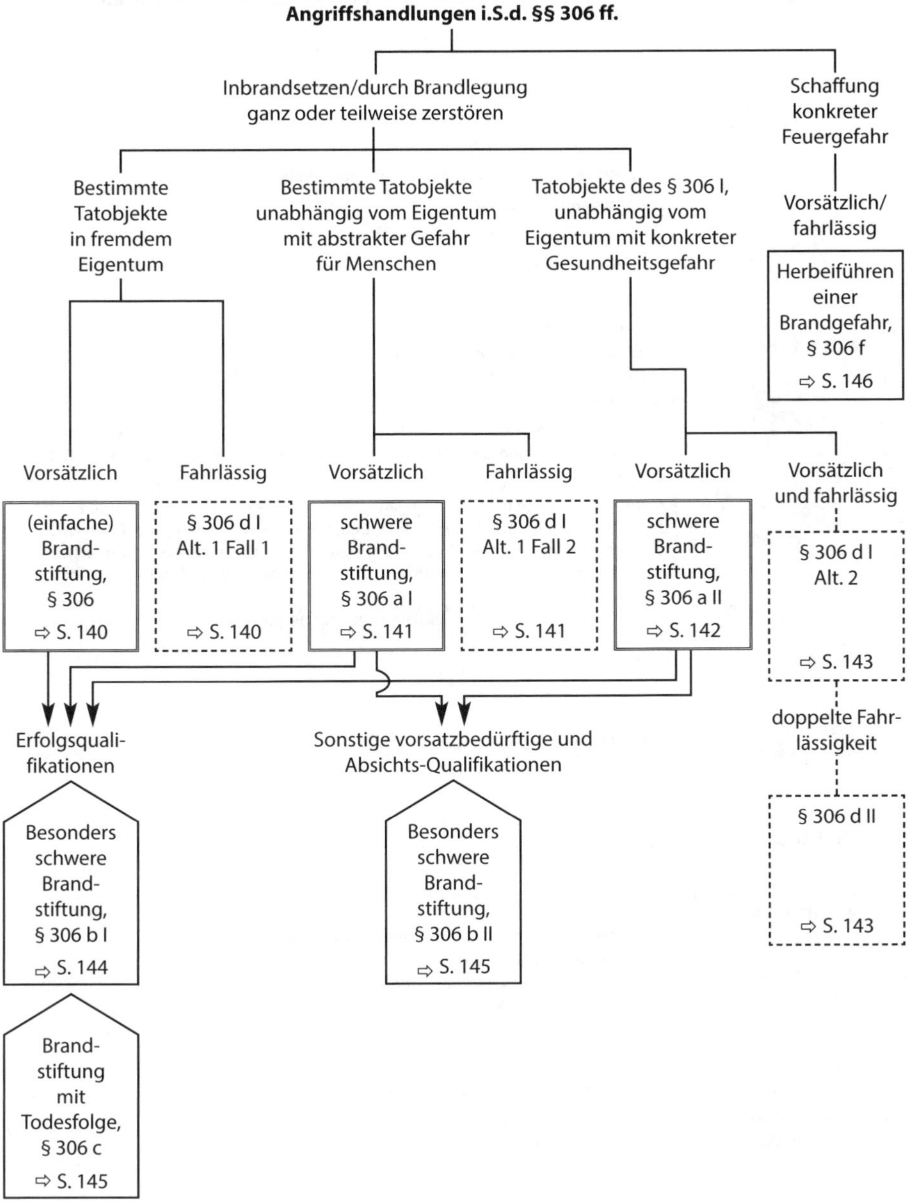

Brandstiftung, § 306 (qualifiziertes Sachbeschädigungs- u. abstraktes Gefährdungsdelikt)

Tatbestand

Objektiver Tatbestand

Tatobjekt:

Sache aus dem Katalog des § 306 I:

- Nr. 1: Gebäude/Hütten
- Nr. 2: Betriebsstätten/technische Einrichtungen (speziell Maschinen)
- Nr. 3: Warenlager/-vorräte
- Nr. 4: Kraft-/Schienen-/Luft-/Wasserfahrzeuge
- Nr. 5: Wälder/Heiden/Moore
- Nr. 6: Anlagen oder Erzeugnisse der Land-/Ernährungs-/Forstwirtschaft

Fremdheit der jeweiligen Sache

⚠ *Teleologischer Ausschluss solcher Objekte, die nur unerheblichen Wert (unter 750 €) verkörpern/von denen im Brandfall keinerlei Gemeingefahr ausgeht (str.)*

Tathandlungen:

- § 306 I Alt. 1: Inbrandsetzen = Sache/deren wesentliche Bestandteile derart vom Feuer erfassen lassen, dass sie auch ohne den Zündstoff selbstständig weiterbrennen können
- § 306 I Alt. 2: durch Brandlegung ganz oder teilweise zerstören = jede durch typische Gefahren des Versuchs der Brandstiftung bewirkte Unbrauchbarmachung der ganzen Sache/ihrer funktionell selbstständigen Teile, d.h. Zerstörung nicht nur durch helle Flamme, sondern auch durch Explosion, Verpuffung, Schwelbrand

Subjektiver Tatbestand

Vorsatz

Rechtswidrigkeit

⚠ *Einwilligung des Eigentümers ist Rechtfertigungsgrund!*

Schuld

Allgemeine Grundsätze

Fakultative Strafmilderung/ Absehen von Strafe

Tätige Reue, § 306 e I, III:

vollendete Brandstiftung (bei Versuch: § 24) **und**
noch kein erheblicher Schaden entstanden **und**
Täter muss Löschung des Brandes bewirkt haben (bei fehlender Kausalität des Täters für das Löschen genügen ernsthafte Löschbemühungen, § 306 e III) **und**
Freiwilligkeit

Fahrlässige einfache Brandstiftung, § 306 d I Mod. 1 Fall 1 i.V.m. § 306 I

Aufbau wie § 306; objektive und subjektive Fahrlässigkeit in Bezug auf die Tatbestandsmerkmale des § 306 I; persönlicher Strafaufhebungsgrund: § 306 e II, III

Schwere Brandstiftung, § 306 a I (abstrakt-gefährliches Vorsatzdelikt)

Tatbestand

Objektiver Tatbestand

Nr. 1

Tatobjekt:

- Räumlichkeit, die der Wohnung von Menschen dient, speziell: Gebäude/Schiff/Hütte
- Im Tatzeitpunkt noch nicht durch den/die Bewohner entwidmet
- Bei einräumigen Objekten abstrakte Gefahr für Menschen nicht durch Überschaubarkeit und Größe absolut ausgeschlossen

Nr. 2

Tatobjekt:

- Der Religionsausübung dienendes Gebäude (speziell: Kirche)

Nr. 3

Tatobjekt:

- Räumlichkeit
- Zeitweise zum Aufenthalt von Menschen dienend

⚠ *Unabhängig von den Eigentumsverhältnissen!*

Tathandlungen (Nr. 1, Nr. 2, Nr. 3):

- § 306 a I Alt. 1: Inbrandsetzen = Sache/deren wesentliche Bestandteile derart vom Feuer erfassen lassen, dass sie auch ohne den Zündstoff selbstständig weiterbrennen können
- § 306 a I Alt. 2: durch Brandlegung ganz oder teilweise zerstören = jede durch typische Gefahren des Versuchs der Brandstiftung bewirkte Unbrauchbarmachung der ganzen Sache/ihrer funktionell selbstständigen Teile, d.h. Zerstörung nicht nur durch helle Flamme, sondern auch durch Explosion, Verpuffung, Schwelbrand

⚠ *Funktionsbeeinträchtigung von Gewicht erforderlich (z.B. eine Wohnung in einem Mehrfamilienhaus)!*

Nr. 3: Ausbruch des Brandes/Eintritt der Zerstörung zu einer Zeit, während der sich üblicherweise Menschen in den Räumlichkeiten aufhalten

Subjektiver Tatbestand

Vorsatz (nicht bzgl. der Gefährdung von Menschen erforderlich; dann ggf. § 306 b II Nr. 1!)

Rechtswidrigkeit

Allgemeine Grundsätze

⚠ *Einwilligung des Eigentümers des Tatobjekts wirkt nicht rechtfertigend, da gemeingefährliches Delikt!*

Schuld

Allgemeine Grundsätze

Fakultative Strafmilderung/Absehen von Strafe

Tätige Reue, § 306 e I, III:

vollendete Brandstiftung (bei Versuch: § 24) **und**

noch kein erheblicher Schaden entstanden **und**

Täter muss Löschung des Brandes bewirkt haben (bei fehlender Kausalität des Täters für das Löschen genügen ernsthafte Löschbemühungen, § 306 e III) **und**

Freiwilligkeit

Fahrlässige schwere Brandstiftung, § 306 d I Mod. 1 Fall 2 i.V.m. § 306 a I

Aufbau wie § 306 a; objektive und subjektive Fahrlässigkeit in Bezug auf die Tatbestandsmerkmale des § 306 a I;
persönlicher Strafaufhebungsgrund: § 306 e II, III

Schwere Brandstiftung, § 306 a II
(konkretes Gefährdungs- und Vorsatzdelikt mit Individualschutzcharakter)

Tatbestand

Objektiver Tatbestand

Tatobjekt:

⚠ *Unabhängig von Eigentumsverhältnissen, also auch tätereigene/herrenlose Objekte oder bei Handeln mit Einwilligung des Eigentümers des Tatobjekts*

Sache aus dem Katalog des § 306 I:

- Nr. 1: Gebäude/Hütten
- Nr. 2: Betriebsstätten/technische Einrichtungen, speziell Maschinen
- Nr. 3: Warenlager/-vorräte
- Nr. 4: Kraft-/Schienen-/Luft-/Wasserfahrzeuge
- Nr. 5: Wälder/Heiden/Moore
- Nr. 6: Anlagen oder Erzeugnisse der Land-/Ernährungs-/Forstwirtschaft

Tathandlungen:

- 1. Alt.: Inbrandsetzen = Sache/deren wesentliche Bestandteile derart vom Feuer erfassen lassen, dass sie auch ohne den Zündstoff selbstständig weiterbrennen können
- 2. Alt.: durch Brandlegung ganz oder teilweise zerstören = jede durch typische Gefahren des Versuchs der Brandstiftung bewirkte Unbrauchbarmachung der ganzen Sache/ihrer funktionell selbstständigen Teile, d.h. Zerstörung nicht nur durch helle Flamme, sondern auch durch Explosion, Verpuffung, Schwelbrand

  ⚠ *Funktionsbeeinträchtigung von Gewicht erforderlich! Erfüllt, wenn funktionaler Gebäudeteil für nicht unerhebliche Zeit nicht bestimmungsgemäß genutzt werden kann.*

Eintritt einer konkreten Gefahr der Gesundheitsschädigung eines anderen = vom Täter verschiedenen Menschen **und**

spezifischer Risikozusammenhang zwischen Tathandlung und konkreter Gefährdung

Subjektiver Tatbestand

Vorsatz sowohl in Bezug auf die Tathandlung als auch auf den Eintritt der konkreten Gefahr

Rechtswidrigkeit

Allgemeine Grundsätze

⚠ *Einwilligung des Gefährdeten in die Gefährdung wirkt nach h.M. rechtfertigend, da Individualschutzdelikt!*

Schuld

Allgemeine Grundsätze

Fakultative Strafmilderung/ Absehen von Strafe

Tätige Reue, § 306 e I, III:

vollendete Brandstiftung (bei Versuch: § 24) **und**

noch kein erheblicher Schaden entstanden **und**

Täter muss Löschung des Brandes bewirkt haben (bei fehlender Kausalität des Täters für das Löschen genügen ernsthafte Löschbemühungen, § 306 e III) **und**

Freiwilligkeit

Vorsätzlich-fahrlässige (konkret gefährliche) schwere Brandstiftung, § 306 d I Mod. 2 i.V.m. § 306 a II

Aufbau wie § 306 a II;
objektiver Tatbestand: objektive Fahrlässigkeit bzgl. Gefährdung;
subjektiver Tatbestand: Vorsatz nur bzgl. Tathandlung des § 306 a II; **Schuld:** subjektive Fahrlässigkeit bzgl. Gefährdung; **persönlicher Straufaufhebungsgrund:** tätige Reue gemäß § 306 e II, III

Fahrlässige (konkret gefährliche) schwere Brandstiftung, § 306 d II i.V.m. § 306 a II

Aufbau grds. wie § 306 a II;
Tatbestand: objektive Fahrlässigkeit bzgl. Tatbestand des § 306 a II inkl. Gefährdung;
Schuld: subjektive Fahrlässigkeit; **persönlicher Strafaufhebungsgrund:** tätige Reue gemäß § 306 e II, III

Besonders schwere Brandstiftung, § 306 b I (Erfolgsqualifikation zu §§ 306, 306 a)

Tatbestand

Objektiver und subjektiver Tatbestand einer Tat nach

- § 306 I (⇨ S. 140)
- § 306 a I (⇨ S. 141)
- § 306 a II (⇨ S. 142)

Eintritt der schweren Folge:

- Schwere Gesundheitsschädigung eines anderen Menschen
- (Einfache) Gesundheitsschädigung einer großen Zahl von Menschen (Rspr.: jedenfalls bei 14 Personen; Lit.: ab 10 Personen)

Kausalzusammenhang zwischen Grunddelikt nach § 306/§ 306 a und schwerer Folge **und**

Objektiv (wenigstens, § 18) einfache Fahrlässigkeit hinsichtlich der schweren Folge ⚠ *Aber auch bei Vorsatz!* **und**

Tatbestandsspezifischer Gefahrzusammenhang zwischen Brandstiftung und schwerer Folge

Rechtswidrigkeit

Allgemeine Grundsätze

⚠ *Einwilligung wirkt nicht rechtfertigend, da gemeingefährliches Delikt!*

Schuld

Allgemeine Grundsätze **und**

Subjektive Fahrlässigkeit bzgl. der schweren Folge; entfällt bei Vorsatz bzgl. der schweren Folge

Fakultative Strafmilderung/ Absehen von Strafe

Tätige Reue, § 306 e I, III:

vollendete Brandstiftung (bei Versuch: § 24) **und**

noch kein erheblicher Schaden entstanden (ab Körperverletzung mit erheblicher Verletzungsgefahr ausgeschlossen) **und**

Täter muss Löschung des Brandes bewirkt haben (bei fehlender Kausalität des Täters für das Löschen genügen ernsthafte Löschbemühungen des Täters, § 306 e III) **und**

Freiwilligkeit

Besonders schwere Brandstiftung, § 306 b II Nr. 1
(vorsatzbedürftige Gefährdungsqualifikation zu § 306 a)

Als Grunddelikt § 306 a I / II prüfen, zusätzlich: **objektiver Tatbestand:** als Tatobjekt Sache i.S.d. § 306 a II/i.S.d. § 306 I; anstelle der Gefährdung i.S.d. § 306 b I konkrete Todesgefahr für einen anderen Menschen; **subjektiver Tatbestand:** Vorsatz bzgl. der konkreten Todesgefahr; **fakultatives Absehen von Strafe/Strafmilderung:** tätige Reue gemäß § 306 e I, III

Besonders schwere Brandstiftung, § 306 b II Nr. 2
(Absichtsqualifikation zu § 306 a)

Als Grunddelikt § 306 a I/II prüfen. Zusätzlich: **subjektiver Tatbestand:** Absicht, eine andere Straftat zu ermöglichen (insbesondere Brandversicherungsbetrug, str.)/zu verdecken (wie bei § 211 ⇨ S. 4); **fakultatives Absehen von Strafe/Strafmilderung:** tätige Reue gemäß § 306 e I, III

Besonders schwere Brandstiftung, § 306 b II Nr. 3
(vorsatzbedürftige Qualifikation zu § 306 a)

Als Grunddelikt § 306 a I/II prüfen. Zusätzlich: **objektiver Tatbestand:** Löschen des Brandes verhindern/erschweren; **subjektiver Tatbestand:** Vorsatz bzgl. der qualifizierenden Umstände; **fakultatives Absehen von Strafe/Strafmilderung:** tätige Reue gemäß § 306 e I, III

Brandstiftung mit Todesfolge, § 306 c
(Erfolgsqualifikation zu §§ 306–306 b; allg. ⇨ S. 213)

Als Grunddelikt § 306/§ 306 a/§ 306 b prüfen. Zusätzlich: **Tatbestand:** Tod eines anderen Menschen; diesbzgl. wenigstens objektiv leichtfertiges Handeln des Täters (einfache Fahrlässigkeit, § 18, genügt nicht); tatbestandsspezifischer Gefahrzusammenhang; **Schuld:** subjektive Leichtfertigkeit

(Vorsätzliches) **Herbeiführen einer Brandgefahr, § 306 f I, II**

	§ 306 f I	§ 306 f II
Tatbestand	**Objektiver Tatbestand**	
	Tatobjekt: Sache aus dem Katalog des § 306 f I ▪ Nr. 1: feuergefährdete Betriebe/Anlagen ▪ Nr. 2: Anlagen/Betriebe der Land-/Ernährungswirtschaft, in denen sich deren Erzeugnisse befinden ▪ Nr. 3: Wälder/Heiden/Moore ▪ Nr. 4: bestellte Felder/leicht entzündliche Erzeugnisse der Landwirtschaft, die auf Feldern lagern	**Tatobjekt:** Sache aus dem Katalog des § 306 f I
	Fremdheit der jeweiligen Sache	Unabängig von Eigentumsverhältnissen am Tatobjekt
	Taterfolg: konkrete Brandgefahr	**Taterfolg:** konkrete Brandgefahr
	Tathandlung: jede zurechenbare Verursachung, speziell durch: Rauchen/offenes Feuer/ Licht/Wegwerfen brennender oder glimmender Gegenstände	**Tathandlung:** jede zurechenbare Verursachung, speziell durch: Rauchen/offenes Feuer/ Licht/Wegwerfen brennender oder glimmender Gegenstände
		Tatfolge: Eintritt einer konkreten Gefahr ▪ für Leib/Leben eines anderen Menschen ▪ für fremde Sachen von bedeutendem Wert (1.300 €) spezifischer Risikozusammenhang zwischen Tathandlung und weiterer Gefährdung
	Subjektiver Tatbestand	
	Vorsatz	Vorsatz, auch bzgl. der weitergehenden Gefährdung
Rechtswidrigkeit	Einwilligung möglich	Allgemeine Grundsätze
Schuld	Allgemeine Grundsätze	Allgemeine Grundsätze

(Fahrlässiges) **Herbeiführen einer Brandgefahr, § 306 f I i.V.m. III Alt. 1**

Aufbau grds. wie § 306 f I; zusätzlich: **Tatbestand:** objektive Fahrlässigkeit bzgl. Tatbestandsmerkmalen; **Schuld:** subjektive Fahrlässigkeit bzgl. Tatbestandsmerkmalen

(Vorsätzlich-fahrlässiges) **Herbeiführen einer Brandgefahr, § 306 f II i.V.m. III Alt. 2**

Aufbau grds. wie § 306 f II; Änderungen: **Tatbestand:** Vorsatz nur bzgl. Herbeiführung der Brandgefahr (z.B. durch Rauchen, offenes Feuer etc.; vor der Gefährdung prüfen); Eintritt des weiteren konkreten Gefahrerfolges (Leibes-/Lebensgefahr etc.); objektive Fahrlässigkeit bzgl. Eintritt des Gefahrerfolges; **Schuld:** subjektive Fahrlässigkeit bzgl. des Eintritts des Gefahrerfolges

Verhältnis	zu anderen Brandstiftungsdelikten	zu anderen Tatbeständen
§ 306	Wird von § 306 a I Nr. 1 als gesetzeskonkurrierend verdrängt (Konsumtion) Wird von § 306 b, c als gesetzeskonkurrierend verdrängt Zu § 306 a II und § 306 d I Alt. 2 Tateinheit	Verdrängt als gesetzeskonkurrierend §§ 303, 305 am Tatobjekt des § 306 (Spezialität) Sonst (insbesondere §§ 304, 305 a, 265) Tateinheit
§ 306 a I	Zu § 306 a II Tateinheit Wird von §§ 306 b I, II Nr. 1, 306 c als gesetzeskonkurrierend verdrängt	Zu §§ 223 ff. Tateinheit
§ 306 b I	Zu § 306 b II Tateinheit möglich	
§ 306 c	Verdrängt als gesetzeskonkurrierend die §§ 306–306 b I, II Nr. 1, 222 Zu § 306 b II Nr. 2, 3 Tateinheit	Zu §§ 212, 211 Tateinheit

IV. Straftaten gegen die Verkehrssicherheit

1. System der Verkehrsdelikte

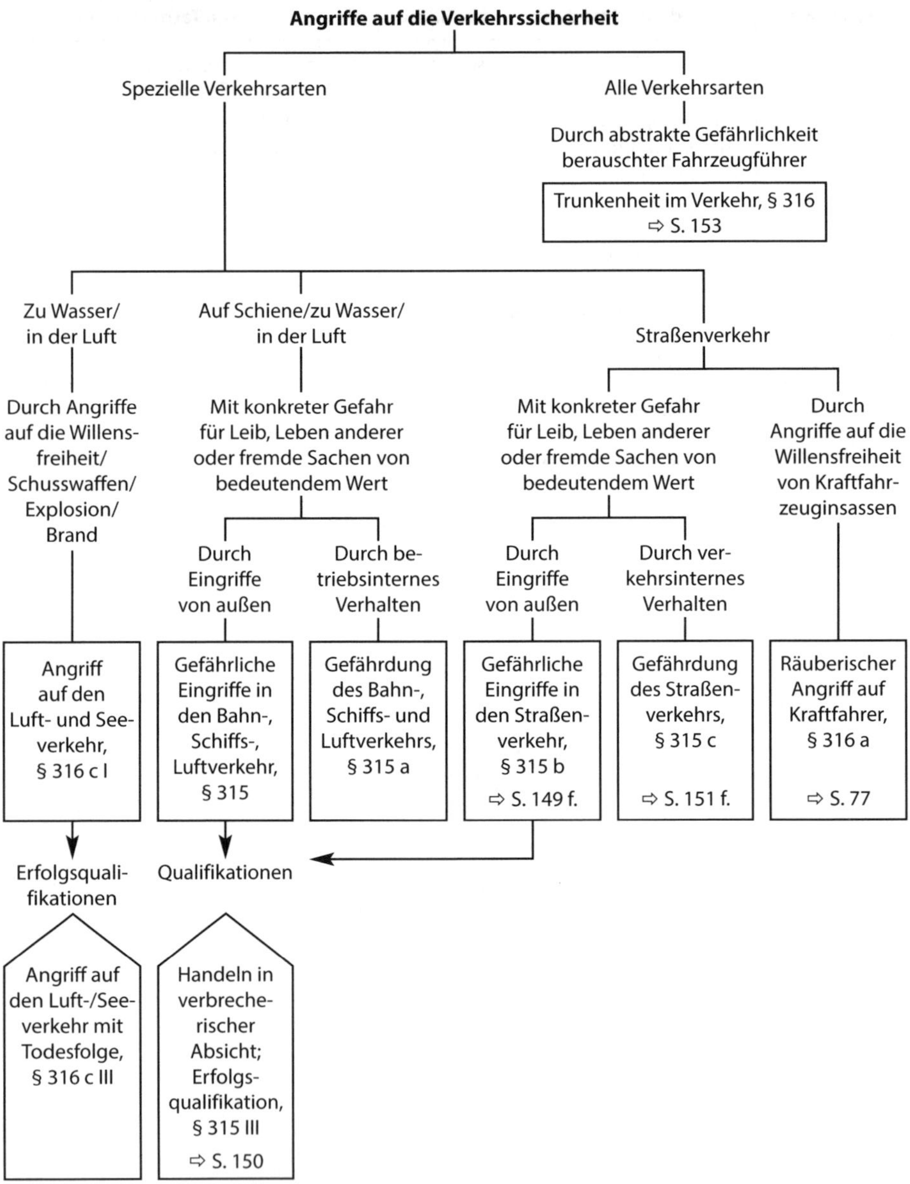

Gefährlicher Eingriff in den Straßenverkehr, § 315 b I (konkretes Gefährdungsdelikt)

Tatbestand

Objektiver Tatbestand

Tathandlungen:
Eingriff = von außen in den Verkehr hineinwirkende Handlungen; grds. nicht bei verkehrsinternen Verhaltensweisen (dann § 315 c ⇨S. 151); Ausnahme: wenn Täter als Verkehrsteilnehmer einen Verkehrsvorgang zu einem Eingriff in den Straßenverkehr „pervertiert“, d.h.

objektiv: grobe Einwirkung von einigem Gewicht auf den Verkehrsablauf (z.B. zweckwidriger Einsatz eines Fahrzeugs als Waffe oder um einen Unfall zu provozieren) **und**

subjektiv: Bewusstsein der Zweckentfremdung, verkehrsfeindliche Absicht und (zumindest bedingter) Schädigungsvorsatz

Tatmodalitäten:
- Nr. 1: Anlagen/Fahrzeuge zerstören/beschädigen (wie bei § 303 ⇨ S. 79)/beseitigen
- Nr. 2: Hindernisse bereiten *(⚠ Auch durch Unterlassen!)*
- Nr. 3: Vornehmen eines ähnlichen, ebenso gefährlichen Eingriffs (wie Nr. 1/2)

dadurch

Beeinträchtigung der Sicherheit des Straßenverkehrs (mit Erweiterungsklausel des § 315 d) = Eingriff muss im öffentlichen Verkehrsraum stattfinden

dadurch

Eintritt einer konkreten Gefahr = kritische Verkehrssituation, in der es nur noch vom Zufall abhängt, ob eine Rechtsgutverletzung eintritt (sog. Beinahe-Unfall),
- für Leib/Leben eines anderen, der nicht Tatbeteiligter ist (h.M.),
- für eine (täter-)fremde Sache von bedeutendem Wert (= nach BGH ab 750 €, nicht aber das vom Täter geführte Fahrzeug, selbst wenn es in fremdem Eigentum steht [h.M.])

⚠ *„Dreistufiger“ Tatbestand, der nach der Rspr. aber keine zeitlich abgestufte Reihenfolge voraussetzt (d.h. abstrakte und konkrete Gefährdung können zeitlich zusammenfallen), wenn dabei die konkrete Gefahr im Zusammenhang mit typischen Fortbewegungskräften im Verkehr steht!*

Kausalität und verkehrsspezifischer Zusammenhang zwischen Tathandlung und konkreter Gefährdung, d.h. innerer Zusammenhang zur Dynamik des Straßenverkehrs

Subjektiver Tatbestand

Vorsatz sowohl in Bezug auf die Tathandlung als auch auf den Eintritt der konkreten Gefahr

Rechtswidrigkeit

Allgemeine Grundsätze

Schuld

Allgemeine Grundsätze

Fakultative Strafmilderung/ Absehen von Strafe

Tätige Reue, § 320 II Nr. 2:

vollendeter gefährlicher Eingriff in den Straßenverkehr **und**

noch kein erheblicher Schaden **und**

Täter muss Gefahr abgewendet haben (bei fehlender Kausalität des Täters für die Gefahrabwendung genügt ernsthaftes Bemühen, § 320 IV) **und**

Freiwilligkeit

(Vorsätzlich-fahrlässiger) Eingriff in den Straßenverkehr, § 315 b I i.V.m. § 315 b IV

Aufbau grds. wie § 315 b I; Änderungen *(⚠ Reihenfolge einhalten!)*: **Tatbestand:** Tathandlung und Beeinträchtigung der Sicherheit des Straßenverkehrs wie bei § 315 b I; Vorsatz diesbezüglich; Eintritt der konkreten Gefahr; objektive Fahrlässigkeit bzgl. Gefährdung; **Schuld:** subjektive Fahrlässigkeit bzgl. Gefährdung; **fakultative Strafmilderung/Absehen von Strafe:** tätige Reue gemäß § 320 II Nr. 2, IV

⚠ *Verkehrsfremder Inneneingriff nicht tatbestandsmäßig, da es am Schädigungsvorsatz fehlt!*

(Fahrlässiger) Eingriff in den Straßenverkehr, § 315 b I i.V.m. § 315 b V

Aufbau grds. wie § 315 b I; Änderungen: **Tatbestand:** objektive Fahrlässigkeit bzgl. Tathandlung etc.; **Schuld:** subjektive Fahrlässigkeit bzgl. Tathandlung etc.;
persönlicher Strafaufhebungsgrund: tätige Reue gemäß § 320 III Nr. 1 b, IV

⚠ *Verkehrsfremder Inneneingriff nicht tatbestandsmäßig, da es am Schädigungsvorsatz fehlt!*

Gefährlicher Eingriff in den Straßenverkehr in verbrecherischer Absicht, § 315 b I i.V.m. III i.V.m. § 315 III Nr. 1 (Absichtsqualifikation)

Als Grunddelikt § 315 b I prüfen. Zusätzlich: **subjektiver Tatbestand:** Absicht,

- Nr. 1 a: einen Unglücksfall herbeizuführen
- Nr. 1 b: eine andere Straftat zu ermöglichen/zu verdecken (wie bei § 211 ⇨ S. 4);

fakultative Strafmilderung/Absehen von Strafe: tätige Reue gemäß § 320 II Nr. 2, IV

Gefährlicher Eingriff in den Straßenverkehr mit schwerer Folge, § 315 b I i.V.m. III i.V.m. § 315 III Nr. 2 (Erfolgsqualifikation; allg. ⇨ S. 213)

Als Grunddelikt § 315 b I prüfen; erfolgsqualifizierende Umstände als spezifische Tatfolge:

- Eintritt schwerer Gesundheitsschädigung eines anderen
- Eintritt (einfacher) Gesundheitsschädigung einer großen Zahl von Menschen

Diesbzgl. genügt objektiv und subjektiv einfache Fahrlässigkeit, § 18 (wegen Indizwirkung der vorsätzlichen Tathandlung reduziert auf objektive und subjektive Vorhersehbarkeit, str.); verkehrsspezifischer Gefahrzusammenhang

Gefährdung des Straßenverkehrs, § 315 c I
(eigenhändiges konkretes Gefährdungsdelikt)

Tatbestand

Objektiver Tatbestand

Tathandlungen:
Tatausführung im Straßenverkehr (mit Erweiterungsklausel d. § 315 d) = im faktisch öffentlichen Verkehrsraum

Nr. 1 a: Fahrzeug führen = Bewegung oder Steuerung des Fahrzeugs mittels seiner technischen Funktionen **und**

absolute Fahruntüchtigkeit infolge Alkohols/anderer berauschender Mittel (= bei Kraftfahrzeugen 1,1‰ BAK; bei Fahrrädern 1,6‰ BAK)/relative Fahruntüchigkeit (= Alkoholisierung ab 0,3‰ BAK und alkoholbedingter Fahrfehler)

} Es genügt entsprechende Alkoholmenge im Körper, auch wenn die BAK noch nicht im Tatzeitpunkt, sondern erst später erreicht wurde!

Nr. 1 b: Fahrzeug führen (wie Nr. 1 a) **und**
Fahruntüchtigkeit infolge geistiger/körperlicher Mängel

Nr. 2 a: Nichtbeachten der Vorfahrt (§§ 8, 9, 18 StVO) **und**
grob verkehrswidrig = besonders schwerer Verstoß gegen Verkehrsvorschrift
und rücksichtslos = aus Eigensucht/Gleichgültigkeit

Nr. 2 b: Falsch überholen/sonst bei Überholvorgängen falsch fahren (§ 5 StVO) **und**
grob verkehrswidrig = besonders schwerer Verstoß gegen Verkehrsvorschrift
und rücksichtslos = aus Eigensucht/Gleichgültigkeit

Nr. 2 c: An Fußgängerüberwegen falsch fahren (§§ 26, 41 III 1 StVO) **und**
grob verkehrswidrig = besonders schwerer Verstoß gegen Verkehrsvorschrift
und rücksichtslos = aus Eigensucht/Gleichgültigkeit

Nr. 2 d: An unübersichtl. Stellen/an Straßenkreuzungen/Straßeneinmündungen/Bahnübergängen zu schnell fahren (§ 3 StVO) **und**
grob verkehrswidrig = besonders schwerer Verstoß gegen Verkehrsvorschrift
und rücksichtslos = aus Eigensucht/Gleichgültigkeit

Nr. 2 e: An unübersichtlichen Stellen gegen Rechtsfahrgebot verstoßen (§ 2 StVO) **und**
grob verkehrswidrig = besonders schwerer Verstoß gegen Verkehrsvorschrift
und rücksichtslos = aus Eigensucht/Gleichgültigkeit

Nr. 2 f: Auf Autobahnen/Kraftfahrstraßen zumindest versuchen, zu wenden/rückwärts zu fahren (§ 18 VII StVO)/entgegen der Fahrtrichtung zu fahren (= „Geisterfahrer" i.S.d. § 2 I 1 StVO) **und**
grob verkehrswidrig = besonders schwerer Verstoß gegen Verkehrsvorschrift
und rücksichtslos = aus Eigensucht/Gleichgültigkeit

Nr. 2 g: Unterlassen von auf ausreichende Entfernung sichtbarer Kenntlichmachung haltender/liegen gebliebener Fahrzeuge **und**
Erforderlichkeit der Kenntlichmachung zur Sicherung des Verkehrs **und**
grob verkehrswidrig = besonders schwerer Verstoß gegen Verkehrsvorschrift
und rücksichtslos = aus Eigensucht/Gleichgültigkeit

Gefährdung des Straßenverkehrs, § 315 c I (Fortsetzung)

Tatbestand	**dadurch** Eintritt einer konkreten Gefahr (wie bei § 315 b ⇨ S. 149) **und** Spezifischer Risikozusammenhang zwischen Tathandlung und konkreter Gefahr Subjektiver Tatbestand Vorsatz sowohl in Bezug auf die Tathandlung als auch den Eintritt der konkreten Gefahr
Rechtswidrigkeit	Allgemeine Grundsätze ⚠ *Einwilligung des tatunbeteiligten Beifahrers wirkt nicht rechtfertigend, da gemeingefährliches Delikt, str.!*
Schuld	Allgemeine Grundsätze

(Vorsätzlich-fahrlässige) Gefährdung des Straßenverkehrs, § 315 c I i.V.m. III Nr. 1
(eigenhändiges konkretes Gefährdungsdelikt)

Aufbau grds. wie § 315 c I; Änderungen: **Tatbestand:** Tathandlung wie bei § 315 c I; Vorsatz nur bzgl. der Tathandlung; Eintritt der konkreten Gefahr; objektive Fahrlässigkeit bzgl. der Gefährdung; **Schuld:** subjektive Fahrlässigkeit bzgl. Gefährdung

(Fahrlässige) Gefährdung des Straßenverkehrs, § 315 c I i.V.m. III Nr. 2
(eigenhändiges konkretes Gefährdungsdelikt)

Aufbau grds. wie § 315 c I; Änderungen: **Tatbestand:** objektive Fahrlässigkeit bzgl. Tathandlung und Gefährdungserfolg; **Schuld:** subjektive Fahrlässigkeit bzgl. Tathandlung und Gefährdungserfolg

Trunkenheit im Verkehr, § 316 I (eigenhändiges abstraktes Gefährdungsdelikt)

Tatbestand	Objektiver Tatbestand **Tatausführung** im Bahn-/Schiffs-/Luft-/Straßenverkehr **Tathandlung:** Fahrzeug führen **und** absolute/relative Fahruntüchtigkeit } wie bei § 315 c I Nr. 1 a (⇨ S. 151) Subjektiver Tatbestand Vorsatz
Rechtswidrigkeit	Allgemeine Grundsätze
Schuld	Allgemeine Grundsätze
Konkurrenzen	Formelle Subsidiarität des § 316 gegenüber § 315 a/§ 315 c

Fahrlässige Trunkenheit im Verkehr, § 316 II (eigenhändiges abstraktes Gefährdungsdelikt)

Aufbau grds. wie § 316 I; Änderungen: **Tatbestand:** objektive Fahrlässigkeit bzgl. Tathandlung; **Schuld:** subjektive Fahrlässigkeit bzgl. Tathandlung

IV. Straftaten gegen die Verkehrssicherheit
5. Konkurrenzen

Verhältnis	zu anderen Verkehrsdelikten	zu anderen Tatbeständen
§ 315 b	Verdrängt grds. § 315 c u.U. auch Tateinheit möglich Tateinheit mit § 316 möglich	Idealkonkurrenz mit Verletzungsdelikten (insbesondere §§ 211 ff., 223 ff.) möglich
§ 315 c	§ 315 c Abs. 1 Nr. 1 verdrängt § 316 wegen Spezialität § 315 c wird grds. von § 315 b verdrängt (u.U. Tateinheit möglich)	Idealkonkurrenz mit Verletzungsdelikten (insbesondere §§ 211 ff., 223 ff.) möglich
§ 316	Von § 315 c Abs. 1 Nr. 1 wegen Spezialität verdrängt Idealkonkurrenz zu § 315 b möglich	

V. Straftatbestand zum Schutz vor Rauschtaten – Vollrausch

Vorsätzlicher Vollrausch, § 323 a I Alt. 1 (eigenhändiges Delikt) s. auch ⇨ S. 233 f.

Tatbestand	Objektiver Tatbestand Rausch = Zustand akuter Intoxikation durch Alkohol oder andere Rauschmittel, der nach h.M. so stark sein muss, dass sicher verminderte Schuldfähigkeit, möglicherweise sogar Schuldunfähigkeit gegeben ist **und** **Tathandlung:** Sich-in-den-Rausch-Versetzen Subjektiver Tatbestand Vorsatz
Objektive Strafbarkeitsbedingung	Rauschtat = Verhalten, das den objektiven und subjektiven Tatbestand einer vollendeten/versuchten Straftat verwirklicht, rechtswidrig ist und schuldhaft gewesen wäre, wenn der Täter nicht, zumindest nicht ausschließbar, schuldunfähig gewesen wäre. Bei mehreren Rauschtaten während eines Rausches nur ein § 323 a.
Rechtswidrigkeit	des Sichberauschens, allgemeine Grundsätze
Schuld	des Sichberauschens, allgemeine Grundsätze
Verfolgbarkeit	Strafantrag erforderlich, wenn auch Rauschtat Antragsdelikt, § 323 a III

⚠ *Die Gesetzesformulierung „und ihretwegen nicht bestraft werden kann" enthält Hinweis auf Subsidiarität des § 323 a hinsichtlich der Rauschtaten, die i.V.m. actio libera in causa strafbar sind (sofern diese noch anwendbar ist). Dies gilt aber nur, wenn actio libera in causa-Tat und Rauschtat in Unrecht und Vorwerfbarkeitsform identisch sind.*

Fahrlässiger Vollrausch, § 323 a I Alt. 2

Aufbau grds. wie Vorsatztat; Änderungen: **Tatbestand:** objektive Fahrlässigkeit bzgl. des Rausches; **Schuld:** subjektive Fahrlässigkeit bzgl. des Rausches

VI. Straftaten bei akuten Gefahrenlagen
1. Unterlassene Hilfeleistung; Missbrauch von Notrufen

Unterlassene Hilfeleistung, § 323 c (echtes Unterlassungsdelikt)

Tatbestand

Objektiver Tatbestand

Vorliegen einer bestimmten Gefahrensituation (bei objektiver ex post-Betrachtung):
- Unglücksfall = plötzliches Ereignis, das erhebliche Gefahren für Personen oder Sachen von bedeutendem Wert mit sich bringt oder zu bringen droht
- Gemeine Gefahr = konkrete Gefahr für eine unbestimmte Zahl von Menschen/zahlreiche Sachen von insgesamt hohem Wert
- Gemeine Not = eine die Allgemeinheit betreffende Notlage

Tathandlung:
Unterlassen von Hilfeleistung **und**
Erforderlichkeit der Hilfeleistung (bei objektiver ex ante-Betrachtung) **und**
Zumutbarkeit der Hilfeleistung nach den Umständen, insbesondere unter Berücksichtigung kollidierender Interessen

Subjektiver Tatbestand

Vorsatz

Rechtswidrigkeit

Allgemeine Grundsätze

Schuld

Allgemeine Grundsätze

Missbrauch v. Notrufen u. Beeinträchtigung v. Unfallverhütungs- u. Nothilfemitteln, § 145

Tatbestand

Objektiver Tatbestand

- I Nr. 1:
  Tatobjekte: Notrufe/Notzeichen
  Tathandlung: Missbrauch
- I Nr. 2:
  Tathandlung: Täuschung über die Erforderlichkeit fremder Hilfe wegen eines Unglücksfalls/gemeiner Gefahr (wie bei § 323 c; z.B. bei Bombenattrappe)
- II Nr. 1:
  Tatobjekte: Warn-/Verbotszeichen, die zur Verhütung von Unglücksfällen/gemeiner Gefahr dienen
  Tathandlungen: Beseitigen/Unkenntlichmachen/in ihrem Sinn entstellen
- II Nr. 2:
  Tatobjekte: zur Verhütung von Unglücksfällen/gemeiner Gefahr dienende Schutzvorrichtungen/Rettungsgeräte oder andere Sachen, die zur Hilfeleistung bei Unglücksfällen oder gemeiner Gefahr dienen
  Tathandlungen: Beseitigen/Verändern/Unbrauchbarmachen

Subjektiver Tatbestand

Absicht (dolus directus I)/Wissentlichkeit (dolus directus II)

Rechtswidrigkeit

Allgemeine Grundsätze

Schuld

Allgemeine Grundsätze

Konkurrenzen

Formelle Subsidiarität gegenüber § 303/§ 304

Nichtanzeige geplanter Straftaten, § 138 I/II
(echtes Unterlassungsdelikt) unter Berücksichtigung des § 139

Tatbestand

Objektiver Tatbestand

Absatz I:

Bezugstat:

Katalogtat:
- Nr. 1: § 80
- Nr. 2: §§ 81–83 I
- Nr. 3: §§ 94–96/97 a/100
- Nr. 4: §§ 146/151/152/152 b I–III
- Nr. 5: §§ 211/212/6–12 VölkerStGB
- Nr. 6: §§ 232 III 2/232 a III-V/232 b III, IV/233 a III, IV/233 III/234/234 a/239 a/239 b
- Nr. 7: §§ 249–251/255
- Nr. 8: §§ 306–306 c/307 I–III/308 I–IV/309 I–V/310/313/314/315 III/ 315 b III/316 a/316 c

Stadium der Bezugstat:
- Vorhaben = ernstlicher Plan der Tatbegehung/Beteiligung
- Ausführung = Versuchsbeginn bis Beendigung

⚠ *Nicht bei untauglichem Versuch!*

Tathandlung: Nichtanzeige trotz Anzeigepflicht

Entstehen der Anzeigepflicht: glaubhafte Kenntniserlangung von der Bezugstat zu einer Zeit, zu der die Ausführung/der Erfolg noch abgewendet werden kann

Persönliche Grenzen der Anzeigepflicht:
- für den Bedrohten der Bezugstat
- für an der Straftat/an deren Vorbereitung/Planung Beteiligte ggf. auch durch Unterlassen

Pflichtwidriges Verhalten:

Nichtanzeige **und**
gegenüber der Behörde/dem Bedrohten **und**
rechtzeitig = sodass Verhinderung der Straftat noch möglich wäre

Absatz II:

Bezugstat:
- Nr. 1: Ausführung von § 89 a
- Nr. 2: Vorhaben/Ausführung von § 129 a, auch i.V.m. § 129 b I 1, 2

Tathandlung: Nichtanzeige trotz Anzeigepflicht

Entstehen der Anzeigepflicht: glaubhafte Kenntniserlangung von der Bezugstat zu einer Zeit, zu welcher die Ausführung noch abgewendet werden kann = solange noch weiterer Schaden droht/rechtswidriger Zustand anhält

Persönliche Grenzen der Anzeigepflicht für Tatbeteiligte (wie I)

Pflichtwidriges Verhalten:

Nichtanzeige **und**
gegenüber der Behörde **und**
unverzüglich = ohne schuldhaftes Zögern

Subjektiver Tatbestand

Vorsatz

Nichtanzeige geplanter Straftaten, § 138 I/II
(Fortsetzung)

Rechtswidrigkeit

Allgemeine Grundsätze; spezielle Rechtfertigungsgründe

- § 139 II: keine Anzeigepflicht von Geistlichen = zu gottesdienstlichen Verrichtungen bestellter Religionsdiener, wenn dieser Kenntnis von der Bezugstat durch Anvertrauung als Seelsorger erlangt hat
- § 139 III 2: keine Anzeigepflicht von Rechtsanwälten/Verteidigern/Ärzten/Psychotherapeuten, wenn diese Kenntnis von einer Bezugstat nach § 138 durch Anvertrauung in beruflicher Eigenschaft erlangt haben

Anzeigepflicht besteht gleichwohl, wenn Bezugstat gemäß § 139 III 1:
- Nr. 1: § 211/§ 212
- Nr. 2: § 6 I Nr. 1/§ 7 I Nr. 1/§ 8 I Nr. 1 VölkerStGB
- Nr. 3: § 239 a I/§ 239 b I/§ 316 c I durch eine terroristische Vereinigung (§ 129 a, auch i.V.m. § 129 b I)

Ernsthafte Bemühung, Täter von der Tat abzuhalten/Erfolg abzuwenden

Schuld

Allgemeine Grundsätze

Verfolgbarkeit

Ermächtigung des Bundesministeriums der Justiz gem. § 138 II 2 i.V.m. § 129 b I 3–5 bei einer Tat nach § 129 a, auch i.V.m. § 129 b I 1, 2

Persönliche Strafaufhebungsgründe

- § 139 III 1: keine Anzeigepflicht zum Nachteil von Angehörigen i.S.v. § 11 I Nr. 1

  Es darf sich nicht um Bezugstat gem. § 139 III 1 Nr. 1–3 handeln (s.o.) **und**

  Ernsthafte Bemühung, Täter von der Tat abzuhalten/Erfolg abzuwenden
- § 139 IV: Abwendung der Ausführung/des Erfolgs anders als durch Anzeige

  Bei unterbliebener Ausführung/Ausbleiben des Erfolgs ohne Zutun des Anzeigeverpflichteten genügt ernsthaftes Bemühen, Erfolg abzuwenden.

Fakultatives Absehen von Strafe

Anzeigepflichtige Tat ist nicht ins Versuchsstadium gelangt, § 139 I

Leichtfertige Nichtanzeige geplanter Straftaten, § 138 III

Aufbau wie § 138 I, II; anstelle des dort vorausgesetzten subjektiven Tatbestandes objektive Leichtfertigkeit und anstelle der Vorsatzschuld subjektive Leichtfertigkeit.

VII. Straftaten gegen die Umwelt

1. System der §§ 324 ff.

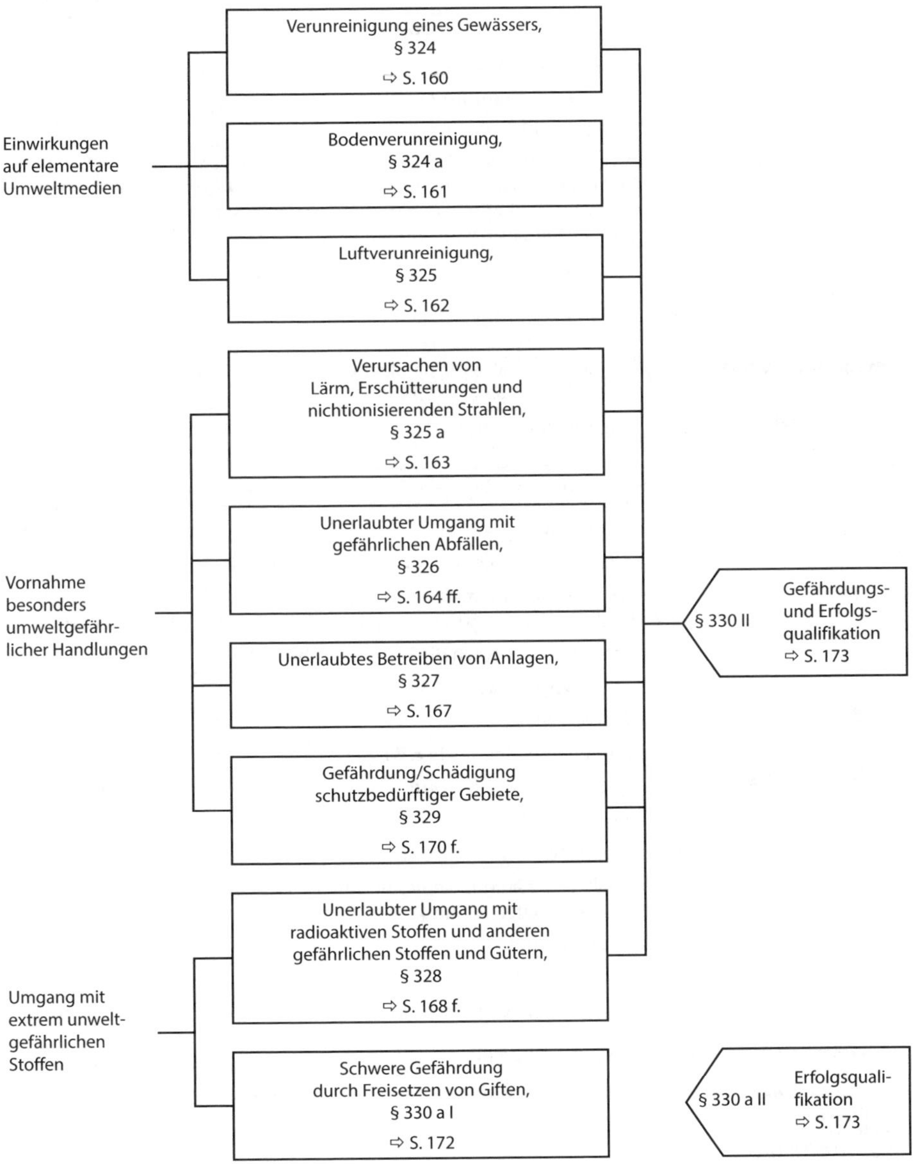

Gewässerverunreinigung, § 324 I (unter Berücksichtigung von § 330 I)

Tatbestand

Objektiver Tatbestand

Tatobjekt: Gewässer (= Legaldefinition in § 330 d I Nr. 1)

Taterfolg und Tathandlungen:

- 1. Alt., speziell: Verunreinigen
- 2. Alt., allg.: sonstige nachteilige Veränderung der Gewässereigenschaften = jede nicht völlig unbedeutende Verschlechterung der physikalischen, chemischen, biologischen oder thermischen Beschaffenheit des Tatobjekts im Vergleich zum vorherigen Zustand

Subjektiver Tatbestand

Vorsatz

Rechtswidrigkeit

Allgemeine Grundsätze (deklaratorische Funktion des Merkmals „unbefugt")

Schuld

Allgemeine Grundsätze

Benannte Straferschwerung

Besonders schwerer Fall mit Regelbeispielskatalog, § 330 I 2:

- Nr. 1: objektiv:

  Gewässer/Boden/Schutzgebiet i.S.v. § 329 III **und**

  so stark beeinträchtigt, dass Beeinträchtigung nicht/nur mit außerordentlichem Aufwand/erst nach längerer Zeit zu beseitigen ist **und**

  Beeinträchtigung durch die Tat verursacht **und**

  subjektiv: Vorsatz (a.A.: § 18)
- Nr. 2: objektiv:

  Gefährdung der öffentlichen Wasserversorgung **und**

  durch die Tat verursacht **und**

  subjektiv: Vorsatz
- Nr. 3: objektiv:

  nachhaltige Schädigung eines Bestandes von Tieren oder Pflanzen einer streng geschützten Art **und**

  durch die Tat **und**

  subjektiv: Vorsatz (a.A.: § 18)
- Nr. 4: nur subjektiv: Handeln aus Gewinnsucht

Fahrlässige Gewässerverunreinigung, § 324 III

Aufbau grds. wie § 324 I; Änderungen: **Tatbestand:** objektive Fahrlässigkeit;
Schuld: subjektive Fahrlässigkeit

⚠ *§ 330 gilt nicht!*

Bodenverunreinigung, § 324 a I

Tatbestand

Objektiver Tatbestand

Tatobjekt: Boden

Tatmittel: Stoffe

Tathandlungen:

Einbringen/Eindringenlassen/Freisetzen **und**

unter Verletzung verwaltungsrechtlicher Pflichten
(= Legaldefinition in § 330 d I Nr. 4)

⚠ *Gleichstellungsklausel in § 330 d II, wenn die Tat in einem anderen Mitgliedstaat der EU begangen worden ist.*

Taterfolg:

- 1. Alt., speziell: Verunreinigung
- 2. Alt., allgemein: sonstige nachteilige Veränderung

Erheblichkeit des Taterfolges:

- Nr. 1: Eignung zur Schädigung der Gesundheit eines anderen/von Tieren/Pflanzen/anderen Sachen von bedeutendem Wert/eines Gewässers (= Legaldefinition in § 330 d I Nr. 1)
- Nr. 2: Beeinträchtigung in bedeutendem Umfang (= quantitativ/qualitativ)

Subjektiver Tatbestand

Vorsatz

Rechtswidrigkeit

Allgemeine Grundsätze

Schuld

Allgemeine Grundsätze

Benannte Straferschwerung

Besonders schwerer Fall mit Regelbeispielskatalog, § 330 I 2 (⇨ S. 160)

Fahrlässige Bodenverunreinigung, § 324 a III

Aufbau grds. wie § 324 a I; Änderungen: **Tatbestand:** objektive Fahrlässigkeit;
Schuld: subjektive Fahrlässigkeit

⚠ *§ 330 gilt nicht!*

Luftverunreinigung, § 325 I, II, III

Tatbestand

Objektiver Tatbestand

§ 325 I	§ 325 II	§ 325 III
Tathandlung/-erfolg: Verursachen von Veränderungen der Luft **und**	**Tathandlung/-erfolg:** Freisetzen von Schadstoffen (= Legaldefinition in § 325 VI) in die Luft **und** außerhalb des Betriebsgeländes	**Tathandlung/-erfolg:** Freisetzen von Schadstoffen (= Legaldefinition in § 325 VI) in die Luft **und**

(§ 325 I und II:) beim Betrieb einer Anlage, speziell einer Betriebsstätte/Maschine (vgl. § 3 V BImSchG) **und**

(§ 325 I:) ⚠ *Tatbestandsausschluss für Kraft-/Schienen-/Luft-/Wasserfahrzeuge, § 325 VII!*

unter Verletzung verwaltungsrechtlicher Pflichten (= Legaldefinition in § 330 d I Nr. 4)

⚠ *Gleichstellungsklausel in § 330 d II, wenn die Tat in einem anderen Mitgliedstaat der EU begangen worden ist.*

§ 325 I	§ 325 II	§ 325 III
Erheblichkeit des Taterfolgs: Eignung zur Schädigung der Gesundheit eines anderen/von Tieren/Pflanzen/anderen Sachen von bedeutendem Wert **und** Außerhalb des zur Anlage gehörenden Bereichs	**Erheblichkeit des Taterfolgs:** Freisetzen in bedeutendem Umfang	**Erheblichkeit des Taterfolgs:** Freisetzen in bedeutendem Umfang

Subjektiver Tatbestand

Vorsatz

Rechtswidrigkeit

Allgemeine Grundsätze

Schuld

Allgemeine Grundsätze

Benannte Strafererschwerung

Besonders schwerer Fall mit Regelbeispielskatalog, § 330 I 2 (⇨ S. 160)

Konkurrenzen

§ 325 III formell subsidiär ggü. § 325 II

Fahrlässige Luftverunreinigung, § 325 IV
Aufbau grds. wie § 325 I, II; Änderungen: **Tatbestand:** objektive Fahrlässigkeit;
Schuld: subjektive Fahrlässigkeit
⚠ *§ 330 gilt nicht! Tatbestandsausschluss nach § 325 VII gilt auch für § 325 IV i.Vm. I!*

Leichtfertige Luftverunreinigung, § 325 V
Aufbau grds. wie § 325 III; Änderungen: **Tatbestand:** objektiv Leichtfertigkeit (einfache Fahrlässigkeit genügt nicht);
Schuld: subjektiv Leichtfertigkeit
⚠ *§ 330 gilt nicht!*

Verursachen von Lärm, Erschütterungen und nichtionisierenden Strahlen, § 325 a I, II

Tatbestand

Objektiver Tatbestand

Tathandlung: Betrieb einer Anlage, speziell einer Betriebsstätte/Maschine (vgl. § 3 V BImSchG)

⚠ *Tatbestandsausschluss f. Kraft-, Schienen-, Luft- u. Wasserfahrzeuge, § 325 a IV!*

Absatz I:	Absatz II:
Tathandlung und **Taterfolg:** Verursachen von Lärm unter Verletzung verwaltungsrechtlicher Pflichten (= Legaldefinition in § 330 d I Nr. 4) **Erheblichkeit des Taterfolgs:** Eignung zur Schädigung der Gesundheit eines anderen außerhalb des zur Anlage gehörenden Bereichs	**Tathandlung** und **Taterfolg:** Verursachen einer konkreten Gefahr für die Gesundheit eines anderen/ täterfremde oder herrenlose Tiere/ fremde Sachen von bedeutendem Wert unter Verletzung verwaltungsrechtl. Pflichten (= Legaldefinition in § 330 d I Nr. 4) mit bestimmten Schutzzwecken: ▪ Schutz vor Lärm ▪ Schutz vor Erschütterungen ▪ Schutz vor nichtionisierenden Strahlen

Subjektiver Tatbestand

Vorsatz

Rechtswidrigkeit

Allgemeine Grundsätze

Schuld

Allgemeine Grundsätze

Fakultative Strafmilderung/ Absehen von Strafe

Tätige Reue bei § 325 a II unter den Voraussetzungen des § 330 b:

Abwendung der Gefahr/Beseitigung des verursachten Zustands (oder ernsthaftes Bemühen nach Abs. 2) **und**

Vor Entstehung eines erheblichen Schadens **und**

Freiwilligkeit

Benannte Straferschwerung

Besonders schwerer Fall mit Regelbeispielskatalog, § 330 I 2 (⇨ S. 160)

Fahrlässige Verursachung von Lärm, Erschütterungen und nichtionisierenden Strahlen, § 325 a I i.V.m. III Nr. 1/§ 325 a II i.V.m. III Nr. 2

Aufbau wie § 325 a I/II; Änderungen: **Tatbestand:** objektive Fahrlässigkeit;
Schuld: subjektive Fahrlässigkeit; **persönlicher Strafaufhebungsgrund:** tätige Reue bei § 325 a II i.V.m. III Nr. 2 unter den Voraussetzungen des § 330 b, s.o.

⚠ *§ 330 gilt nicht!*

Unerlaubter Umgang mit Abfällen, § 326 I

Tatbestand

Objektiver Tatbestand

Tatgegenstand:
Abfall = feste, flüssige oder in Behältern aufbewahrte gasförmige bewegliche Sachen, deren sich entweder ihr Besitzer entledigen will (sog. gewillkürter Abfall) oder deren geordnete Entsorgung zur Wahrung des Gemeinwohls, insbesondere zum Schutz der Umwelt geboten ist (sog. Zwangsabfall) **und**

Gefährlichkeit des Abfalls:
- Nr. 1: Gifte/Seuchenerreger enthaltend/hervorzubringen geeignet
- Nr. 2: für den Menschen krebserzeugend/fortpflanzungsgefährdend/ erbgutverändernd
- Nr. 3: explosionsgefährlich/selbstentzündlich/nicht nur geringfügig radioaktiv
- Nr. 4: nach Art/Beschaffenheit/Menge geeignet,
  - Lit. a): nachhaltig Gewässer/Luft/Boden zu verunreinigen/ sonst nachteilig zu verändern,
  - Lit. b): Bestand von Pflanzen/Tieren zu gefährden

Tathandlungen:
Sammeln/Befördern/Behandeln/Verwerten/Lagern/Ablagern/Ablassen/Beseitigen/Handeln/Makeln/sonst Bewirtschaften **und**

außerhalb einer für die Tathandlung zugelassenen Anlage/unter wesentl. Abweichung von einem vorgeschriebenen/zugelassenen Verfahren

⚠ *Gleichstellungsklausel in § 330 d II, wenn die Tat in einem anderen Mitgliedstaat der EU begangen worden ist.*

Subjektiver Tatbestand

Vorsatz

Rechtswidrigkeit

Allgemeine Grundsätze (deklaratorische Bedeutung des Merkmals „unbefugt")

Schuld

Allgemeine Grundsätze

Strafausschluss

Wenn schädliche Einwirkungen auf die Umwelt wegen der geringen Menge offensichtlich ausgeschlossen sind, § 326 VI

Fakultative Strafmilderung/ Absehen von Strafe

Tätige Reue unter den Voraussetzungen des § 330 b ⇨ S. 163

Benannte Strafererschwerung

Besonders schwerer Fall mit Regelbeispielskatalog, § 330 I 2 ⇨ S. 160

Ungenehmigter Abfalltransport, § 326 II

Tatbestand

Objektiver Tatbestand

Tatgegenstand: Abfälle i.S.d. § 326 I ⇨ S. 164

Tathandlung:

- Verbringen in den Geltungsbereich des StGB
- Verbringen aus dem Geltungsbereich des StGB
- Verbringen durch den Geltungsbereich des StGB **und**
- Verbringen entgegen einem Verbot oder ohne die erforderliche Genehmigung (= Legaldefinition in § 330 d I Nr. 5)

⚠ *Gleichstellungsklausel in § 330 d II, wenn die Tat in einem anderen Mitgliedstaat der EU begangen worden ist.*

Subjektiver Tatbestand

Vorsatz

Rechtswidrigkeit

Allgemeine Grundsätze

Schuld

Allgemeine Grundsätze

Strafausschluss

Wenn schädliche Einwirkungen auf die Umwelt wegen der geringen Menge offensichtlich ausgeschlossen sind, § 326 VI

Fakultative Strafmilderung/ Absehen von Strafe

Tätige Reue unter den Voraussetzungen des § 330 b ⇨ S. 163

Benannte Straferschwerung

Besonders schwerer Fall mit Regelbeispielskatalog, § 330 I 2 ⇨ S. 160

Nichtablieferung radioaktiver Abfälle, § 326 III (echtes Unterlassungsdelikt)

Tatbestand	Objektiver Tatbestand **Tatgegenstand:** radioaktiver Abfall **Tathandlung:** Nichtabliefern **und** unter Verletzung verwaltungsrechtlicher Pflichten (= Legaldefinition in § 330 d I Nr. 4) ⚠ *Gleichstellungsklausel in § 330 d II, wenn die Tat in einem anderen Mitgliedstaat der EU begangen worden ist.* Subjektiver Tatbestand Vorsatz
Rechtswidrigkeit	Allgemeine Grundsätze
Schuld	Allgemeine Grundsätze
Strafausschluss	Wenn schädliche Einwirkungen auf die Umwelt wegen der geringen Menge offensichtlich ausgeschlossen sind, § 326 VI
Fakultative Strafmilderung/ Absehen von Strafe	Tätige Reue unter den Voraussetzungen des § 330 b ⇨ S. 163
Benannte Straferschwerung	Besonders schwerer Fall mit Regelbeispielskatalog, § 330 I 2 ⇨ S. 160

Fahrlässige Abfallbeseitigung, § 326 I/II/III i.V.m. V Nr. 1/2

Aufbau wie § 326 I/II/III; Änderungen: **Tatbestand:** objektive Fahrlässigkeit;
Schuld: subjektive Fahrlässigkeit; **persönlicher Strafaufhebungsgrund:** tätige Reue unter den Voraussetzungen des § 330 b (I 2 i.V.m. I 1, II) ⇨ S. 163

⚠ *§ 330 gilt nicht!*

Unerlaubtes Betreiben von Anlagen, § 327

Tatbestand

Objektiver Tatbestand

Absatz I:

Tathandlungen:

- Nr. 1:
  - kerntechnische Anlage (= Legaldefinition in § 330 d I Nr. 2) betreiben
  - betriebsbereite/stillgelegte kerntechnische Anlage innehaben/ganz/teilweise abbauen
  - kerntechnische Anlage/ihren Betrieb wesentlich ändern
- Nr. 2: Betriebsstätte, in der Kernbrennstoffe verwendet werden/deren Lage wesentlich ändern **und**

Handeln ohne die erforderliche Genehmigung/entgegen einer vollziehbaren Untersagung (= Legaldefinition in § 330 d I Nr. 5)

⚠ *Gleichstellungsklausel in § 330 d II, wenn die Tat in einem anderen Mitgliedstaat der EU begangen worden ist.*

Absatz II:

Tatgegenstände:

- S. 1 Nr. 1:
  - genehmigungsbedürftige Anlage i.S.d. § 4 BImSchG
  - sonstige Anlage i.S.d. §§ 22, 23 BImSchG, deren Betrieb zum Schutz vor Gefahren untersagt worden ist
- S. 1 Nr. 2: genehmigungspflichtige Rohrleitungsanlage zum Befördern wassergefährdender Stoffe i.S.d. UVP-Gesetzes
- S. 1 Nr. 3: Abfallentsorgungsanlage i.S.d. KreislaufwirtschaftsG
- S. 1 Nr. 4: Abwasserbehandlungsanlage nach § 60 III WasserhaushaltsG
- S. 2:
  Anlage in einem Mitgliedstaat der Europäischen Union **und**
  Eignung, außerhalb der Anlage Leib/Leben eines anderen Menschen zu schädigen/erhebliche Schäden an Tieren/Pflanzen/Gewässern/Luft/Boden herbeizuführen **und**
  Betriebsgegenstand
  - Lagerung/Verwendung gefährlicher Stoffe/Gemische
  - Ausübung gefährlicher Tätigkeiten

Tathandlung: Betreiben
Handeln ohne die erforderliche Genehmigung/Planfeststellung/entgegen vollziehbarer Untersagung (= Legaldefinition in § 330 d I Nr. 5)

⚠ *Gleichstellungsklausel in § 330 d II, wenn die Tat in einem anderen Mitgliedstaat der EU begangen worden ist.*

Subjektiver Tatbestand

Vorsatz

Rechtswidrigkeit

Allgemeine Grundsätze

Schuld

Allgemeine Grundsätze

Benannte Straferschwerung

Besonders schwerer Fall mit Regelbeispielskatalog, § 330 I 2 ⇨ S. 160

Fahrlässiges unerlaubtes Betreiben von Anlagen, § 327 I/II i.V.m. III Nr. 1/2
Aufbau wie § 327 I/II; Änderungen: **Tatbestand:** objektive Fahrlässigkeit;
Schuld: subjektive Fahrlässigkeit
⚠ *§ 330 gilt nicht!*

Unerlaubter Umgang mit radioaktiven Stoffen, § 328 I, II

Tatbestand

Objektiver Tatbestand

Absatz I:

- Nr. 1: **Tatgegenstände:** Kernbrennstoffe = spaltbares Material i.S.v. § 2 I 2 AtG

  Tathandlungen: Herstellen/Aufbewahren/Befördern/Bearbeiten/Verarbeiten/ sonst Verwenden/Einführen/Ausführen
- Nr. 2: **Tatgegenstände:**

  sonstige radioaktive Stoffe i.S.v. § 2 I AtG, die nach Art/Beschaffenheit/ Menge geeignet sind , durch ionisierende Strahlen den Tod/schwere Gesundheitsschädigung eines anderen/erhebliche Schäden an Tieren/Pflanzen/Gewässern/ Luft/Boden herbeizuführen

  Tathandlungen: Herstellen/Aufbewahren/Befördern/Bearbeiten/Verarbeiten/ sonst Verwenden/Einführen/Ausführen

Handeln ohne die erforderliche Genehmigung/entgegen einer vollziehbaren Untersagung (= Legaldefinition in § 330 d I Nr. 5)

⚠ *Gleichstellungsklausel in § 330 d II, wenn die Tat in einem anderen Mitgliedstaat der EU begangen worden ist.*

Absatz II:

- Nr. 1: **Tatgegenstände:** Kernbrennstoffe mit Ablieferungspflicht d. Täters nach AtG

  Tathandlung: nicht unverzüglich abliefern
- Nr. 2: **Tatgegenstände:**
  - Kernbrennstoffe
  - sonstige Stoffe i.S.d. § 328 I Nr. 2

  Tathandlungen:
  Abgeben an Unberechtigte/Vermitteln der Abgabe an Unberechtigte
- Nr. 3: Verursachung einer nuklearen Explosion
- Nr. 4: Verleiten/Fördern eines anderen zu einer Handlung nach § 328 II Nr. 3

Subjektiver Tatbestand

Vorsatz

Rechtswidrigkeit

Allgemeine Grundsätze

Schuld

Allgemeine Grundsätze

Fakultative Strafmilderung/ Absehen von Strafe

Tätige Reue unter den Voraussetzungen des § 330 b ⇨ S. 163

Benannte Straferschwerung

Besonders schwerer Fall mit Regelbeispielskatalog, § 330 I 2 ⇨ S. 160

Unerlaubter Umgang mit anderen gefährlichen Stoffen und Gütern, § 328 III

Tatbestand

Objektiver Tatbestand

Nr. 1

Tatbezug: Betrieb einer Anlage, speziell einer Betriebsstätte/technischen Einrichtung

Tatgegenstände: radioaktive Stoffe/gefährliche Stoffe und Gemische nach Art. 3 der Verordnung (EG) Nr. 1272/2008 über die Einstufung, Kennzeichnung und Verpackung von Stoffen und Gemischen

Tathandlungen: Lagern/Bearbeiten/Verarbeiten/sonst Verwenden **und**

Nr. 2

Tatgegenstände: gefährliche Güter (= Legaldefinition in § 330 d I Nr. 3)

Tathandlungen: Befördern/Versenden/Verpacken/Auspacken/Verladen/Entladen/Entgegennehmen/anderen Überlassen

und

Handeln unter Verletzung verwaltungsrechtlicher Pflichten (= Legaldefinition in § 330 d I Nr. 4) **und**

⚠ *Gleichstellungsklausel in § 330 d II, wenn die Tat in einem anderen Mitgliedstaat der EU begangen worden ist.*

konkrete Gefahr für Gesundheit eines anderen/Tiere/Pflanzen/Gewässer/Luft/Boden/fremde Sachen von bedeutendem Wert **und**

Risikozusammenhang zwischen Tathandlung und konkreter Gefahr

Subjektiver Tatbestand

Vorsatz

Rechtswidrigkeit	Allgemeine Grundsätze
Schuld	Allgemeine Grundsätze
Fakultative Strafmilderung/ Absehen von Strafe	Tätige Reue unter den Voraussetzungen des § 330 b ⇨ S. 163
Benannte Straferschwerung	Besonders schwerer Fall mit Regelbeispielskatalog, § 330 I 2 ⇨ S. 160

Fahrlässiger Umgang mit gefährlichen Stoffen und Gütern, § 328 I, II, III i.V.m. V
Aufbau grds. wie § 328 I, II, III; Änderungen: **Tatbestand:** objektive Fahrlässigkeit bzgl. Tathandlung und ggf. Gefährdung; **Schuld:** subjektive Fahrlässigkeit bzgl. Tathandlung und ggf. Gefährdung; **persönlicher Strafaufhebungsgrund:** tätige Reue unter den Voraussetzungen des § 330 b (I 2 i.V.m. I 1, II) ⇨ S. 163

⚠ *Eine fahrlässige Begehung von § 328 Abs. 2 Nr. 4 ist nicht möglich (vgl. § 328 Abs. 6). § 330 gilt ebenfalls nicht.*

Gefährdung/Schädigung schutzbedürftiger Gebiete, § 329

Tatbestand

Objektiver Tatbestand

Absatz I:

Tatort: Gebiete nach § 49 I BImSchG/Smog-Gebiete nach § 49 II BImSchG

Tathandlung: Anlagen betreiben

⚠ *Tatbestandsausschluss für für Kraft-, Schienen-, Luft- und Wasserfahrzeuge, § 329 I 3*

Verbotswidrigkeit des Handelns:

- I 1: entgegen einer aufgrund BImSchG erlassenen RechtsVO
- I 2: entgegen vollziehbarer Anordnung, ergangen aufgrund Rechtsverordnung i.S.v. S. 1

Absatz II:

Tathandlungen:

1 Nr. 1:

betriebl. Anlagen (einschließlich solcher in öffentlichen Unternehmen, II 2) zum Umgang mit wassergefährdenden Stoffen betreiben

1 Nr. 2:

- Rohrleitungsanlagen (einschließlich solcher in öffentlichen Unternehmen, II 2) zum Befördern wassergefährdender Stoffe betreiben
- wassergefährdende Stoffe befördern

1 Nr. 3:

im Rahmen eines Gewerbebetriebes **und**

Kies/Sand/Ton/andere feste Stoffe abbauen

Verbotswidrigkeit des Handelns:

- entgegen einer zum Schutz eines Wasser-/Heilquellenschutzgebiets erlassenen Rechtsvorschrift
- entgegen vollziehbarer Untersagung, zumindest auch mit Schutzwirkung für Wasser-/Heilquellengebiete erlassen

Absatz III:

Tathandlungen:

- Nr. 1: Bodenschätze/and. Bodenbestandteile abbauen/gewinnen
- Nr. 2: Abgrabungen/Aufschüttungen vornehmen
- Nr. 3: Gewässer i.S.v. § 330 d I Nr. 1 schaffen/verändern/beseitigen
- Nr. 4: Moore/Sümpfe/Brüche/sonstige Feuchtgebiete entwässern
- Nr. 5: Wald roden
- Nr. 6: Tiere einer i.S.d. BNatSchG besonders geschützten Art töten/fangen/ diesen nachstellen; Gelege ganz, teilweise zerstören/entfernen

Gefährdung/Schädigung schutzbedürftiger Gebiete, § 329 (Fortsetzung)

Tatbestand	▪ Nr. 7: Pflanzen einer i.S.d. BNatSchG besonders geschützten Art beschädigen/entfernen ▪ Nr. 8: Gebäude errichten **Verbotswidrigkeit des Handelns:** entgegen einer zum Schutz eines Naturschutzgebiets/einer als Naturschutzgebiet einstweilig sichergestellten Fläche/eines Nationalparks erlassenen Rechtsvorschrift oder vollziehbaren Untersagung **dadurch** Schutzzweck (der Rechtsvorschrift/des Verbots) nicht unerheblich beeinträchtigt Absatz IV: **Tatort:** Natura 2000-Gebiet **Tathandlung:** erhebliches Schädigen eines für die Erhaltungsziele/den Schutzzweck dieses Gebiets maßgeblichen ▪ Lebensraums einer Art, die in Art. 4 II/Anhang I der Richtlinie 2009/147/EG über die Erhaltung der wildlebenden Vogelarten/Anhang II der Richtlinie 92/43/EWG zur Erhaltung der natürlichen Lebensräume sowie der wildlebenden Tiere und Pflanzen aufgeführt ist ▪ natürlichen Lebensraumtyps, der in Anhang I der Richtlinie 92/43/EG zur Erhaltung der natürlichen Lebensräume sowie der wildlebenden Tiere und Pflanzen aufgeführt ist unter Verletzung verwaltungsrechtlicher Pflichten (= Legaldefinition in § 330 d I Nr. 4) Subjektiver Tatbestand Vorsatz
Rechtswidrigkeit	Allgemeine Grundsätze
Schuld	Allgemeine Grundsätze
Benannte Strafererschwerung	Besonders schwerer Fall mit Regelbeispielskatalog, § 330 I 2 ⇨ S. 160

Fahrlässige Gefährdung schutzbedürftiger Gebiete, § 329 I, II, III i.V.m. V Nr. 1, 2
Aufbau grds. wie § 329 I, II, III; Änderungen: **Tatbestand:** objektive Fahrlässigkeit bzgl. Tathandlung und ggf. Beeinträchtigung; **Schuld:** subjektive Fahrlässigkeit bzgl. Tathandlung und ggf. Beeinträchtigung
⚠ *§ 330 gilt nicht!*

Leichtfertige Schädigung eines Natura 2000-Gebiets, § 329 IV i.V.m. VI
Aufbau grds. wie § 329 IV; Änderungen: **Tatbestand:** objektiv Leichtfertigkeit (einfache Fahrlässigkeit genügt nicht); **Schuld:** subjektiv Leichtfertigkeit

Schwere Gefährdung durch Freisetzen von Giften, § 330 a I

Tatbestand	Objektiver Tatbestand **Tatgegenstände:** Stoffe, Gift enthaltend/hervorzubringen geeignet **Tathandlungen:** ▪ 1. Alt.: Verbreiten ▪ 2. Alt.: Freisetzen **Taterfolg:** konkrete Gefahr ▪ des Todes/schwerer Gesundheitsschädigung eines anderen ▪ der Gesundheitsschädigung einer großen Zahl von Menschen Risikozusammenhang zwischen Tathandlung und Gefährdung Subjektiver Tatbestand Vorsatz
Rechtswidrigkeit	Allgemeine Grundsätze
Schuld	Allgemeine Grundsätze
Fakultative Strafmilderung/ Absehen von Strafe	Tätige Reue unter den Voraussetzungen des § 330 b ⇨ S. 163

Vorsätzlich-fahrlässige schwere Gefährdung durch Freisetzen von Giften, § 330 a I i.V.m. IV

Aufbau grds. wie § 330 a I; Änderungen: **Tatbestand:** Vorsatz nur bzgl. der Tathandlung; objektive Fahrlässigkeit bzgl. der konkreten Gefahr; **Schuld:** subjektive Fahrlässigkeit bzgl. der konkreten Gefährdung; **fakultative Strafmilderung/Absehen von Strafe:** tätige Reue gemäß § 330 b ⇨ S. 163

Leichtfertige schwere Gefährdung durch Freisetzen von Giften, § 330 a I i.V.m. V

Aufbau grds. wie § 330 a I; Änderungen: **Tatbestand:** objektive Leichtfertigkeit bzgl. der Tathandlung und objektive Vorhersehbarkeit der Gefährdung; **Schuld:** subjektive Leichtfertigkeit bzgl. der Tathandlung und subjektive Vorhersehbarkeit der Gefährdung; **persönlicher Strafaufhebungsgrund:** tätige Reue gemäß § 330 b I 2 i.V.m. I 1, II ⇨ S. 163

Schwere Gefährdung durch Freisetzen von Giften mit Todesfolge, § 330 a II
(Erfolgsqualifikation zu § 330 a I; allg. ⇨ S. 213)

Als Grunddelikt § 330 a I prüfen; zusätzlich: **Tatbestand:** Tod eines anderen Menschen; tatbestandsspezifischer Gefahrzusammenhang; objektive Fahrlässigkeit (wegen der Indizwirkung der vorsätzlichen Tathandlung reduziert auf objektive Vorhersehbarkeit, str.); **Schuld:** subjektive Fahrlässigkeit

Gefährliche Umweltstraftat, § 330 II Nr. 1 (Vorsatzqualifikation)
Aufbau grds. wie Vorsatztat nach §§ 324–329; zusätzlich: **objektiver Tatbestand:** konkrete Gefahr

- des Todes/einer schweren Gesundheitsschädigung für einen anderen Menschen
- einer (einfachen) Gesundheitsschädigung für eine große Anzahl von Menschen

und spezifischer Gefahrzusammenhang zwischen Tathandlung und Gefährdung;
subjektiver Tatbestand: Vorsatz bzgl. Gefährdung
Konkurrenzen: formelle Subsidiarität ggü. § 330 a I–III

Umweltstraftat mit Todesfolge, § 330 II Nr. 2
(Erfolgsqualifikation; allg. ⇨ S. 213)

Als Grunddelikt Umweltstraftat nach §§ 324–329 prüfen. Zusätzlich: **objektiver Tatbestand:** Tod eines anderen Menschen; tatbestandsspezifischer Gefahrzusammenhang; objektive Fahrlässigkeit (§ 18, wegen der Indizwirkung der vorsätzlichen Tathandlung reduziert auf objektive Vorhersehbarkeit, str.);
Schuld: subjektive Fahrlässigkeit;
Konkurrenzen: formelle Subsidiarität ggü. § 330 a I–III

VIII. Straftaten gegen Verwaltung und Amtsführung

1. Schutzrichtungen der Delikte gegen Verwaltung und Amtsführung

Angriffsrichtungen

- Vollzugstätigkeit
  - Widerstand gegen Vollstreckungsbeamte, § 113 ⇨ S. 175
  - Gefangenenbefreiung, § 120 ⇨ S. 176
  - Qualifikation
    - Gefangenenbefreiung im Amt, § 120 II ⇨ S. 176
    - Gefangenenmeuterei, § 121 ⇨ S. 177
- Hoheitliche Gewahrsams-, Verfügungsrechte
  - Verwahrungsbruch, § 133 I, II ⇨ S. 180
  - Qualifikation
    - Verwahrungsbruch im Amt, § 133 III ⇨ S. 180
    - Verstrickungs-, Siegelbruch, § 136 ⇨ S. 178 f.
    - Verletzung amtlicher Bekanntmachungen, § 134
- Autorität öffentlicher Ämter
  - Amtsanmaßung, § 132 ⇨ S. 181
  - Missbrauch von Titeln, Berufsbezeichnungen, Abzeichen, § 132 a ⇨ S. 182
- Integrität der Amtsführung
  - Bestechungsdelikte, §§ 331 ff. ⇨ S. 183 ff.
  - Verleitung eines Untergebenen zu einer Straftat, § 357 ⇨ S. 191
  - Gebührenüberhebung, § 352
  - Abgabenüberhebung, Leistungskürzung, § 353
  - Vertrauensbruch im auswärtigen Dienst, § 353 a
  - Verletzung des Dienstgeheimnisses/einer besonderen Geheimhaltungspflicht, § 353 b ⇨ S. 189 f.
  - Verletzung des Post- oder Fernmeldegeheimnisses, § 206 ⇨ S. 52 f.
  - Verletzung des Steuergeheimnisses, § 355

Widerstand gegen Vollstreckungsbeamte, § 113

Tatbestand

Objektiver Tatbestand

Tatopfer:
- Amtsträger, § 11 I Nr. 2/Soldat der Bundeswehr **und** mit Vollstreckungsaufgaben für Gesetze/Rechtsverordnungen/Verfügungen/Urteile/ Beschlüsse
- gleichgestellte Personen ohne Amtsträgereigenschaft:
  - § 114 I Mod. 1: Personen mit Rechten und Pflichten von Polizeibeamten
  - § 114 I Mod. 2: Ermittlungspersonen der StA
  - § 114 II: zur Unterstützung von Diensthandlungen zugezogene Personen
  - § 114 III: bei Unglücksfällen/gemeiner Gefahr/Not Hilfeleistende der Feuerwehr/ des Katastrophenschutzes/eines Rettungsdienstes

Tatsituation: Opfer muss sich bei Vornahme einer Diensthandlung befunden haben = unmittelbar bevorstehende/bereits begonnene, aber noch nicht beendete konkrete Vollstreckungshandlung

Tathandlungen:
- I Alt. 1: Widerstandleisten durch Gewalt/Drohung mit Gewalt (deren Wirkung den Amtsträger treffen soll)
- I Alt. 2: tätlicher Angriff

Subjektiver Tatbestand

Vorsatz

Vorsatzunabhängige Strafbarkeitsbedingung (Arg. § 113 III 2, IV)

Rechtmäßigkeit der Diensthandlung, § 113 III 1 ⇨ S. 229

Rechtswidrigkeit

des Widerstandes, allgemeine Grundsätze

Schuld

Allgemeine Grundsätze
Schuldausschluss gem. § 113 IV 2 Hs. 1 bei irriger Annahme der Rechtswidrigkeit der Diensthandlung, wenn
Irrtum unvermeidbar **und**
Unzumutbarkeit von Rechtsbehelfen nach den dem Täter bekannten Umständen

Fakultative Strafmilderung/ Absehen von Strafe

Spezialregelungen des § 113 IV 1/IV 2 Hs. 2 bei Vermeidbarkeit der irrigen Annahme der Rechtswidrigkeit der Diensthandlung/bei Zumutbarkeit von Rechtsbehelfen

Benannte Straf-erschwerung

Besonders schwerer Fall mit Regelbeispielskatalog des § 113 II 2:

- Nr. 1: objektiv: Waffe/anderes gefährliches Werkzeug **und** Beisichführen durch Täter/Tatbeteiligten (wie bei § 244 ⇨ S. 67) **und** subjektiv: Vorsatz bzgl. der Umstände des Regelbeispiels **und** Verwendungsabsicht
- Nr. 2: objektiv: Gewalttätigkeit des Täters **und** dadurch konkrete Gefahr des Todes/ einer schweren Gesundheitsschädigung für den Angegriffenen **und** subjektiv: Vorsatz, Gefährdungsbewusstsein zumindest i.S.v. dolus eventualis

VIII. Straftaten gegen Verwaltung und Amtsführung
2. Delikte gegen die Vollstreckungstätigkeit
b) Gefangenenbefreiung; Gefangenenmeuterei

Gefangenenbefreiung, § 120 I

Tatbestand

Objektiver Tatbestand

Tatbegünstigter:

- Gefangener = vom Täter verschiedene Person, der in Ausübung von Polizei- oder Strafgewalt aufgrund Haftrechts des Staates die persönliche Freiheit entzogen ist und die sich infolgedessen im Gewahrsam einer zuständigen Behörde oder eines Amtsträgers befindet
- Gefangenen gleichgestellt gem. § 120 IV: auf behördliche Anordnung in Anstalt Verwahrte

Tathandlungen/Taterfolg:

- Mod. 1: Befreien
- Mod. 2 zum Entweichen verleiten
- Mod. 2: beim Entweichen fördern

} zur Täterschaft erhobene Beteiligung an der für den Gefangenen tatbestandslosen Selbstbefreiung

Subjektiver Tatbestand

Vorsatz

Rechtswidrigkeit

Allgemeine Grundsätze

Schuld

Allgemeine Grundsätze

Gefangenenbefreiung im Amt, § 120 II (unechtes Amtsdelikt und Qualifikation)

Aufbau wie § 120 I; zusätzlich: **objektiver Tatbestand:** bestimmte Tätereigenschaft: Amtsträger (§ 11 I Nr. 2; § 48 I, II WStG) oder für den öffentlichen Dienst besonders Verpflichteter (§ 11 I Nr. 4) **und** verpflichtet, das Entweichen des Gefangenen zu verhindern; **subjektiver Tatbestand:** Vorsatz bzgl. qualifizierender Umstände

Gefangenenmeuterei, § 121

Tatbestand

Objektiver Tatbestand

Täter: Gefangene (wie bei § 120 ⇨ S. 176)/
gleichgestellt gem. § 121 IV: in Sicherungsverwahrung Untergebrachte

Tathandlungen:

Zusammenrotten **und**
Begehung einer Meutereihandlung mit vereinten Kräften, nämlich:
→ zweiaktiger Deliktscharakter

- I Nr. 1: Nötigung i.S.v. § 240 oder tätlicher Angriff gegenüber einem Anstaltsbeamten/einem anderen Amtsträger/einem zur Beaufsichtigung, Betreuung, Untersuchung der Täter Beauftragten
- I Nr. 2: gewaltsam ausbrechen
- I Nr. 3: gewaltsam einem der Mitbeteiligten/einem anderen Gefangenen zum Ausbruch verhelfen

Subjektiver Tatbestand

Vorsatz

Rechtswidrigkeit

Allgemeine Grundsätze

Schuld

Allgemeine Grundsätze

Benannte Straferschwerung

Besonders schwerer Fall mit Regelbeispielen, § 121 III 2:

- Nr. 1: objektiv:
  Schusswaffe (einsatzbereit) **und**
  Beisichführen durch Täter/Tatbeteiligten **und**
  subjektiv: Vorsatz bzgl. der Merkmale des Regelbeispiels
- Nr. 2: objektiv:
  andere Waffe/anderes gefährliches Werkzeug **und**
  Beisichführen durch Täter/Tatbeteiligten **und**
  subjektiv: Vorsatz bzgl. der Merkmale des Regelbeispiels und Verwendungsabsicht
- Nr. 3: objektiv:
  Gewalttätigkeit des Täters/eines Tatbeteiligten **und**
  dadurch konkrete Gefahr des Todes/einer schweren Gesundheitsschädigung eines anderen **und**
  subjektiv: Vorsatz, Gefährdungsbewusstsein zumindest i.S.v. dolus eventualis

(Nr. 2 und Nr. 3: wie bei § 113 ⇨ S. 175)

VIII. Straftaten gegen Verwaltung und Amtsführung
3. Delikte gegen hoheitliche Gewahrsams- und Verfügungsrechte
a) Verstrickungsbruch; Siegelbruch

Verstrickungsbruch, § 136 I

Tatbestand	**Objektiver Tatbestand** **Tatobjekte:** Sachen = körperliche Gegenstände, nicht Forderungen **Tatsituationen:** ▪ Speziell: durch Pfändung ▪ Allgemein: durch Beschlagnahme bewirkter Verstrickungszustand **Tathandlungen:** ▪ Zerstören } wie bei § 303 ⇨ S. 79 ▪ Beschädigen } ▪ Unbrauchbarmachen ▪ ganz/zum Teil (faktisch) der Verstrickung entziehen } nicht durch den alleinigen Träger des öffentlichen Besitzwillens möglich, wenn diesem noch die Entscheidungsbefugnis über die Freigabe zusteht (str.) **Subjektiver Tatbestand** Vorsatz
Vorsatzunabhängige Strafbarkeitsbedingung (Arg. § 136 III 2, IV)	Rechtmäßigkeit der die Verstrickung begründenden Diensthandlung, § 136 III 1 ⇨ S. 229
Rechtswidrigkeit	Allgemeine Grundsätze
Schuld	Allgemeine Grundsätze Schuldausschluss gem. § 136 IV i.V.m. § 113 IV 2 Hs. 1 ⇨ S. 175
Fakultative Strafmilderung/ Absehen von Strafe	§ 136 IV i.V.m. § 113 IV 1/IV 2 Hs. 2 ⇨ S. 175

Siegelbruch, § 136 II

Tatbestand	Objektiver Tatbestand **Tatobjekt:** dienstliches Siegel **und** angelegt zum Zweck ▪ der Beschlagnahme einer Sache ▪ des dienstlichen Verschlusses einer Sache ▪ der dienstlichen Bezeichnung einer Sache **Tathandlungen:** ▪ Beschädigen des Siegels ▪ Ablösen des Siegels ▪ Unkenntlichmachen des Siegels ▪ ganz/teilweise Unwirksammachen des durch das Siegel bewirkten Verschlusses Subjektiver Tatbestand Vorsatz
Vorsatz-unabhängige Strafbarkeits-bedingung (Arg. § 136 III 2, IV)	Rechtmäßigkeit der Siegelanlegung, § 136 III 1 ⇨ S. 229
Rechts-widrigkeit	Allgemeine Grundsätze
Schuld	Allgemeine Grundsätze Schuldausschluss gem. § 136 IV i.V.m. § 113 IV 2 Hs. 1 ⇨ S. 175
Fakultative Straf-milderung/ Absehen von Strafe	§ 136 IV i.V.m. § 113 IV 1/IV 2 Hs. 2 ⇨ S. 175

Verwahrungsbruch, § 133 I

Tatbestand	Objektiver Tatbestand **Tatobjekte:** ▪ Speziell: Schriftstücke ▪ Allgemein: bewegliche Sachen **Tatsituationen:** ▪ 1. Alt.: Tatobjekt befindet sich in dienstlicher Verwahrung = fürsorgliche Ingewahrsamnahme durch einen Amtsträger/eine Behörde, um das Tatobjekt für bestimmte, über das bloße Funktionsinteresse der Behörde hinausgehende Zwecke zu erhalten und vor unbefugtem Zugriff zu bewahren ▪ 2. Alt.: Tatobjekt ist dem Täter/einem anderen in Verwahrung gegeben worden = Ausübung des fürsorglichen Gewahrsams, auch durch eine Privatperson, aber nach außen erkennbar kraft hoheitlicher Anordnung ▪ Gleichgestellt gemäß § 133 II: amtlicher Verwahrungsbesitz einer Religionsgesellschaft des öffentlichen Rechts/von dieser veranlasste amtliche Inverwahrunggabe **Tathandlungen:** ▪ Zerstören, ▪ Beschädigen } wie bei § 303 ⇨ S. 79 ▪ Unbrauchbarmachen ▪ Dienstlicher Verfügung entziehen Subjektiver Tatbestand Vorsatz
Rechtswidrigkeit	Allgemeine Grundsätze
Schuld	Allgemeine Grundsätze

Verwahrungsbruch im Amt, § 133 III (unechtes Amtsdelikt und Qualifikation)
Aufbau grds. wie § 133 I; zusätzlich: **objektiver Tatbestand:** tauglicher Täter: Amtsträger (§ 11 I Nr. 2)/ für den öffentlichen Dienst besonders Verpflichteter (§ 11 I Nr. 4); Tatobjekt dem Täter anvertraut/ zugänglich geworden; **subjektiver Tatbestand:** Vorsatz bzgl. der qualifizierenden Umstände

VIII. Straftaten gegen Verwaltung und Amtsführung
4. Delikte gegen die Autorität öffentlicher Ämter
a) Amtsanmaßung

Amtsanmaßung, § 132 (1. Alt. eigenhändiges Delikt, str.)

Tatbestand

Objektiver Tatbestand

Speziell: Alt. 1	Allgemein: Alt. 2
Sichbefassen mit der Ausübung eines öffentlichen Amtes = Täter muss sich ausdrücklich/konkludent ▪ als Inhaber eines öffentlichen Amtes ▪ als Inhaber eines einem anderen zustehenden Amtes ausgeben **und** eine Handlung vornehmen, die dem angemaßten Amt entspricht	Vornahme einer Handlung, die nur kraft öffentlichen Amtes vorgenommen werden darf = Täter muss nicht als Urheber in Erscheinung treten, sondern nur eine Handlung vornehmen, die nach Begleitumständen bei einem objektiven Beobachter den Anschein einer Amtshandlung hervorruft und deshalb damit verwechselbar ist

Unbefugtes Handeln = fehlende öffentlich-rechtliche Befugnis

⚠ *Tatbestandsmerkmal!*

Subjektiver Tatbestand

Vorsatz

Rechtswidrigkeit

Allgemeine Grundsätze

Schuld

Allgemeine Grundsätze

Missbrauch von Titeln, Berufsbezeichnungen und Abzeichen, § 132 a

Tatbestand

Objektiver Tatbestand

Tatobjekt:

- Nach § 132 a I:
  - Nr. 1: inländische/ausländische Amts-, Dienstbezeichnungen/akademische Grade/Titel/öffentliche Würden
  - Nr. 2: bestimmte Berufsbezeichnungen, nämlich Arzt/Zahnarzt/Psychologischer Psychotherapeut/Kinder- und Jugendlichenpsychotherapeut/Psychotherapeut/Tierarzt/Apotheker/Rechtsanwalt/Patentanwalt/Wirtschaftsprüfer/vereidigter Buchprüfer/Steuerberater/Steuerbevollmächtigter
  - Nr. 3: Bezeichnung als öffentlich bestellter Sachverständiger
  - Nr. 4: inländische/ausländische Uniformen/Amtskleidungen/Amtsabzeichen
- Gleichgestellt nach § 132 a II: zum Verwechseln ähnliche Amtsbezeichnungen, Titel, Uniformen etc.
- Gleichgestellt nach § 132 a III: tatsächliche und verwechselungsähnliche Amtsbezeichnungen, Titel, Würden, Amtskleidungen und Amtsabzeichen der Kirchen und anderen Religionsgesellschaften des öffentlichen Rechts

Tathandlungen:
Führen (Nr. 1–3)/Tragen (Nr. 4) = aktives Verhalten des Täters, mit dem er die Bezeichnung etc. in einer die geschützten Interessen berührenden Weise und Intensität in Anspruch nimmt **und**

unbefugtes Handeln = fehlende öffentlich-rechtliche Befugnis

⚠ *Tatbestandsmerkmal!*

Subjektiver Tatbestand

Vorsatz

Rechtswidrigkeit

Allgemeine Grundsätze

Schuld

Allgemeine Grundsätze

Tatbestandliche Bewertungseinheit

Beruht das Führen/Tragen auf einem einheitlichen Entschluss, stellen mehrere Handlungen eine Tat dar!

Vorteilsannahme, § 331 I

Tatbestand

Objektiver Tatbestand

Täter:
- Amtsträger = Legaldefinition in § 11 I Nr. 2 mit Erweiterung durch § 335 a II Nr. 2/§ 48 I, II WStG
- Europäischer Amtsträger = Legaldefinition in § 11 I Nr. 2 a
- Für den öffentlichen Dienst besonders Verpflichtete = Legaldefinition in § 11 I Nr. 4

„Gelockerte" Unrechtsvereinbarung:

Tatgegenstand:
Vorteil = materielle/immaterielle Besserstellung über das Maß der Sozialadäquanz (Anstand, Höflichkeit) hinaus **und**
für den Täter/einen Dritten

Tathandlungen:
- Fordern = einseitiges Verlangen
- Sichversprechenlassen = Annahme des Angebots
- Annehmen = tatsächliche Inempfangnahme

Tatbezug: „für die Dienstausübung"
allgemeine (vergangene oder zukünftige, auch rechtmäßige, noch unbestimmte) Diensttätigkeit **und**
Gegenleistungsbeziehung zum Vorteil

Subjektiver Tatbestand

Vorsatz

Rechtswidrigkeit

Allgemeine Grundsätze
Spezielle Rechtfertigungsgründe für vom Täter nicht geforderte Vorteile gem. § 331 III:
- Alt. 1: vor der Annahme erfolgte Genehmigung durch die zuständige Behörde
- Alt. 2: nach der Annahme und unverzüglicher Anzeige durch den Täter erfolgte Genehmigung seitens der zuständigen Behörde

Schuld

Allgemeine Grundsätze

Vorteilsannahme durch Richter, § 331 II (vorsatzbedürftige Qualifikation)

Aufbau grds. wie § 331 I; zusätzlich: **objektiver Tatbestand:** tauglicher Täter: Richter (§§ 11 I Nr. 3, 335 a II Nr. 1)/EU-Richter/Schiedsrichter (insbesondere nach §§ 1025 ff. ZPO); Tatbezug: (auch rechtmäßige) richterliche Handlung/Unterlassung (§ 336); Auslegung für Vorteil bei Schiedsrichtern nach § 337; **subjektiver Tatbestand:** Vorsatz bzgl. der qualifizierenden Umstände

⚠ *§ 331 III gilt nicht!*

Bestechlichkeit, § 332 I (vorsatzbedürftige Qualifikation zu § 331 I)

Tatbestand

Objektiver Tatbestand

Täter:
- Amtsträger = Legaldefinition in § 11 I Nr. 2 mit Erweiterung durch § 335 a I Nr. 2/§ 48 I, II WStG
- Europäischer Amtsträger = Legaldefinition in § 11 I Nr. 2 a
- für den öffentlichen Dienst besonders Verpflichtete = Legaldefinition in § 11 I Nr. 4

Unrechtsvereinbarung:

Tatgegenstand:
Vorteil = materielle oder immaterielle Besserstellung über das Maß der Sozialadäquanz (Anstand, Höflichkeit) hinaus **und** für den Täter/einen Dritten

Tathandlungen:
- Fordern
- Sichversprechenlassen
- Annehmen

wie bei § 331 ⇨ S. 183

Tatbezug:
konkrete Diensthandlung (mit Gleichstellungsklausel des § 336 für dienstliche Unterlassungen):
- in der Vergangenheit tatsächlich vorgenommene
- in der Zukunft liegende

dadurch Verletzung der Dienstpflichten des Täters (mit Klarstellungsregel des § 332 III für zukünftige Diensthandlungen):
- Nr. 1:
  Bei gebundenem Handeln: Ausreichend ist, dass sich der Täter dem anderen gegenüber bereit gezeigt hat, bei der Handlung seine Pflichten zu verletzen.
- Nr. 2:
  Bei Ermessenshandlungen: Ausreichend ist, dass sich der Täter dem anderen gegenüber bereit gezeigt hat, sich bei Ermessensausübung durch den Vorteil beeinflussen zu lassen.

und Gegenleistungsbeziehung zwischen der zumindest in groben Umrissen erkennbaren Diensthandlung und dem Vorteil

Subjektiver Tatbestand

Vorsatz

Rechtswidrigkeit

Allgemeine Grundsätze

Schuld

Allgemeine Grundsätze

Bestechlichkeit, § 332 I (Fortsetzung)

Benannte Straf-erschwerung

Regelbeispielskatalog des § 335 I Nr. 1 a i.V.m. II:

- § 335 II Nr. 1: objektiv und subjektiv: Tatbezug auf Vorteil großen Ausmaßes
- § 335 II Nr. 2: objektiv und subjektiv: fortgesetzte Annahme von Vorteilen, die Täter für zukünftige Diensthandlungen gefordert hat
- § 335 II Nr. 3:
  - Objektiv und subjektiv: Tatbegehung als Mitglied einer Bande, die sich zur fortgesetzten Begehung von Straftaten i.S.d. § 332 zusammengeschlossen hat
  - Nur subjektiv: Gewerbsmäßigkeit

Richterbestechlichkeit, § 332 II (Qualifikation des § 332 I)

Aufbau grds. wie § 332 I; Änderungen: **objektiver Tatbestand:** tauglicher Täter: Richter (§§ 11 I Nr. 3, 335 a I Nr. 1)/EU-Richter/Schiedsrichter (insbesondere nach §§ 1025 ff. ZPO); Tatbezug: vergangene/künftige richterliche Handlung, durch die der Täter seine richterlichen Pflichten verletzt hat oder verletzen wird; Auslegung für Vorteil bei Schiedsrichtern nach § 337; **subjektiver Tatbestand:** Vorsatz bzgl. der qualifizierenden Umstände; **benannte Straferschwerungen:** besonders schwerer Fall gemäß § 335 I Nr. 2 i.V.m. II

Vorteilsgewährung, § 333 I

Tatbestand

Objektiver Tatbestand

Täter: jedermann

Adressat:

- Amtsträger = Legaldefinition in § 11 I Nr. 2 mit Erweiterung durch § 335 a II Nr. 2, III Nr. 2
- Europäischer Amtsträger = Legaldefinition in § 11 I Nr. 2 a
- für den öffentlichen Dienst besonders Verpflichtete = Legaldefinition in § 11 I Nr. 4 mit Erweiterung durch § 335 a IV Nr. 3
- Soldaten der Bundeswehr (Erweiterung durch § 335 a III Nr. 1)

„gelockerte" Unrechtsvereinbarung:

Tatgegenstand:

Vorteil = materielle oder immaterielle Besserstellung über das Maß der Sozialadäquanz (Anstand, Höflichkeit) hinaus **und** für den Täter/einen Dritten

Tathandlungen:

- Anbieten = Offerte auf Abschluss der Unrechtsvereinbarung
- Versprechen = Zusicherung des Vorteils
- Gewähren = tatsächliche Zuwendung

Tatbezug: „für die Dienstausübung"

allgemeine (zukünftige oder vergangene, auch rechtmäßige, noch unbestimmte) Dienstausübung **und**
Gegenleistungsbeziehung zum Vorteil

Subjektiver Tatbestand

Vorsatz

Rechtswidrigkeit

Allgemeine Grundsätze
Spezielle Rechtfertigungsgründe gem. § 333 III:

- 1. Alt.: vor der Annahme erfolgte Genehmigung durch die zuständige Behörde
- 2. Alt.: nach der Annahme und unverzüglicher Anzeige durch den Empfänger erfolgte Genehmigung seitens der zuständigen Behörde

Schuld

Allgemeine Grundsätze

Vorteilsgewährung an Richter, § 333 II (vorsatzbedürftige Qualifikation)

Aufbau grds. wie § 333 I; **Objektiver Tatbestand:** Richter (§§ 11 I Nr. 3, 335 a II Nr. 2)/EU-Richter/Schiedsrichter (insbesondere nach §§ 1025 ff. ZPO); Tatbezug: zukünftige/vergangene richterliche Handlung/Unterlassung (§ 336); für den Vorteil bei Schiedsrichtern gilt die Auslegungsregel des § 337; **subjektiver Tatbestand:** Vorsatz bzgl. der qualifizierenden Umstände

⚠ *§ 333 III gilt nicht!*

Bestechung, § 334 I (vorsatzbedürftige Qualifikation zu § 333 I)

Tatbestand

Objektiver Tatbestand

Täter: jedermann

Adressat:
- Amtsträger = Legaldefinition in § 11 I Nr. 2 mit Erweiterung durch § 335 a I Nr. 2
- Europäischer Amtsträger = Legaldefinition in § 11 I Nr. 2 a
- für den öffentlichen Dienst besonders Verpflichtete = Legaldefinition in § 11 I Nr. 4
- Soldaten der Bundeswehr

Unrechtsvereinbarung:

Tatgegenstand:
Vorteil = materielle oder immaterielle Besserstellung über das Maß der Sozialadäquanz (Anstand, Höflichkeit) hinaus **und** für den Täter/einen Dritten

Tathandlungen:
- Anbieten
- Versprechen
- Gewähren

} wie bei § 333 ⇨ S. 186

Tatbezug:

Diensthandlung des Adressaten (mit Gleichstellungsklausel des § 336 für dienstliche Unterlassungen):
- in der Vergangenheit tatsächlich vorgenommen
- in der Zukunft liegend

dadurch Verletzung der Dienstpflichten des Tatadressaten (mit Klarstellungsregel des § 334 III für zukünftige Diensthandlungen):
- Nr. 1:
  Bei gebundenem Handeln:
  Ausreichend ist, dass der Täter den Amtsträger etc. zur Pflichtverletzung zu bestimmen versucht (wie bei § 30 ⇨ S. 219).
- Nr. 2:
  Bei Ermessenshandlungen:
  Ausreichend ist, dass der Täter den Amtsträger etc. zu bestimmen versucht (wie bei § 30 ⇨ S. 219).), sich bei Ermessensausübung durch den Vorteil beeinflussen zu lassen.

und Gegenleistungsbeziehung zwischen der zumindest in groben Umrissen erkennbaren Diensthandlung und dem Vorteil

Subjektiver Tatbestand

Vorsatz

Rechtswidrigkeit

Allgemeine Grundsätze

Schuld

Allgemeine Grundsätze

Bestechung, § 334 I (Fortsetzung)

Benannte Straferschwerung	Regelbeispielskatalog des § 335 I Nr. 1 b i.V.m. II: ▪ § 335 II Nr. 1: objektiv und subjektiv: Tatbezug auf Vorteil großen Aumaßes ▪ § 335 II Nr. 2: gilt nur für den bestechlichen Amtsträger etc. ▪ § 335 II Nr. 3: – Objektiv und subjektiv: Tatbegehung als Mitglied einer Bande, die sich zur fortgesetzten Begehung solcher Bestechungen verbunden hat – Nur subjektiv: Gewerbsmäßigkeit

Richterbestechung, § 334 II (vorsatzbedürftige Qualifikation des § 334 I)

Aufbau grds. wie § 334 I; Änderungen: **objektiver Tatbestand:** Tatopfer: Richter (§§ 11 I Nr. 3, 335 a I Nr.1)/Richter eines EU-Staates/sonstiger ausländischer Richter/Schiedsrichter (insbesondere §§ 1025 ff. ZPO); Tatbezug: richterliche Handlung oder Unterlassung (§ 336) in der Vergangenheit oder Zukunft, durch die der Adressat seine richterlichen Pflichten verletzt hat (Nr. 1)/verletzen wird (Nr. 2); Auslegung für Vorteil bei Schiedsrichtern gemäß § 337; **subjektiver Tatbestand:** Vorsatz bzgl. der qualifizierenden Umstände; **benannte Straferschwerung:** besonders schwerer Fall gemäß § 335 I Nr. 1 b i.V.m. II

VIII. Straftaten gegen Verwaltung und Amtsführung
6. Verletzung des Dienstgeheimnisses; Verletzung einer besonderen Geheimhaltungspflicht

Verletzung des Dienstgeheimnisses, § 353 b I 1, IV (konkretes Gefährdungsdelikt)

Tatbestand	Objektiver Tatbestand **Täter:** ▪ Nr. 1: – Amtsträger (= Legaldefinition in § 11 I Nr. 2) – Wehrdienstleistende der Bundeswehr (gleichgestellt über § 48 WStG) – Mitglieder des Verwaltungsrates/Direktor/stellvertretende Direktoren/ Bedienstete von Europol/Verbindungsbeamte (gleichgestellt über Art. 2 § 8 EuropolG) ▪ Nr. 2: für den öffentlichen Dienst besonders Verpflichtete (= Legaldefinition in § 11 I Nr. 4) ▪ Nr. 3: Träger von Aufgaben und Befugnissen nach Personalvertretungsrecht **Tatgegenstand:** Fremdes Geheimnis **und** dem Täter in seiner dienstlichen Eigenschaft anvertraut/bekannt geworden **Tathandlung:** Offenbaren **Dadurch** (konkrete) Gefahr für wichtige öffentliche Interessen Subjektiver Tatbestand Vorsatz, auch bzgl. konkreter Gefährdung
Rechtswidrigkeit	▪ Allgemeine Grundsätze (deklaratorische Funktion des Merkmals „unbefugt“) ▪ Ausschluss der Rechtswidrigkeit bei Pressetätigkeit, die den Tatbestand der Beihilfe zur Verletzung des Dienstgeheimnisses erfüllt, gem. § 353 b III a: Personenkreis: Personen, die bei der Vorbereitung/Herstellung/Verbreitung von Druckwerken/Rundfunksendungen/Filmberichten/der Unterrichtung oder Meinungsbildung dienenden Informations- und Kommunikationsdiensten berufsmäßig mitwirken **und** Beihilfehandlung: Entgegennahme/Auswertung/Veröffentlichung des Geheimnisses/des Gegenstandes der Nachricht, zu deren Geheimhaltung eine besondere Verpflichtung besteht
Schuld	Allgemeine Grundsätze
Verfolgbarkeit	Ermächtigung unter den Voraussetzungen der §§ 353 b IV, 77 e

Vorsätzlich-fahrlässige Verletzung des Dienstgeheimnisses, § 353 b I 2 i.V.m. I 1, IV

Aufbau grds. wie § 353 b I 1; Änderungen: **Tatbestand:** Vorsatz nur bzgl. Tätereigenschaft, Tatgegenstand und Tathandlung; Eintritt der konkreten Gefahr; objektive Fahrlässigkeit bzgl. Gefährdung; **Schuld:** subjektive Fahrlässigkeit bzgl. Gefährdung

Verletzung einer besonderen Geheimhaltungspflicht, § 353 b II, IV

Tatbestand

Objektiver Tatbestand

„Abgesehen von den Fällen des I" = tatbestandliche Exklusivität zwischen I und II

Täter:

- Nr. 1: förmlich Verpflichteter durch Beschluss eines Gesetzgebungsorgans des Bundes/eines Landes/eines Ausschusses der Genannten
- Nr. 2: von einer anderen amtlichen Stelle unter besonderem Hinweis auf die Strafbarkeit der Verletzung der Geheimhaltungspflicht förmlich Verpflichteter

Tatgegenstände: Gegenstand/Nachricht, auf den/die sich die Geheimhaltungspflicht konkret beziehen muss

Tathandlungen: an einen anderen gelangen lassen/öffentlich bekannt machen

und

Dadurch (konkrete) Gefahr für wichtige öffentliche Interessen

Subjektiver Tatbestand

Vorsatz, und zwar auch in Bezug auf die konkrete Gefährdung

Rechtswidrigkeit

- Allgemeine Grundsätze (deklaratorische Funktion des Merkmals „unbefugt")
- Ausschluss der Rechtswidrigkeit bei Pressetätigkeit, die den Tatbestand der Beihilfe zur Verletzung der Geheimhaltungspflicht erfüllt, gem. § 353 b III a:

  Personenkreis: Personen, die bei der Vorbereitung/Herstellung/Verbreitung von Druckwerken/Rundfunksendungen/Filmberichten/der Unterrichtung oder Meinungsbildung dienenden Informations- und Kommunikationsdiensten berufsmäßig mitwirken **und**

  Beihilfehandlung: Entgegennahme/Auswertung/Veröffentlichung des Geheimnisses/des Gegenstandes der Nachricht, zu deren Geheimhaltung eine besondere Verpflichtung besteht

Schuld

Allgemeine Grundsätze

Verfolgbarkeit

Ermächtigung unter den Voraussetzungen der §§ 353 b IV, 77 e

Verleitung eines Untergebenen zu einer Straftat, § 357 (sog. Konnivenz)

Tatbestand

Objektiver Tatbestand

Täter:

- I: Dienstvorgesetzter
- Gleichgestellt gem. II: Aufsichts-/Kontrollbeamter

Bezugstäter:

- I: Untergebener
- Gleichgestellt gem. II: der Aufsicht/Kontrolle unterstehender Amtsträger

Bezugstat:

Rechtswidrige, nicht notwendig schuldhafte (Straf-)Tat des Bezugstäters **und**

In Ausübung des Amtes

Tathandlungen:

- I Mod. 1: Verleiten = erfolgreiche Einwirkung zur Begehung
- I Mod. 2: Unternehmen der Verleitung = erfolgloser Versuch der Anstiftung, vgl. § 11 I Nr. 6
- I Mod. 3: Geschehenlassen = Nichthindern

Subjektiver Tatbestand

Vorsatz

Rechtswidrigkeit

Allgemeine Grundsätze

Schuld

Allgemeine Grundsätze

IX. Straftaten gegen die Rechtspflege
1. Schutzrichtungen der Rechtspflegedelikte

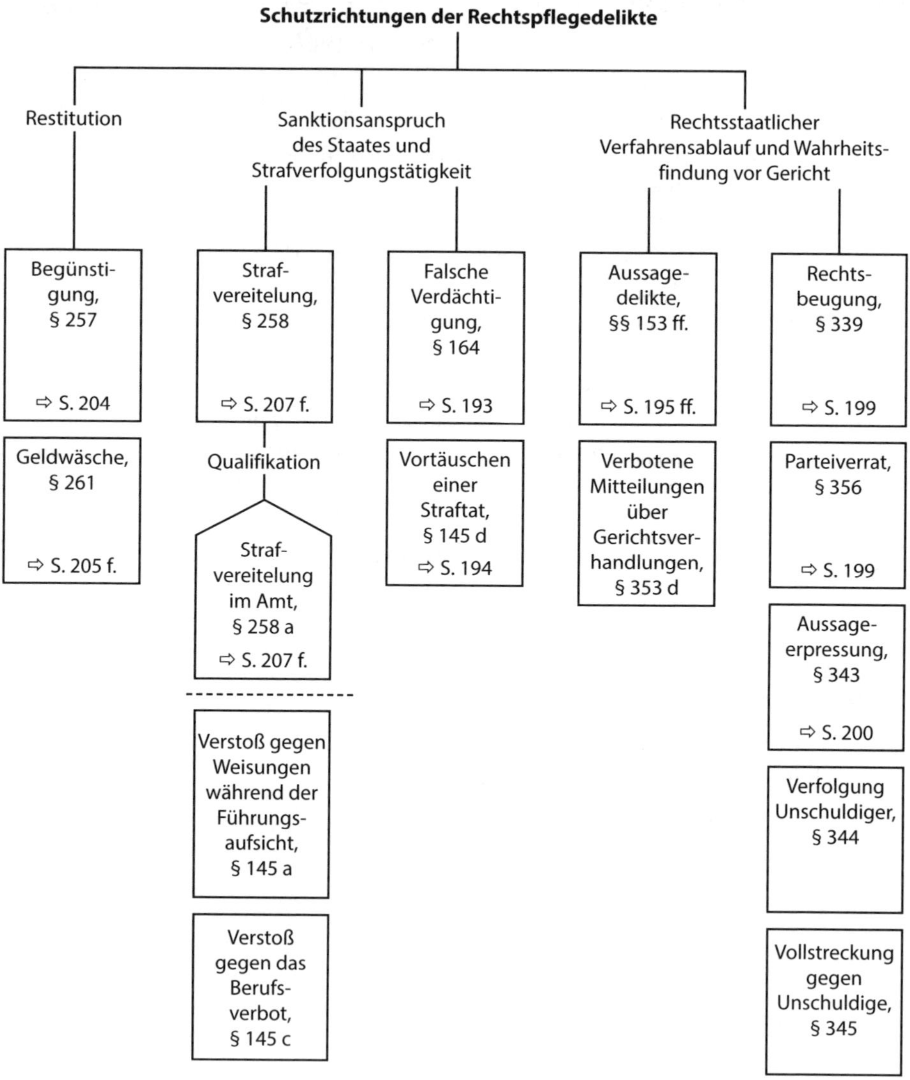

IX. Straftaten gegen die Rechtspflege
2. Falsche Verdächtigung; Vortäuschen einer Straftat

Falsche Verdächtigung, § 164

Tatbestand

Objektiver Tatbestand

Absatz I:	Absatz II:
Tatadressat: Behörde = Legaldefinition in § 11 I Nr. 7/zur Entgegennahme von Anzeigen zuständiger Amtsträger = Legaldefinition in § 11 I Nr. 2, erweitert um die Befugnisse aus § 158 StPO/militärischer (Disziplinar-)Vorgesetzter/Öffentlichkeit	
Tatopfer: anderer = vom Täter verschiedener, individualisierbarer, lebender Mensch	
Tatgegenstand: ▪ Rechtswidrige Tat (§ 11 I Nr. 5) ▪ Dienstpflichtverletzung	**Tatgegenstand:** Sonstiger Vorwurf, der geeignet ist, ein behördliches Verfahren/andere behördliche Maßnahmen herbeizuführen/fortdauern zu lassen (→ Tathandlung Abs. I)
Tathandlung: Verdächtigen (= Hervorrufen, Verstärken oder Umlenken eines Verdachts durch Behaupten von Tatsachen/Schaffen von Beweislagen)	**Tathandlung:** Aufstellen von Behauptungen tatsächlicher Art
bei Überschreitung des aus dem nemo tenetur-Grundsatz abgeleiteten Rechts strafloser Verdachtsabwehr **und**	⚠ *Nicht ausreichend:* *Schaffen von kompromittierenden Beweislagen*
objektive Unrichtigkeit der Verdächtigung:	
auch hinsichtlich des Vorwurfs (nicht nur hinsichtlich der diesen begründenden Tatsachen, str.)	hinsichtlich der mitgeteilten Tatsachen

Subjektiver Tatbestand

Vorsatz **und**

positive Kenntnis bzgl. der Unwahrheit **und**

Absicht i.S.d. dolus directus I oder II (!), behördliches Verfahren etc. herbeizuführen/fortdauern zu lassen

Rechtswidrigkeit

Allgemeine Grundsätze

⚠ *Nach h.M. keine Einwilligung des Verdächtigten möglich!*

Schuld

Allgemeine Grundsätze

Strafmilderung/ Absehen von Strafe

Analog § 158

Falschverdächtigung zur Erlangung einer Strafmilderung, § 164 III
(rein subjektive Qualifikation)

Zusätzlich im subjektiven Tatbestand prüfen: Absicht der Erlangung einer Strafmilderung/des Absehens von Strafe

- gemäß § 46 b
- gemäß § 31 BtMG

Vortäuschen einer Straftat, § 145 d

Tatbestand

Objektiver Tatbestand

Absatz I:	Absatz II:

Tatadressat: Behörde (§ 11 I Nr. 7)/zur Entgegennahme von Anzeigen zuständiger Amtsträger (§ 11 I Nr. 2, § 158 StPO)

Tatbezug:	**Tatbezug:**
▪ Nr. 1: angeblich in der Vergangenheit liegende, tatsächlich nicht begangene (str.) rechtswidrige Tat (§ 11 I Nr. 5)	▪ Nr. 1: Beteiligte an einer tatsächlich begangenen (str.) rechtswidrigen Tat (§ 11 I Nr. 5)
▪ Nr. 2: angeblich in der Zukunft bevorstehende Verwirklichung einer Katalogtat i.S.v. § 126 I (z.B. Bombenattentat)	▪ Nr. 2: Beteiligte an einer tatsächlich (str.) bevorstehenden Katalogtat i.S.v. § 126 I

Tathandlung:
Vortäuschen = jede unzutreffende, über bloßes Aufbauschen hinausgehende Äußerung oder Schaffung einer Beweislage, die geeignet ist, ungerechtfertigtes Einschreiten auszulösen

Subjektiver Tatbestand

Vorsatz **und zwar**

Positive Kenntnis bzgl. der Unwahrheit

Rechtswidrigkeit

Allgemeine Grundsätze

Schuld

Allgemeine Grundsätze

Strafmilderung/Absehen von Strafe

Unter den Voraussetzungen des § 158 analog

Konkurrenzen

Formelle Subsidiarität, sofern eine Bestrafung des Täters aus § 164 (⇨ S. 193)/§ 258/§ 258 a (⇨ S. 207 f.) möglich ist

Vortäuschen einer Straftat zur Erlangung einer Strafmilderung, § 145 d III
(vorsatzbedürftige Qualifikation)

Bei I Nr. 2/II Nr. 2 **objektiv** zusätzlich: Tatbezug Katalogtat i.S.v. § 46 b I 1 Nr. 2/§ 31 S. 1 Nr. 2 BtMG (III Nr. 2, 3); **subjektiv:** Vorsatz diesbzgl. **und** Absicht der Erlangung einer Strafmilderung/des Absehens von Strafe gem. § 46 b/§ 31 BtMG

Uneidliche Falschaussage, § 153 (eigenhändiges Delikt)

Tatbestand	Objektiver Tatbestand **Tatadressaten:** ▪ Gericht ▪ Sonstige zur Eidesabnahme in dem fraglichen Verfahren zuständige Stelle ⚠ *Nicht: Polizei/Staatsanwaltschaft, arg. ex § 161 a I 3 StPO!* ▪ Internationale Gerichte/Untersuchungsausschüsse, § 162 **Täter:** ▪ Zeugen (nicht: Partei im Zivilprozess/Beschuldigter im Strafprozess) ▪ Sachverständige **Tathandlung:** falsch aussagen Aussage = jede mündliche Bekundung, auf die sich in der konkreten Verfahrenssituation die Wahrheitspflicht erstreckt **und** Falsch = nach herrschender objektiver Theorie Widerspruch zwischen Erklärung und Wirklichkeit Subjektiver Tatbestand Vorsatz
Rechtswidrigkeit	Allgemeine Grundsätze
Schuld	Allgemeine Grundsätze
Fakultative Strafmilderung/ Absehen von Strafe	▪ Unter den Voraussetzungen des Aussagenotstandes, § 157 I ▪ Bei uneidlicher Falschaussage eines Eidesunmündigen, § 157 II ▪ Bei tätiger Reue durch rechtzeitige Berichtigung gemäß § 158

Meineid, § 154 (eigenhändiges Delikt; als Zeugen-/Sachverständigenmeineid Vorsatzqualifikation zu § 153)

Tatbestand

Objektiver Tatbestand

Tatadressaten:

- Gericht
- Sonstige (staatliche) Stellen, z.B. Patentamt, § 46 I PatG

} Zur Eidesabnahme (in dem fraglichen Verfahren und durch die fragliche Person) zuständig

Tathandlung: falsch schwören

Falschaussage (auch durch Partei im Zivilprozess/Dolmetscher, § 189 GVG, str., möglich; im Übrigen wie bei § 153 ⇨ S. 195) **und**

Schwören

- (beim Normalfall des Nacheides) vollständiges Nachsprechen der Eidesformel
- gleichgestellt gemäß § 155:
  - Nr. 1: eidesgleiche Bekräftigung
  - Nr. 2: Berufung auf früheren Eid/frühere Bekräftigung

Subjektiver Tatbestand

Vorsatz

Rechtswidrigkeit

Allgemeine Grundsätze

Schuld

Allgemeine Grundsätze

Fakultative Strafmilderung/Absehen von Strafe

- Strafmilderung unter den Voraussetzungen des Aussagenotstandes, § 157 I
- Strafmilderung/Absehen von Strafe bei tätiger Reue durch rechtzeitige Berichtigung unter den Voraussetzungen des § 158

Falsche Versicherung an Eides statt, § 156 (eigenhändiges Delikt)

Tatbestand

Objektiver Tatbestand

Tatadressaten:

Behörde (§ 11 I Nr. 7) **und**

Zur Abnahme (nicht nur „Aufnahme“) zuständig =

Allgemeine Zuständigkeit der Behörde **und**

Konkrete Zuständigkeit: für eidesstattliche Versicherungen zu dem inhaltlichen Gegenstand, in dem jeweiligen Verfahren und durch eine Person in der Verfahrensstellung des Täters

⚠ *Hauptfall: eidesstattliche Versicherung, §§ 802 c, 807 ZPO*

Tathandlungen:

- 1. Alt.: falsche Versicherung an Eides Statt = eidesgleiche Bekräftigung der Wahrheit einer objektiv unwahren Bekundung, auf die sich die Wahrheitspflicht des Täters bezieht
- 2. Alt.: Falschaussage unter Berufung auf frühere falsche Versicherung an Eides statt

Subjektiver Tatbestand

Vorsatz

Rechtswidrigkeit

Allgemeine Grundsätze

Schuld

Allgemeine Grundsätze

Fakultative Strafmilderung/ Absehen von Strafe

Bei tätiger Reue unter den Voraussetzungen des § 158

Verleitung zur Falschaussage, § 160 I

Tatbestand	Objektiver Tatbestand **Tatbezug:** Objektive Tatbestandsverwirklichung ▪ eines Falscheides ▪ einer falschen Versicherung an Eides statt ▪ einer uneidlichen Falschaussage } durch einen anderen (nach h.M. nicht notwendig unvorsätzlich Handelnden) **Tathandlung:** Verleiten = jede Einwirkung auf die Aussageperson, die dazu führt, dass diese die unwahre Erklärung abgibt Subjektiver Tatbestand Vorsatz **und** Rspr.: Verleiterwille = Annahme, auch nur irrtümliche, Aussageperson handele bzgl. der Unwahrheit unvorsätzlich ⚠ *Anderenfalls §§ 153 ff.; 26/§§ 153, 156, 159; 30 I/§§ 154; 30 I*
Rechtswidrigkeit	Allgemeine Grundsätze
Schuld	Allgemeine Grundsätze

Fahrlässiger Falscheid; fahrlässige falsche Versicherung an Eides Statt, § 161

Aufbau grds. wie § 154/§ 156 (S. 196 f.); Änderungen: **Tatbestand:** objektive Fahrlässigkeit statt Vorsatz; **Schuld:** subjektive Fahrlässigkeit; **persönlicher Strafaufhebungsgrund:** tätige Reue unter den Voraussetzungen des § 161 II i.V.m. § 158

IX. Straftaten gegen die Rechtspflege
5. Rechtsbeugung; Parteiverrat; Aussageerpressung

Rechtsbeugung, § 339 (eigenhändiges Delikt)

Tatbestand	**Objektiver Tatbestand** **Täter:** ▪ Richter = Legaldefinition in § 11 I Nr. 3/Schiedsrichter (§§ 1025 ff. ZPO, §§ 103–110 ArbGG) ▪ Amtsträger = Legaldefinition in § 11 I Nr. 2 **und** die eine Rechtssache (wie ein Richter) zu leiten (zu entscheiden) haben **Tathandlung:** Rechtsbeugung = schwerwiegend fehlerhafte Anwendung des formellen/materiellen Rechts **und** Zum Vorteil/zum Nachteil einer Partei **Subjektiver Tatbestand** Vorsatz **und zwar** Bewusstsein des Rechtsbruchs
Rechtswidrigkeit	Allgemeine Grundsätze
Schuld	Allgemeine Grundsätze
Konkurrenzen	Sperrwirkung des § 339 als Richterprivileg: Strafbarkeit aus anderen Strafnormen im Zusammenhang mit richterl. Tätigkeit bei Entscheidungen, Anordnungen und Maßnahmen der Verhandlungsleitung nur, wenn auch Rechtsbeugung i.S.v. § 339 vorliegt

Parteiverrat, § 356 I

Tatbestand	**Objektiver Tatbestand** **Täter:** ▪ Anwälte ▪ Andere Rechtsbeistände **Tatbezug:** ▪ Angelegenheit, die dem Täter in seiner Eigenschaft als Rechtspflegeorgan anvertraut worden ist **Tathandlung:** Beiden Parteien derselben Rechtssache dienen (nicht notwendig zeitgleich) **und** Pflichtwidriges Handeln i.S.v. § 43 a IV BRAO = objektiver Interessengegensatz **Subjektiver Tatbestand** Vorsatz
Rechtswidrigkeit	Allgemeine Grundsätze (Einwilligung des Auftraggebers wirkt nicht rechtfertigend)
Schuld	Allgemeine Grundsätze

Schwerer Parteiverrat, § 356 II (Qualifikation): Aufbau wie § 356 I; zusätzlich: **objektiver Tatbestand:** (nach der Tathandlung) gegenseitiges Einverständnis des Täters mit der Gegenpartei; **subjektiver Tatbestand:** (nach dem Vorsatz) Wille, zum Schaden der eigenen Partei zu handeln

Aussageerpressung, § 343 I

Tatbestand

Objektiver Tatbestand

Täter:

Amtsträger (§ 11 I Nr. 2, § 48 I WStG)

zur Mitwirkung an repressiver Verfahrensart berufen, nämlich

- Nr. 1: Strafverfahren/Verfahren zur Anordnung behördlicher Verwahrung (außerhalb eines Strafverfahrens, insbesondere Unterbringungsverfahren)
- Nr. 2: Bußgeldverfahren (nach dem OWiG)
- Nr. 3: Disziplinarverfahren/ehrengerichtliche Verfahren/berufsgerichtliche Verfahren

Tathandlungen:

- Körperliche Misshandlung eines anderen
- Anwendung/Androhung von Gewalt
- Seelisches Quälen

Subjektiver Tatbestand

Vorsatz **und**

Absicht, den Betroffenen

zu einer Aussage/Nichtaussage zu nötigen **und**

in dem jeweiligen Verfahren

Rechtswidrigkeit

Allgemeine Grundsätze

⚠ *Einwilligung des Betroffenen wirkt nicht rechtfertigend!*

Schuld

Allgemeine Grundsätze

F. Anschluss-delikte

I Hehlerei
1. Einzelschema

Hehlerei, § 259

Tatbestand

Objektiver Tatbestand

Tatobjekt: Sache, von einem anderen (Vortäter) durch Vermögensdelikt (speziell: § 242 ⇨S. 63) erlangt

Tathandlungen:

- Ankaufen: abgeleiteter entgeltlicher Erwerb vom Vortäter in der Weise, dass der Vortäter sich der Sache entäußert und die Verfügungsgewalt auf den Erwerber übergeht, sodass dieser die Sache ihrem wirtschaftlichen Wert nach übernimmt
- sich/einem Dritten verschaffen = einverständlicher, abgeleiteter Erwerb vom Vortäter, durch den dieser sich der Sache entäußert und die Verfügungsgewalt auf den Erwerber überträgt, damit dieser zu eigenen Zwecken damit verfahren kann und die Sache ihrem wirtschaftlichen Wert nach übernimmt
- Absetzen = wirtschaftliche Verwertung der Sache mit Willen und im Interesse des Vortäters durch entgeltliche und erfolgreiche Veräußerung an einen Dritten
- Absatzhilfe = jede unselbstständige, d.h. weisungsabhängige und (noch str., ob) erfolgreiche Unterstützungshandlung, die dem Vortäter mit dessen Einverständnis und in seinem Interesse beim Verschieben der Beute geleistet wird

Subjektiver Tatbestand

Vorsatz **und** Bereicherungsabsicht zu eigenen Gunsten/zugunsten Dritter

⚠ *Keine Rechtswidrigkeit oder Stoffgleichheit erforderlich*

Rechtswidrigkeit

Allgemeine Grundsätze

Schuld

Allgemeine Grundsätze

Verfolgbarkeit

- Strafantrag/Bejahung besonderen öffentlichen Verfolgungsinteresses bei geringwertiger Hehlerei, § 259 II i.V.m. § 248 a ⇨ S. 63
- Strafantrag bei Hehlerei zum Nachteil von Haus- und Familienangehörigen, § 259 II i.V.m. § 247 ⇨ S. 63

⚠ *In diesem Fall absolutes Antragsdelikt!*

Gewerbsmäßige Hehlerei; Bandenhehlerei, § 260 I (Qualifikation zu § 259)

Aufbau wie § 259; als qualifizierende Umstände zusätzlich:

- Nr. 1: (nur im **subjektiven Tatbestand** nach der Bereicherungsabsicht) Gewerbsmäßigkeit (wie bei § 243 I 2 Nr. 3 ⇨ S. 63)
- Nr. 2: im **objektiven Tatbestand** Tatbegehung als Mitglied einer Bande, die sich zur fortgesetzten Begehung von Raub/Diebstahl/Hehlerei verbunden hat; im **subjektiven Tatbestand** nach der Bereicherungsabsicht Vorsatz bzgl. der qualifizierenden Umstände

Verfolgbarkeit: Strafantrag, wenn Tat zum Nachteil von Haus- und Familienangehörigen i.S.d. § 247 (str.); § 248 a gilt nicht.

⚠ *In diesem Fall absolutes Antragsdelikt!*

Gewerbsmäßige Bandenhehlerei, § 260 a (vorsatzbedürftige Qualifikation zu § 260)

Aufbau wie § 260 I Nr. 2; im **subjektiven Tatbestand** nach der Bereicherungsabsicht zusätzlich Gewerbsmäßigkeit (wie bei § 243 I 2 Nr. 3 ⇨ S. 63)

I. Hehlerei
2. Vernetzung mit anderen Straftatbeständen

Hehlerei, § 259 (Einzelschema ⇨ S. 201)

Prüfungsschema	Deliktsmangel:	weiterprüfen:
Tatbestand		
Obj. Tatbestand		
Tatobjekt: Sache	Tatobjekt stammt nicht unmittelbar aus der Vortat, sondern ist Ersatzsache, die auch nicht ihrerseits durch Vermögensdelikt (insbesondere Betrug) erlangt worden ist, sog. Ersatzhehlerei.	ggf. § 257 ⇨ S. 204; § 261 ⇨ S. 205 f.
	Vortat ist kein Vermögensdelikt.	§ 261 ⇨ S. 205 f.
Von einem anderen durch Vermögensdelikt, speziell Diebstahl, erlangt	„Anschlusstäter" ist selbst täterschaftlich an der Vortat beteiligt.	§ 246 ⇨ S. 78 (Problem der Zweitzueignung)
	Vortat und Hehlereihandlung fallen zeitlich zusammen.	Beteiligung, ggf. sukzessive Beteiligung an der Vortat ⇨ S. 216 ff. ⇨ § 257 I, III ⇨ S. 204
Tathandlungen:	eigenmächtige Sacherlangung	§ 242 ⇨ S. 63 ff.; § 249 ⇨ S. 70 f.; § 246 ⇨ S. 78
▪ Sich/Drittem verschaffen/ speziell Ankaufen	Sacherlangung zur Rückverschaffung an den Eigentümer ohne Leugnung dessen Eigentums	§ 257 ⇨ S. 204; § 253 ⇨ S. 105
	bloßes Einlösen gestohlener Scheckformulare nach deren Fälschung	§ 152 a ⇨ S. 137; § 263 ⇨ S. 97 ff.
	Sache ist lediglich in Verwahrung genommen worden.	§ 257 ⇨ S. 204; § 261 ⇨ S. 205 f.
▪ Absetzen/ Absatzhilfe	Anschlussbeteiligter ist nur an der Gegenleistung interessiert, ohne an dem Absatzvorgang des Tatobjekts gestaltend mitzuwirken.	§ 261 ⇨ S. 205 f.
	Helfer unterstützt nur den Erwerber.	§§ 259, 27 (Beihilfe zum Sichverschaffen etc.)
	Helfer unterstützt nur den Absetzenden/Absatzhelfer.	§§ 259, 27 (Beihilfe zum Absetzen bzw. zur Absatzhilfe)

Hehlerei, § 259 (Fortsetzung)

Prüfungsschema	Deliktsmangel:	weiterprüfen:
Tatbestand		
Subj. Tatbestand		
Vorsatz		
Bereicherungsabsicht	→ Handlung des Anschlussbeteiligten dient nur zur Auffindung der Sache als Beweismittel/zur Entziehung.	→ § 257 ⇨ S. 204; § 258 ⇨ S. 207 f.
▪ zu eigenen Gunsten ▪ zugunsten eines Dritten	→ Der einzig Bereicherte soll der Vortäter selbst sein.	→ § 257 ⇨ S. 204
Rechtswidrigkeit	Allgemeine Grundsätze	
Schuld	Allgemeine Grundsätze	

II. Begünstigung

Begünstigung, § 257

Tatbestand	**Objektiver Tatbestand** **Vortat:** in der Vergangenheit liegende rechtswidrige Straftat (= Legaldefinition in § 11 I Nr. 5) eines anderen **Tatbezug:** beim Täter noch vorhandene unmittelbare Tatvorteile = jede Besserstellung des Vortäters, die unmittelbar im Zusammenhang mit der Vortat erlangt worden ist und dem Täter nach privatem/öffentlichem Recht wieder entzogen werden kann, aber zum Zeitpunkt der Begünstigungshandlung noch bei diesem vorhanden ist **Tathandlung:** Hilfeleisten = jedes Verhalten, das objektiv geeignet ist, den Vortäter hinsichtlich der (unmittelbaren) Tatvorteile besser zu stellen (h.M.) ⚠ *Bei Handlungen zwischen Vollendung und Beendigung der Vortat entscheidet die innere Willensrichtung, ob sukzessive Beihilfe oder Begünstigung vorliegt!* **Subjektiver Tatbestand** Vorsatz **und** Vorteilssicherungsabsicht = Absicht (i.S.v. dolus directus 1. Grades), dem Vortäter die (unmittelbaren) Vortat-Vorteile zu sichern **und** die Wiederherstellung des gesetzmäßigen Zustandes zu vereiteln
Rechtswidrigkeit	Allgemeine Grundsätze
Schuld	Allgemeine Grundsätze
Persönlicher Strafausschließungsgrund	▪ Keine Strafbarkeit aus Begünstigung für Personen, die wegen Beteiligung an der Vortat (materiell) strafbar sind, § 257 III 1 ⚠ *Aber Rückausnahme, d.h. Strafausschluss aus § 257 III 1 gilt nicht für denjenigen (Vortatbeteiligten), der einen an der Vortat Unbeteiligten zur Begünstigung anstiftet, § 257 III 2!* ▪ § 258 VI analog bei tateinheitlichem Zusammentreffen von § 257 und § 258, wenn aus Sicht des Anschlusstäters Strafvereitelung nicht ohne gleichzeitige Begünstigung zu erreichen (str.)
Verfolgbarkeit	▪ Strafantrag/Ermächtigung/Strafverlangen gelten auch für die Begünstigung, wenn Vortatverfolgung von einer entsprechenden Voraussetzung abhängig ist, § 257 IV 1 ▪ Strafantrag/Bejahung besonderen öffentlichen Verfolgungsinteresses bei Geringwertigkeit der zu sichernden Tatvorteile, § 257 IV 2 i.V.m. § 248 a ⇨ S. 61

Geldwäsche, Verschleierung unrechtmäßig erlangter Vermögenswerte, § 261

Tatbestand

Objektiver Tatbestand

Tatobjekt:

Gegenstand = jedes nicht notwendig körperliche Objekt **und**

aus einer bestimmten rechtswidrigen Vortat, nämlich Katalog des I 2:

- Nr. 1: Verbrechen (i.S.v. § 12 I)
- Nr. 2: Vergehen:
  - a) § 108 e/§ 332 I, III/§ 334
  - b) § 29 I 1 Nr. 1 BtMG/§ 19 I Nr. 1 GrundstoffüberwachungsG
- Nr. 3: Vergehen nach § 373 AO/§ 374 II AO/jeweils auch i.V.m. § 12 I DurchführungsG der gemeinsamen Marktorganisationen und der Direktzahlungen
- Nr. 4: Vergehen:
  - a) §§ 152 a/181 a/232 I, II/233 I, II/233 a/242/246/253/259/263–264/266/267/269/271/284/299/326 I, II, IV/§ 328 I, II, IV/348
  - b) § 96 AufenthaltG/§ 84 AsylG/§ 370 AO/§ 38 I–IV WpHG/§§ 143, 143 a, 144 MarkenG/§§ 106–108 b UrhG/§ 25 GebrMG/§§ 51, 65 DesignG/§ 142 PatG/§ 10 HalbLSchG/§ 39 SortSchG

  jeweils gewerbsmäßig oder bandenmäßig begangen
- Nr. 5: Vergehen: § 89 a/§ 89 c/§ 129/§ 129 a III/V (jeweils auch i.V.m. § 129 b I)/ Vergehen von einem Mitglied einer kriminellen oder terroristischen Vereinigung (§ 129, 129 a; jeweils auch i.V.m. § 129 b I) begangen

⚠ *Gleichstellungsklausel des § 261 VIII für alle Gegenstände aus Auslandstaten i.S.d. I 2 Nr. 1–5, sofern die Tat am Tatort mit Strafe bedroht ist*

Herrühren = Gegenstand muss – nicht notwendig in derselben Gestalt, sondern nur als vermögenswertes Surrogat – aus der Vortat stammen (mit Erweiterung auf Tatbezugsobjekte bei gewerbs- oder bandenmäßiger Steuerhinterziehung gem. § 370 AO und in den Fällen des I 2 Nr. 3, I 3)

Tathandlungen:

I: Gefährdungs- und Vereitelungstatbestand

- Verbergen
- Herkunft verschleiern
- Vereiteln/Gefährden der Ermittlung der Herkunft/des Auffindens/des Verfalls/der Einziehung/der Sicherstellung

II: Isolierungstatbestand

- Nr. 1: Sich-/einem Dritten verschaffen
- Nr. 2: Verwahren/für sich oder einen Dritten verwenden

Tatbestandsausschluss gem. § 261 VI bei vorheriger Erlangung des Gegenstandes durch Dritten, ohne dass dieser dabei eine Straftat begangen hat

Geldwäsche, Verschleierung unrechtmäßig erlangter Vermögenswerte (Fortsetzung)

Tatbestand

Subjektiver Tatbestand

Vorsatz	Vorsatz auch bzgl. des Nichtvorliegens des Tatbestandsausschlusses Bei Nr. 2 Klarstellung des Vorsatzzeitpunkts bzgl. der bemakelten Herkunft: Sacherlangung

⚠ *Keine Strafbarkeit von Wahlverteidigern, wenn nur Eventualvorsatz bzgl. der bemakelten Herkunft des Geldes vorliegt.*

Rechtswidrigkeit

Allgemeine Grundsätze

Schuld

Allgemeine Grundsätze

Persönlicher Strafausschließungsgrund

§ 261 IX 2: keine Strafbarkeit aus Geldwäsche für Personen, die wegen Beteiligung an der Vortat strafbar sind (Ausnahme: § 261 IX 3)

Benannte Straferschwerung

Besonders schwerer Fall mit Regelbeispielen des § 261 IV 2:

- Nur subjektiv: Gewerbsmäßigkeit
- Objektiv und subjektiv: Tatbegehung als Mitglied einer Bande, die sich zur fortgesetzten Begehung der Geldwäsche verbunden hat

Strafaufhebung

Unter den Voraussetzungen tätiger Reue gem. § 261 IX 1

Leichtfertige Geldwäsche, § 261 V

Aufbau wie vorsätzl. Geldwäsche; anstelle des dort auch bzgl. der bemakelten Herkunft des Gegenstandes vorausgesetzten subjektiven Tatbestandes objektive Leichtfertigkeit prüfen; in der Schuld insofern anstelle der Vorsatzschuld entsprechende subjektive Leichtfertigkeit ermitteln

⚠ *Eine Strafbarkeit von Wahlverteidigern gem. § 261 V i.V.m. II wegen der Annahme bemakelten Honorars ist wegen des vom BVerfG aufgestellten Erfordernisses der sicheren Kenntnis von der Herkunft des Geldes ausgeschlossen.*

IV. Strafvereitelung

Strafverfolgungsvereitelung, § 258 I

Tatbestand

Objektiver Tatbestand

Vortat:

Rechtswidrige Tat (= Legaldefinition in § 11 I Nr. 5) eines anderen **und**

aus der ein staatlicher Strafanspruch/ein Anspruch auf Verhängung von Maßnahmen (§ 11 I Nr. 8) entstanden ist

Taterfolg/Tathandlungen:

- Ganz vereiteln = zumindest für geraume Zeit (ab drei Wochen, str.) Verzögerung der Verhängung der Strafe/der Maßnahme
- Zum Teil vereiteln = unzulässige Verringerung der Strafe/der Maßregel

⚠ *Teleologische Reduktion bei verfahrensbezogenen Handlungen von Strafverteidigern, sofern die fragliche Handlung nicht der Rechtsordnung widerspricht und nicht der Tatsachenmanipulation dient!*

Subjektiver Tatbestand

Vorsatz bzgl. der Vortat (dolus eventualis genügt) **und**

Absicht/Wissentlichkeit bzgl. der Vereitelung (dolus directus I oder II)

Rechtswidrigkeit

Allgemeine Grundsätze

Schuld

Allgemeine Grundsätze

Persönliche Strafausschließungsgründe

- Vereitelungshandlungen, die zugleich der Strafverfolgungsvereitelung in Bezug auf die Person des Anschlusstäters dienen, § 258 V
- Vereitelungshandlungen zugunsten von Angehörigen (§ 11 I Nr. 1), § 258 VI

Strafverfolgungsvereitelung im Amt, § 258 a
(unechtes Amtsdelikt und vorsatzbedürftige Qualifikation)

Aufbau wie § 258 I; zusätzlich: **objektiver Tatbestand:** tauglicher Täter: Amtsträger = Legaldefinition in § 11 I Nr. 2/zur Mitwirkung bei dem Strafverfahren/dem Verfahren zur Anordnung der Maßnahme berufen; **subjektiver Tatbestand:** zusätzlich Vorsatz bzgl. der qualifizierenden Umstände; § 258 VI gilt gem. § 258 a III nicht

Strafvollstreckungsvereitelung, § 258 II

Tatbestand

Objektiver Tatbestand

Tatsituation:

Vorliegen einer vollstreckbaren strafgerichtlichen Entscheidung, § 449 StPO, durch die gegen einen anderen eine Strafe/Maßnahme verhängt worden ist

Taterfolg/Tathandlungen:

- Ganz vereiteln = zumindest für geraume Zeit Verzögerung der Straf-/Maßnahmevollstreckung
- Teilweise vereiteln = unzulässige Verkürzung der Straf-/Maßnahmevollstreckung

⚠ *Nicht bei Zahlung von Geldstrafe durch Dritte!*

Subjektiver Tatbestand

Vorsatz bzgl. der vollstreckbaren Entscheidung (dolus eventualis genügt) **und** Absicht/Wissentlichkeit bzgl. der Vereitelung (dolus directus I oder II)

Rechtswidrigkeit

Allgemeine Grundsätze

Schuld

Allgemeine Grundsätze

Persönliche Strafausschließungsgründe

- Vereitelungshandlungen, die zugleich der Strafvollstreckungsvereitelung in Bezug auf die Person des Anschlusstäters dienen, § 258 V
- Vereitelungshandlungen zugunsten von Angehörigen (§ 11 I Nr. 1), § 258 VI

Strafvollstreckungsvereitelung im Amt, § 258 a
(unechtes Amtsdelikt und vorsatzbedürftige Qualifikation)

Aufbau wie § 258 II; zusätzlich: **objektiver Tatbestand:** tauglicher Täter: Amtsträger = Legaldefinition in § 11 I Nr. 2/zur Mitwirkung bei der Vollstreckung der Strafe/der Maßnahme berufen; **subjektiver Tatbestand:** zusätzlich Vorsatz bzgl. der qualifizierenden Umstände; § 258 VI gilt gem. § 258 a III nicht

I. Grundtypen: Vorsatz- und Fahrlässigkeitsdelikte; Deliktsvarianten; Mehrheit von Beteiligten

Anknüpfungsmerkmal bei der Prüfung der vollendeten Vorsatztat des Einzeltäters:	Deliktsmangel:	Weiterprüfen:
Tatbestand **Obj. Tatbestand:** Täter	fehlende Sondereigenschaft des Ausführenden	Vollendetes vorsätzliches Begehungsdelikt in **mittelbarer Täterschaft** (⇨ S. 217) **durch Hintermann**?
Tathandlung	Mindestvoraussetzungen strafrechtlicher Handlung fehlen	Vorverlagerung des strafrechtlichen Anknüpfungspunktes und Prüfung als **Fahrlässigkeitstat** ⇨ S. 212
Tathandlung	Geschehenlassen des Erfolgseintritts	Täterschaftliches **unechtes Unterlassungsdelikt** ⇨ S. 215; **Beihilfe durch Unterlassen; echte Unterlassungsdelikte, insbesondere § 323 c** ⇨ S. 156
Tathandlung	Mitwirkung anderer Beteiligter	Zurechnung des Fremdverhaltens nach Ausführungsherrschaft (= als **Alleintäter**); nach funktioneller Tatherrschaft = als **Mittäter** ⇨ S. 216; nach handlungssteuernder Tatherrschaft = als **mittelbarer Täter** ⇨ S. 217, sonst Teilnahme ⇨ S. 218
Taterfolg, Kausalität, objektive Zurechnung	Tatsächliches Ausbleiben des Erfolgseintritts oder fehlende Zurechenbarkeit aus tatsächlichen oder rechtlichen Gründen	**Versuch** ⇨ bei Rechtsirrtum zulasten des Täters: Abgrenzung zwischen untauglichem Versuch und straflosem Wahndelikt ⇨ S. 214

Anknüpfungsmerkmal bei der Prüfung der vollendeten Vorsatztat des Einzeltäters:	Deliktsmangel:	Weiterprüfen:
Tatbestand **Subj. Tatbestand:** Vorsatz bzgl. Tathandlung und Erfolg	→ Fehlende voluntative oder intellektuelle Vorsatzkomponente im Handlungszeitpunkt	→ Ggf. Erfolgszurechnung aus Erfolgsqualifikation ⇨ S. 213 ⇨ sonst: Fahrlässigkeitsdelikt, sofern strafbar, § 15 ⇨ S. 212
	→ Zielverfehlung	→ Aberratio ictus; sonstige wesentliche Kausalabweichung; error in persona vel in obiecto ⇨ S. 225
Deliktsspezifische Absichten	→ Absichtslosigkeit des Vordermannes	→ **Mittelbare Täterschaft** des Tatveranlassers ⇨ S. 217, ggf. **Beihilfe** durch absichtslos-dolosen Vordermann ⇨ S. 218
Rechtswidrigkeit	→ Objektive Rechtfertigung ohne subjektives Rechtfertigungselement	→ Nach h.Lit. **Versuch** ⇨ S. 214
	→ Irrige Annahme objektiv nicht gegebener Rechtfertigung	→ Bei Erlaubnistatbestandsirrtum Wegfall der Vorsatztat ⇨ **Fahrlässigkeitsdelikt**, sofern strafbar, § 15, und sofern Irrtum sorgfaltswidrig ⇨ S. 212
Schuld	→ Schuldunfähigkeit im Tatzeitpunkt	→ Vorsatztat i.V.m. vorsätzlicher a.l.i.c. ⇨ sofern strafbar: Fahrlässigkeitsdelikt i.V.m. a.l.i.c. ⇨ Vollrausch, § 323 a ⇨ S. 233 f.
Benannter, fakultativer Grund zur Strafmilderung/ Absehen von Strafe	§ 46 a, Täter-Opfer-Ausgleich § 46 b, Hilfe zur Aufklärung oder Verhinderung schwerer Straftaten	

G. Allgemeiner Teil	**I. Grundtypen: Vorsatz- und Fahrlässigkeitsdelikte; Deliktsvarianten; Mehrheit von Beteiligten** **1. Grundtypen: Vorsatz- und Fahrlässigkeitsdelikte** **a) Das vollendete vorsätzliche Begehungs-Erfolgsdelikt**
Tatbestand *Typisierung besonders sozialschädlichen Verhaltens nach dem Bestimmtheitsgebot, § 1*	Objektiver Tatbestand Täter **und** Tathandlung **und** Taterfolg, ergänzt und modifiziert durch weitere deliktsspezifische äußere Merkmale **und** Kausalzusammenhang zwischen Handlung und Erfolg **und** Objektiver Zurechnungszusammenhang zwischen durch die Handlung gesetzem Risiko und Erfolg ⇨ S. 224 Subjektiver Tatbestand Tatbestandsvorsatz im Zeitpunkt der Tathandlung ⇨ S. 225 Deliktsspezifische subjektive Tatbestandsmerkmale, insbesondere Absichten
Als Tatbestandsannex nach dem subjektiven Tatbestand zu prüfen	Vorsatzunabhängige deliktsspezifische Strafbarkeitsbedingungen, z.B. § 113 III
Rechtswidrigkeit *Widerspruch der Tat zur Gesamtrechtsordnung*	Indiziert durch Tatbestandserfüllung (Ausnahme: bei §§ 240, 253 positive Feststellung erforderlich); entfällt bei Vorliegen von Rechtfertigungsgründen
Schuld *Individuelle Vorwerfbarkeit der Tat*	Schuldfähigkeit (§§ 19–21) **und** ggf. Deliktsspezifische Schuldmerkmale (str. z.B. böswillig in § 225) **und** ggf. Vorsatzschuld (str., nur bei Erlaubnistatbestandsirrtum anzusprechen) **und** Fehlen spezieller Entschuldigungsgründe (z.B. §§ 33, 35) **und** Möglichkeit des Unrechtsbewusstseins, § 17
Strafausschließungs-/Strafaufhebungsgründe	▪ z.B. bei Strafvereitelung auch zu eigenen Gunsten/zugunsten eines Angehörigen, § 258 V, VI ▪ tätige Reue, z.B. § 306 e
Verfolgbarkeit	▪ Strafantrag (§§ 77 ff.), wenn angeordnet (z.B. § 123 II) ▪ andere Strafverfolgungsvoraussetzungen oder -hindernisse (z.B. Verjährung, §§ 78 ff.) ⇨ S. 235

I. Grundtypen: Vorsatz- und Fahrlässigkeitsdelikte; Deliktsvarianten; Mehrheit von Beteiligten
1. Grundtypen: Vorsatz- und Fahrlässigkeitsdelikte
b) Das fahrlässige Begehungs-Erfolgsdelikt

Tatbestand	Täter **und** Taterfolg [und ggf. weitere deliktsspezifische Unrechtsmerkmale] **und** Handlung des Täters **und** Kausalzusammenhang [zwischen Handlung und Erfolg] **und** Fahrlässigkeit = objektive Sorgfaltspflichtverletzung bei objektiver Voraussehbarkeit des Erfolges und des wesentlichen Kausalverlaufs **und** Maßstab: objektiv anerkannte Verhaltensnormen eines durchschnittlichen Beteiligten des jeweiligen Verkehrskreises ⚠ *Begrenzung der Sorgfaltspflicht durch „erlaubtes Risiko" und (insbesondere im Straßenverkehr) durch „Vertrauensgrundsatz"* „Durch" Fahrlässigkeit = objektiver Zurechnungszusammenhang/Pflichtwidrigkeitszusammenhang zwischen Risikoschaffung durch fahrlässige Handlung und Erfolg, insbesondere: ▪ Schutzzweck der verletzten Norm ▪ Eigenverantwortliche Selbstgefährdung ▪ Zurechnungsausschluss, wenn Erfolg auch bei rechtmäßigem Alternativverhalten eingetreten wäre
Rechtswidrigkeit	Indiziert durch Tatbestandserfüllung; entfällt bei Vorliegen von objektiven Rechtfertigungsgründen
Schuld	Schuldfähigkeit, §§ 19–21 **und** Spezielle Schuldmerkmale **und** Subjektive Fahrlässigkeit = subjektiver Sorgfaltsverstoß bei subjektiver Voraussehbarkeit des Kausalverlaufs und Erfolges **und** Maßstab: persönliche Fähigkeiten und Kenntnisse des Täters Fehlen von Entschuldigungsgründen, insbesondere Unzumutbarkeit normgemäßen Verhaltens **und** Möglichkeit des Unrechtsbewusstseins, § 17

I. Grundtypen: Vorsatz- und Fahrlässigkeitsdelikte; Deliktsvarianten; Mehrheit von Beteiligten
2. Deliktsvarianten
a) Das erfolgsqualifizierte Begehungsdelikt

= Straftatbestände, die ein selbstständig *strafbares Grunddelikt* durch die *Verwirklichung eines weitergehenden Erfolges* – meist schwere Körperverletzung oder Tod – qualifizieren (z.B. §§ 227, 251, 306 c)

Tatbestand

Vollendung des Grunddelikts: objektiver und subjektiver Unrechtstatbestand der jeweils erforderlichen Vorsatztat

Verwirklichung und objektive Vorwerfbarkeit des qualifizierenden Erfolges:

Eintritt des Erfolges **und**

Kausalzusammenhang zwischen Grunddelikt und Erfolg **und**

Fahrlässigkeit (aufgrund vorsätzlicher Verwirklichung des Grunddelikts objektive Sorgfaltspflichtverletzung indiziert; nur objektive Vorhersehbarkeit des qualifizierenden Erfolges prüfen, str.); sofern gesetzlich angeordnet, *Leichtfertigkeit* hinsichtlich des erschwerenden Erfolges nötig (z.B. § 239 a III); auch bei Vorsatz: § 18 **und**

Objektive Zurechnung des qualifizierenden Erfolges nach allgemeinen Kriterien (sofern nicht Gegenstand des nachfolgenden Prüfungspunktes)

Tatbestandsspezifischer Gefahrzusammenhang: Im qualifizierenden Erfolg muss sich dem Grunddelikt spezifisch anhaftende Gefahr verwirklichen

Rechtswidrigkeit

Entfällt bei Rechtfertigung des Grunddelikts

Schuld

Schuldfähigkeit [§§ 19–21] **und**

ggf. spezielle Schuldmerkmale

Vorsatzschuld [in Bezug auf das Grunddelikt] **und**

Fahrlässigkeitsschuld [hinsichtlich der schweren Folge] **und**

- Subjektive Vorhersehbarkeit der schweren Folge; str., ob darüber hinaus subjektive Pflichtwidrigkeit
- Bei gesetzlichem Erfordernis der Leichtfertigkeit hinsichtlich der schweren Folge: Erkennbarkeit der die Leichtfertigkeit begründenden Umstände für den Täter

Fehlen von Entschuldigungsgründen **und**

Möglichkeit des Unrechtsbewusstseins, § 17

Vorprüfung

Keine Strafbarkeit aus Vollendungstat (Fehlen eines objektiven Tatmerkmals oder fehlende Zurechenbarkeit des Unrechtserfolges) **und**
Strafbarkeit des Versuchs, §§ 23 I, 12 (auch bei Vorsatz-Fahrlässigkeitskombinationen, insbesondere Erfolgsqualifikationen, möglich, §§ 11 II, 18)

Tatbestand

Tatentschluss

Vorbehaltloser Handlungswille **und**
Tatvorsatz hinsichtlich aller objektiven Umstände des Tatbestands, ggf. einschließlich der nach Allg. Teil zusätzlich erforderlichen Tatumstände (§§ 13, 25 I Alt. 2, 25 II); **und**
⚠ *Abgrenzung zum straflosen Wahndelikt und zum straflosen abergläubischen Versuch!*
ggf. besondere subjektive Unrechtselemente, insbesondere etwaige Absichten

Versuchsbeginn, § 22

- i.d.R. bei Teilverwirklichung des jeweiligen Tatbestands
- Bei Handlungen im Vorfeld der Tatbestandsverwirklichung, durch die das Rechtsgut nach Tätervorstellung bereits konkret gefährdet wird
  - Sachverhaltsperspektive des Täters
  - Nach Tatplan keine notwendigen Zwischenakte mehr
- Bei abgeschlossenem Täterhandeln/Unterlassen/mittelbarer Täterschaft nach überwiegender Ansicht schon mit Entlassen des Kausalverlaufs zwecks zeitnaher Erfolgsverwirklichung

Rechtswidrigkeit

Entfällt bei Rechtfertigung der Versuchshandlung

Schuld

Allgemeine Grundsätze

Persönlicher Strafaufhebungsgrund: Rücktritt, § 24

Anwendbarkeit: Tat muss sich noch im Versuchsstadium befinden (nach h.M. ist dies auch noch zu bejahen, wenn im Versuchsstadium bereits Erfolgsqualifikation eingetreten ist) **und**

Bei *Alleintäterschaft*, § 24 I	Bei *Beteiligung mehrerer*, § 24 II
▪ **Bei unbeendetem Versuch** S. 1 Alt. 1: Aufgeben der weiteren Tatausführung	▪ **Bei unbeendetem/beendetem Versuch** S. 1: Verhinderung der Tatvollendung
▪ **Bei beendetem Versuch** S. 1 Alt. 2: Verhinderung der Tatvollendung	▪ **Bei vermeintlich vollendbarem Versuch** S. 2 Alt. 1: ernsthaftes Bemühen um Vollendungsverhinderung
▪ **Bei vermeintlich vollendbarem beendeten Versuch** S. 2: ernsthaftes Bemühen des Täters um Vollendungsverhinderung	▪ **Bei beteiligungsunabhängiger Tatvollendung** S. 2 Alt. 2: ernsthaftes Bemühen um Vollendungsverhinderung

Kein Fehlschlag = Tatvollendung aus Tätersicht möglich, d.h. Rücktrittsvoraussetzungen erfüllbar

Subjektiv: Freiwilligkeit, d.h. autonome, nicht heteronome Motive;
⚠ Bei Zweifeln in dubio pro reo Freiwilligkeit!

c) Das unechte Unterlassungsdelikt

Einschlägiges Deliktsschema jeweils ergänzen um folgendes Unterschema:

Vollendetes vorsätzliches Begehungs-Erfolgsdelikt
⇨ S. 211
Anknüpfungspunkte:
im objektiven Tatbestand bei der **Tathandlung** nach Abgrenzung des aktiven Tuns von der Unterlassung, bei der **Kausalität** und beim **Vorsatz**

Fahrlässiges Begehungs-Erfolgsdelikt
⇨ S. 212
Anknüpfungspunkte:
bei der **Tathandlung** nach Abgrenzung des aktiven Tuns von der Unterlassung und bei der **Kausalität**

Erfolgsqualifiziertes Begehungsdelikt
⇨ S. 213
Anknüpfungspunkte:
beim Grunddelikt im **Tatbestand** nach Abgrenzung des aktiven Tuns von der Unterlassung, bei der **Kausalität** und ggf. beim **Vorsatz**

Versuch
⇨ S. 214
Anknüpfungspunkte:
im **Tatentschluss** bei der Tathandlung nach Abgrenzung des aktiven Tuns von der Unterlassung; Sonderregeln auch beim unmittelbaren Ansetzen

Unterschema:

Nichtvornahme der objektiv gebotenen Handlung bei **tatsächlicher Handlungsmöglichkeit** des Täters

Kausalität nach der abgewandelten conditio sine qua non-Formel

Rechtspflicht zur Erfolgsabwendung, d.h. **Garantenstellung**, § 13 I, 1. Halbs.

- als **Beschützergarant** aus
  - speziellen Rechtssätzen
  - rechtlich fundierter, natürlicher Verbundenheit
  - besonderem Vertrauensverhältnis
  - tatsächlicher Übernahme von Schutzpflichten
  - Amtsträgerstellung
- als **Überwachergarant** aus
  - pflichtwidrigem und gefahrerhöhendem, nicht notwendig strafbarem Vorverhalten (Ingerenz)
  - Beherrschung einer in den eigenen Zuständigkeitsbereich fallenden Gefahrenquelle
  - Verantwortung für einen räumlich abgegrenzten Bereich
  - Pflicht zur Beaufsichtigung

Zumutbarkeit (z.T. auch als Entschuldigungsgrund)

Gleichwertigkeit des Unterlassens, § 13 I a.E.; nur bei verhaltensgebundenen Delikten

Soweit möglich, getrennte Prüfung für jeden Beteiligten.

Nach Ausgrenzung der Delikte, für die der fragliche Beteiligte keine Täterqualität besitzt, einschlägiges Deliktsschema jeweils ergänzen um folgendes Unterschema:

Vollendetes vorsätzliches Begehungs-/Unterlassungsdelikt
⇨ S. 211/215
Anknüpfungspunkte:
im objektiven Tatbestand bei der **Tathandlung** und beim **Vorsatz** zum gemeinschaftlichen Handeln

Erfolgsqualifiziertes Begehungs-/Unterlassungsdelikt
⇨ S. 213/215
Anknüpfungspunkte:
bei vorsätzlichem Grunddelikt im objektiven Tatbestand bei der **Tathandlung** und beim **Vorsatz** zum gemeinschaftlichen Handeln

Versuch des Begehungs-/Unterlassungsdelikts
⇨ S. 214/215
Anknüpfungspunkte:
im **Tatentschluss** beim Vorsatz zum gemeinschaftlichen Handeln, Sonderregeln auch beim **Versuchsbeginn**

Unterschema:

Zurechnung der erfolgsverwirklichenden Handlung des/der anderen beteiligten Täter über § 25 II:

gemeinsamer Tatplan = Einigung zu gemeinsamer Tatverwirklichung **und**

Verursachungsbeiträge der Beteiligten zur Tatausführung

Täterschaftliche Gleichrangigkeit:

- Nach objektiver Theorie wegen funktioneller Tatherrschaft
- Nach subjektiver Theorie wegen Täterwillens (indiziert durch Art und Umfang der Mitwirkung/Tatherrschaft/Interesse am Taterfolg)

Subjektiv: Tatvorsatz mit Willen zur gemeinschaftlichen Tatausführung und Tatherrschaftsbewusstsein

Anwendung des § 28 II:
Tatbestandsverschiebung (h.M.) wegen Fehlens oder Vorliegens strafändernder persönlicher Merkmale ⇨ S. 222

Gemeinsame Prüfung mehrerer als Mittäter geboten, wenn erst durch Zusammenschau der arbeitsteilig erbrachten Beiträge das Unrecht zu erfassen ist. Dann jedes Deliktsmerkmal auf jeden potenziellen Mittäter beziehen und bei der Tathandlung/den Tathandlungen o.g. Unterschema einarbeiten.

Nach Vorprüfung des Tatnächsten als Tatmittler infrage kommenden Beteiligten suchen: Ausgrenzung der Delikte, für die Hintermann keine Täterqualität aufweist.

Einschlägiges Deliktsschema jeweils ergänzen um folgendes Unterschema für den mittelbaren Täter:

Vollendetes vorsätzliches Begehungs-/ Unterlassungsdelikt
⇨ S. 211/215
Anknüpfungspunkte:
im objektiven Tatbestand bei der **Tathandlung** und beim **Vorsatz** zum mittelbar täterschaftlichen Handeln

Erfolgsqualifiziertes Begehungs-/ Unterlassungsdelikt
⇨ S. 213/215
Anknüpfungspunkte:
bei vorsätzlichem Grunddelikt im objektiven Tatbestand bei der **Tathandlung** und beim **Vorsatz** zum mittelbar täterschaftlichen Handeln

Versuch des Begehungs-/ Unterlassungsdelikts
⇨ S. 214/215
Anknüpfungspunkte:
im **Tatentschluss** beim Vorsatz zum mittelbar täterschaftlichen Handeln, Sonderregeln auch beim **Versuchsbeginn**

Zurechnung der erfolgsverwirklichenden Handlung eines anderen über § 25 I Alt. 2:

Eigener **Verursachungsbeitrag** (Veranlassung/ Förderung) der Fremdhandlung durch den Hintermann **und**

Mittelbar täterschaftliche **Steuerung** der Fremdhandlung:

- Nach objektiver Theorie wegen handlungssteuernder **Tatherrschaft**:
  - Grds. begründet durch **Verantwortungsprinzip**, d.h. wenn **Strafbarkeitsmangel** des Vordermannes und entsprechendes **überlegenes Wissen oder überlegener Wille** des Hintermannes vorliegt; das gilt auch, wenn Tat durch einen vorsätzlich handelnden Vordermann ohne Täterqualität/ ohne deliktsspezifische Absicht ausgeführt wird und Hintermann entspr. Täterqualität/ deliktsspezifische Absicht besitzt (str.)
  - Ausnahmsweise auch, wenn Fallgruppe **„Täter hinter dem Täter"** vorliegt, nämlich bei Ausnutzung eines Irrtums des Vordermannes über den konkreten Handlungssinn seiner Tat oder bei Organisationsherrschaft des Hintermannes
- Nach subjektiver Theorie wegen Täterwillens, indiziert vor allem durch Tatherrschaft

Anwendung des § 28 II:
Tatbestandsverschiebung (h.M.) wegen Fehlens oder Vorliegens strafändernder persönlicher Merkmale ⇨ S. 222

c) Teilnahme durch Anstiftung oder Beihilfe

Nach Ausgrenzung täterschaftlicher Beteiligung und nach Vorprüfung des Haupttäters

Tatbestand

Objektiver Tatbestand

Haupttat (limitiert akzessorisch)

Objektiver u. subjektiver Tatbestand eines Vorsatzdelikts **und**

- Vollendete/versuchte Begehungs- oder Unterlassungstat ⇨ S. 211/214/215
- Vollendeter oder versuchter Vorsatzteil eines Vorsatz-Fahrlässigkeitsdelikts, insbesondere Erfolgsqualifikation (vgl. § 11 II) ⇨ S. 212/213

Rechtswidrigkeit der Haupttat

Ggf. Verwirklichung vorsatzunabhängiger Tatbestandselemente

Teilnehmerbeitrag

- Anstiftung, § 26: „Bestimmen" = Hervorrufen des Tatentschlusses durch psychische Beeinflussung (h.M.); auch in „Mittäterschaft" oder „mittelbarer Täterschaft" (dann zusätzlich ⇨ S. 216/217)
- Beihilfe, § 27: „Hilfeleisten" = psychische oder physische Förderung der Haupttat; auch durch Unterlassen (dann zusätzlich ⇨ S. 215) oder in „Mittäterschaft" oder „mittelbarer Täterschaft" ⇨ S. 216/217

Subjektiver Tatbestand („doppelter" Teilnehmervorsatz)

Zumindest Eventualvorsatz bzgl. der Haupttat = Verwirklichung aller objektiven **und** subjektiven Tatbestandsmerkmale durch den Haupttäter **und** Rechtswidrigkeit der Haupttat; zusätzlich Vollendungswille und Konkretisierung der Haupttat als „umrisshaftes Geschehen"; **und**
Zumindest Eventualvorsatz bzgl. des eigenen Teilnehmerbeitrags

Bei Vorsatz-Fahrlässigkeitskombinationen zusätzlich eigener Sorgfaltsverstoß

Tatbestandsverschiebung

Anwendung des **§ 28 II:** Akzessorietätsdurchbrechung bei Fehlen oder Vorliegen strafändernder persönlicher Merkmale (⇨ S. 222)

Rechtswidrigkeit

Entfällt bei Rechtfertigung der Teilnahmehandlung

Schuld

Allgemeine Grundsätze

Benannte Strafmilderungen

- Obligatorische Strafmilderung beim Gehilfen, § 27 II 2
- Obligatorische Strafmilderung, wenn beim Teilnehmer besondere persönliche Merkmale fehlen, die die Strafbarkeit des Haupttäters begründen, § 28 I ⇨ S. 222

I. Grundtypen: Vorsatz- und Fahrlässigkeitsdelikte; Deliktsvarianten; Mehrheit von Beteiligten
3. Täterschaft und Teilnahme
d) Strafbare Vorstufen der Tatbeteiligung
aa) Versuchte (Ketten-)Anstiftung, § 30 I

Vorprüfung	Keine Anstiftung zur vollendeten oder versuchten Haupttat **und** Strafbarkeit der versuchten Anstiftung nur, wenn angesonnene Straftat Verbrechen ist oder auf § 30 I gesetzlich verwiesen wird (z.B. § 159)
Tatbestand	Tatentschluss Vorsatz bzgl. geplanter Haupttat hinsichtlich objektiver und subjektiver Tatbestandsmerkmale der Haupttat, hinreichend konkretisiert **und** Rechtswidrigkeit der Haupttat **und** Erfolgswille **und** Vorsatz bzgl. der eigenen (Ketten-)Anstiftungshandlung Unmittelbares Ansetzen Beginn der Anstiftungshandlung aus Sicht des Handelnden
Rechtswidrigkeit	Entfällt bei Rechtfertigung der Anstiftungshandlung
Schuld	Allgemeine Grundsätze
Persönlicher Strafaufhebungsgrund	Rücktritt, § 31, vgl. die Struktur nach § 24 ⇨ S. 214
Obligatorische Strafmilderung	§ 30 I 2

I. Grundtypen: Vorsatz- und Fahrlässigkeitsdelikte; Deliktsvarianten; Mehrheit von Beteiligten
3. Täterschaft und Teilnahme
d) Strafbare Vorstufen der Tatbeteiligung
bb) Verabredung zum Verbrechen etc., § 30 II

Tatbestand

Objektiver Tatbestand

Bezugstat: Konkret geplantes Verbrechen (oder Anstiftung dazu) **und**

Vorstufen der Tatbeteiligung:

- Anstiftung:

  Mod. 2: Annahme des Erbietens desjenigen, der sich bereit erklärt hat
- Täterschaft:
  - Mod. 1: Sichbereiterklären
    - Annahme der Anstiftung
    - Sicherbieten
  - Mod. 3: Verabredung zur mittäterschaftlichen Begehung/ gemeinsamen Anstiftung

Subjektiver Tatbestand

Vorsatz und Erfolgswille hinsichtlich der Bezugstat **und**

⚠ *Kenntnis der Identität des anderen Beteiligten nicht erforderlich!*

Vorsatz zur Beteiligung i.S.v. § 30 II

Rechtswidrigkeit

Entfällt bei Rechtfertigung der Vorbereitungshandlung

Schuld

Allgemeine Grundsätze

Persönlicher Strafaufhebungsgrund

Rücktritt, § 31, vgl. die Struktur nach § 24 ⇨ S. 214

Obligatorische Strafmilderung

§ 30 II, I 2

Konkurrenzen

Tritt in Gesetzeskonkurrenz hinter Strafbarkeit wegen Beteiligung am Versuch oder an der vollendeten geplanten Tat zurück?

I. Grundtypen: Vorsatz- und Fahrlässigkeitsdelikte; Deliktsvarianten; Mehrheit von Beteiligten
3. Täterschaft und Teilnahme
e) Strafbarkeitsausdehnung bei Sonderdelikten, § 14

Einschlägiges Deliktsschema ergänzen um folgendes Unterschema:

Deliktsschema	Unterschema
Tatbestand eines Sonderdelikts → Sondereigenschaft → Zwar bei einem Rechtssubjekt gegeben, dieses hat aber nicht gehandelt	Vertretungsverhältnis nach § 14 I–III **§ 14 I** ▪ Nr. 1: vertretungsberechtigte Organe (deren Mitglieder) einer juristischen Person ▪ Nr. 2: vertretungsberechtigte Gesellschafter einer Personenhandelsgesellschaft ▪ Nr. 3: gesetzlicher Vertreter eines anderen (Eltern/Pfleger/Insolvenzverwalter etc.) **§ 14 II** Rechtsgeschäftlich begründete Vertretungsverhältnisse selbstständig und eigenverantwortlich handelnder Beauftragter in Betrieben (S. 1)/Unternehmen (S. 2)/Stellen der öffentlichen Verwaltung (S. 3) } Unabhängig von der Wirksamkeit des Bestellungsakts, § 14 III
→ Für den Normadressaten hat ein anderer gehandelt, der selbst nicht Normadressat ist. Anknüpfung im objektiven Tatbestand bei der Täterqualität und im subjektiven Tatbestand beim Vorsatz bzw. bei Fahrlässigkeitsdelikten im Tatbestand und in der Schuld	Sonderdeliktseigenschaft muss strafbegründendes besonderes persönliches Merkmal sein ▪ Statusbezeichnung mit besonderen Pflichten ▪ Täterbeschreibung, bei der typischerweise Handeln durch andere ▪ Täterkreis, vor dem das jeweilige Rechtsgut besonders geschützt werden muss Handlung muss in innerem Zusammenhang mit Vertreteraufgabe stehen Vorwerfbarkeit ▪ bei Vorsatztaten: Vorsatz bzgl. der Umstände, die die Haftungsausdehnung begründen ▪ bei Fahrlässigkeitstaten: objektiv und subjektiv Kennenmüssen der Umstände, die die Haftungsausdehnung begründen

Tatbezogene Merkmale = Beschreibung der besonderen Gefährlichkeit/der Ausführungsart/des sachlichen Unrechts des jeweiligen Delikts	Bei Tatbestandsmerkmalen genügt Kenntnis des jeweiligen Tatbeteiligten gemäß § 16 I 1 Bei Unkenntnis der Verwirklichung keine Vorsatzhaftung (= Exzess) ⚠ *Für tatbezogene Merkmale von Regelbeispielen gilt § 16 analog!*
Täterbezogene persönliche Merkmale = Motive/Tendenzen zur Kennzeichnung der Einstellung des Täters zur Tat/Merkmale höchstpersönlicher Pflichtenbindung	Strafbegründender Art ▪ Bei Divergenzen zwischen Tätern: Täter nur, wer das Merkmal selbst erfüllt ▪ Wenn beim Haupttäter vorhanden, beim Teilnehmer dagegen nicht (aber diesem das Merkmal in der Person des Haupttäters bekannt, § 16 ⇨ § 28 I: obligatorische Strafmilderung) ▪ Beim Handelnden nicht vorhanden, beim Mitwirkenden dagegen vorhanden Mitwirkender mittelbarer Täter Handelnder „qualifikationslos doloses Werkzeug" und Gehilfe Strafschärfender/strafmildernder/strafausschließender Art ▪ Bei Divergenzen zwischen Tätern: gemäß § 28 II für jeden Täter unterschiedliche Tatbestandswahl ▪ Bei Divergenzen zwischen Haupttäter und Teilnehmer: gemäß § 28 II Durchbrechung der Akzessorietät und „Tatbestandsverschiebung" ⚠ *Für personenbezogene Regelbeispiele gilt § 28 II analog!*

II. Wichtige Einzelstrukturen
1. Elemente des Tatbestandsvorsatzes

Vorsatzzeitpunkt

Gem. § 16 I 1 „bei Begehung der Tat", d.h. gem. § 8 im Zeitpunkt der Täterhandlung, in welchem diese nach Maßgabe von § 22 die Versuchsschwelle überschreitet; Deliktswille vor Versuchsbeginn und nach Tatbeendigung ist unschädlich ⇨ bei Vorsatzbildung nach Vornahme der rechtsgutgefährdenden Handlung Nichthinderung des Erfolges unter dem Gesichtspunkt **unechter Unterlassungsdelikte** (⇨ S. 215 prüfen

Vorsatzgegenstand

Gem. § 16 I 1: Umstände, die zum gesetzlichen Tatbestand gehören; das sind:

geschriebene und ungeschriebene deliktsspezifische Merkmale **und**

vorsatzbedürftige Umstände, die nach dem Allgemeinen Teil zum jeweiligen Deliktstyp gehören

Konkretisierung in der Tätervorstellung

Faktenkenntnis; nicht notwendig reflektiert, auch bloßes Mitbewusstsein genügt (= Sachverhaltsebene) **und**

Bedeutungskenntnis des sozialen Sinngehalts bzw. zutreffende Parallelwertung in der Laiensphäre (= rudimentäre normative Ebene)

⇨ Bei Fehlen: Vorsatzausschluss gem. § 16 I 1, ggf. **Fahrlässigkeitsdelikt**, § 16 I 2

⇨ Bei irriger Annahme: **(untauglicher) Versuch**

⚠ *Nicht zum Vorsatz gehören:*

- *Identität des Tatopfers oder Tatobjekts* ⇨ S. 225
- *Irgendeine, geschweige denn richtige Subsumtion*
- *Unrechtsbewusstsein; bei fehlendem Unrechtsbewusstsein und Unvermeidbarkeit* ⇨ Schuldausschluss gem. § 17 S. 1
- *Strafbarkeitsbewusstsein; Fehlen bei potenziellem Unrechtsbewusstsein unbeachtlich*

Vorsatzgrade	Absicht, dolus directus 1. Grades	Direkter Vorsatz, dolus directus 2. Grades	Eventualvorsatz, dolus eventualis
kognitiv	Tatbestandsverwirklichung aus Tätersicht sicher oder möglich	Tatbestandsverwirklichung aus Tätersicht sicher	Tatbestandsverwirklichung aus Tätersicht möglich
voluntativ	zielgerichteter Erfolgswille	Erfolg kann sogar unerwünscht sein	Erfolg wird billigend in Kauf genommen, d.h. Täter findet sich damit ab (str.)

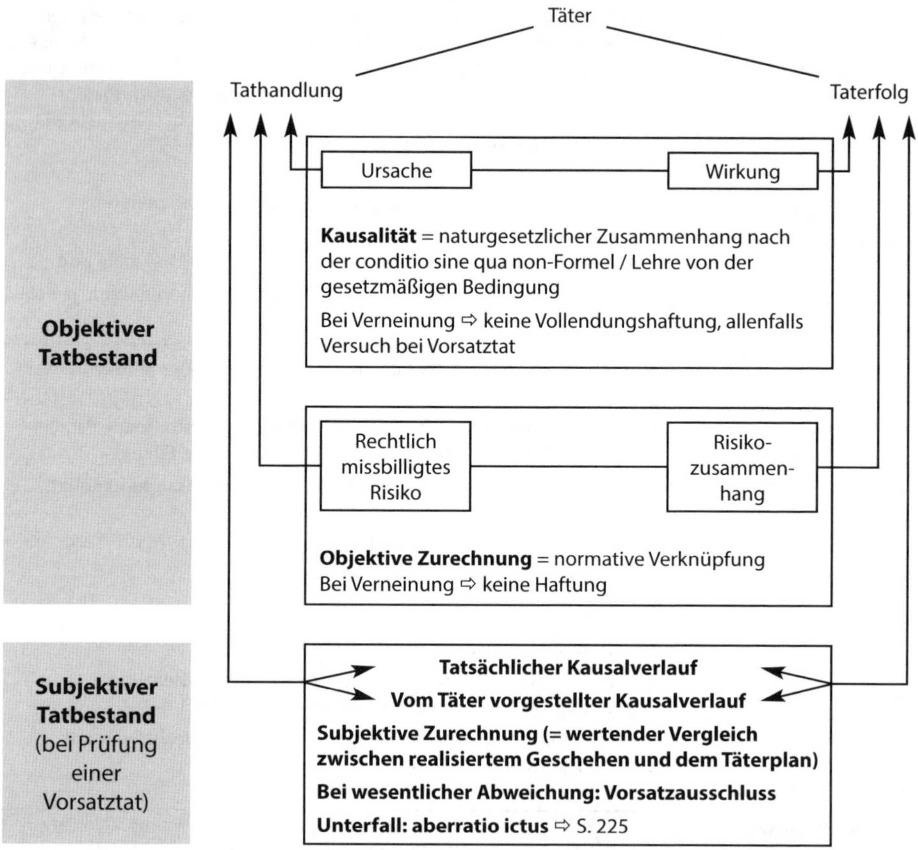
Täter
Tathandlung
Taterfolg
Objektiver Tatbestand
Ursache
Wirkung
Kausalität = naturgesetzlicher Zusammenhang nach der conditio sine qua non-Formel / Lehre von der gesetzmäßigen Bedingung
Bei Verneinung ⇨ keine Vollendungshaftung, allenfalls Versuch bei Vorsatztat
Rechtlich missbilligtes Risiko
Risiko-zusammen-hang
Objektive Zurechnung = normative Verknüpfung
Bei Verneinung ⇨ keine Haftung
Subjektiver Tatbestand (bei Prüfung einer Vorsatztat)
Tatsächlicher Kausalverlauf
Vom Täter vorgestellter Kausalverlauf
Subjektive Zurechnung (= wertender Vergleich zwischen realisiertem Geschehen und dem Täterplan)
Bei wesentlicher Abweichung: Vorsatzausschluss
Unterfall: aberratio ictus ⇨ S. 225

3. Zielverfehlungen (error in persona; aberratio ictus)

Subjektiver Tatbestand

Vorsatz in Bezug auf die **tatbestandlich umschriebenen Umstände?** (⇨ S. 223)

- Bei tatbestandlicher Ungleichwertigkeit:
  Vorsatzausschluss, § 16 I 1; ggf. Fahrlässigkeitstat, § 16 I 2
- Bei tatbestandlicher Gleichwertigkeit weiterprüfen

Zielverfehlung vorsatzrelevanter Tatumstand?

- Bei **dolus eventualis** bzgl. des getroffenen Tatopfers/-objekts
  ⇨ Zielverfehlung unbeachtlich
- Bei **error in persona vel in obiecto** = Verwechslung des Tatobjekts/-opfers aufgrund fehlerhafter Wahrnehmung oder fehlerhafter Zuordnung von Gegenständen/Umständen zur Identifikation des Tatobjekts/-opfers
  ⇨ Zielverfehlung für Täter unbeachtlich; dann auch keine Bestrafung aus untauglichem Versuch am richtigen Tatobjekt/-opfer
  ⇨ Auswirkungen auf Tatbeteiligte: auch für Mittäter unbeachtlich, sofern nicht deren eigene Rechtsgüter betroffen sind; auch für mittelbare Täter unbeachtlich, sofern Tatmittler eigene Auswahlbefugnis hatte; für Anstifter und Gehilfen keine aberratio ictus, sondern nur nach Regeln der Kausalabweichung zu behandeln (h.M., str.)
- Bei **aberratio ictus** = Fehlgehen der Tat aufgrund eines abweichenden Kausalverlaufs
  ⇨ Zielverfehlung für Täter nach herrschender Konkretisierungstheorie als wesentliche Kausalabweichung Vorsatz ausschließend
  Folge danach: Versuch bzgl. des Gewollten und Fahrlässigkeit bzgl. des Verwirklichten, § 16 I 2
  ⇨ Tatbeteiligte strafbar aus Beteiligung am Versuch; ggf. eigene Fahrlässigkeitshaftung

II. Wichtige Einzelstrukturen
4. Fehlen objektiver bzw. subjektiver Rechtfertigungselemente

Unkenntnis des Täters von der objektiv gegebenen Rechtfertigung	
Rechtswidrigkeitsebene	Prüfung der objektiven Merkmale des infrage kommenden Rechtfertigungsgrundes; nach Bejahung: Feststellung des fehlenden subjektiven Rechtfertigungselements Folge: nach h.Lit. fehlender Erfolgsunwert und nur Handlungsunwert ⇨ bei Fahrlässigkeitsdelikt: Straflosigkeit ⇨ bei Vorsatztat: Bestrafung aus Versuch (sofern strafbar)

Irrige Annahme der Rechtfertigung der eigenen Vorsatztat	
Tatbestandsebene	Objektiver Tatbestand Feststellung aller deliktsspezifischen Merkmale Subjektiver Tatbestand Feststellung, dass der Täter zumindest in Bezug auf die Umstände des gesetzlichen Tatbestandes vorsätzlich gehandelt hat
Rechtswidrigkeitsebene	Prüfung der objektiven Merkmale des in Betracht kommenden Rechtfertigungsgrundes Nach Verneinung Zwischenergebnis: **objektive Rechtswidrigkeit der Tat**
Eigenständige Prüfung außerhalb des Verbrechensaufbaus*	Feststellung, dass dem Täter das Unrechtsbewusstsein fehlte, weil er glaubte, gerechtfertigt zu handeln Darstellung u. Ablehnung der Vorsatztheorie und der strengen Schuldtheorie Subsumtion, ob nach zugrunde gelegter eingeschränkter Schuldtheorie **Erlaubnistatbestandsirrtum** vorgelegen hat ▪ Irrtum über den Sachverhalt ▪ hypothetische Rechtfertigung bei Zugrundelegung der irrigen Tätervorstellung ⇨ Bei Bejahung: kurze Darstellung der Untermeinungen (Lehre von den negativen Tatbestandsmerkmalen, Unrechtstheorie; rechtsfolgenverweisende Schuldtheorie) und **Verneinung der Vorsatztat** ⇨ Fahrlässigkeitstat weiterprüfen (sofern strafbar) ⇨ Bei Verneinung: Übergang zur Schuldprüfung
Schuld	Vermeidbarkeit/Unvermeidbarkeit des Erlaubnisirrtums, § 17

* In einer Klausur auch Darstellung des Problems in der Schuld möglich, allerdings nur unter Zugrundelegung der strengen/rechtsfolgenverweisenden eingeschränkten Schuldtheorie!

II. Wichtige Einzelstrukturen

5. Unrechts-/Schuldausschlussgründe und ihre Vernetzung

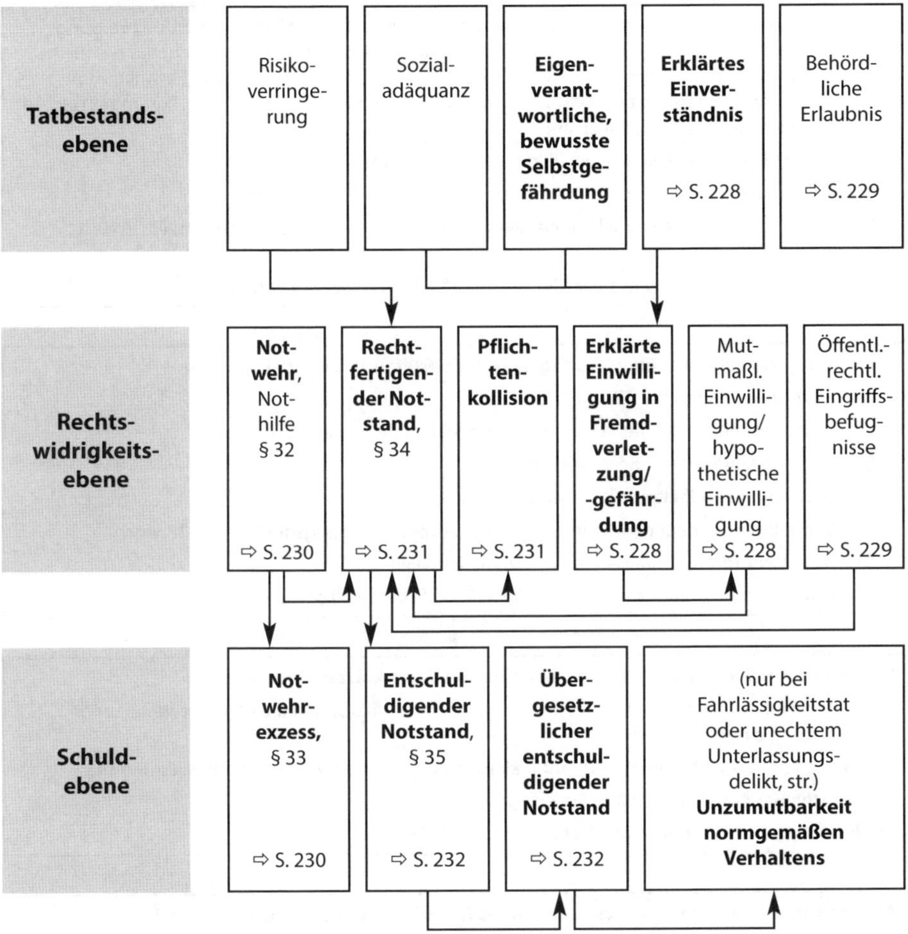

Die Pfeile zwischen den Kästchen geben an, welches verwandte Rechtsinstitut nach Verneinung des vorhergehenden ggf. weiterzuprüfen ist.

II. Wichtige Einzelstrukturen
5. Unrechts-/Schuldausschlussgründe und ihre Vernetzung
a) Einverständnis (Tatbestandsausschluss); Einwilligung (Rechtfertigungsgrund)

Einverständnis = Tatbestandsausschluss bei solchen Delikten, deren Tatbestandsbeschreibung Handeln gegen den Willen des Rechtsgutträgers voraussetzt; bei erklärtem Verzicht auf rechtliche Position Wirksamkeit nach denselben Voraussetzungen wie bei rechtfertigender Einwilligung; ist der Verzicht nur ein Realakt (insbesondere bei Gewahrsamswechsel bei § 242), kommt es nur auf den tatsächlich vorhandenen Willen an:

- natürliche Willensfähigkeit des Einwilligenden genügt **und**
- ausreichend ist bewusste innere Zustimmung (nicht bloße Duldung) **und**
- Irrtümer sind grds. unbeachtlich (außer wenn Tatbestand auch listiges Täterhandeln erfasst, z.B. §§ 234, 235 I Nr. 1) **und**
- Kenntnis vom Einverständnis beim Täter nicht erforderlich (bei Unkenntnis aber Versuch)

Rechtfertigende erklärte Einwilligung in Fremdverletzung und -gefährdung

- zulässig nur bei disponiblen Rechtsgütern **und**
- vom Berechtigten vor der Tat erklärt, zwischenzeitlich nicht widerrufen **und**
- Einwilligungsfähigkeit des Berechtigten **und**
- Ernstlichkeit und Freiheit von Willensmängeln **und**
- kein Verstoß der Tat gegen die guten Sitten bei Körperverletzungsdelikten, § 228, **und**
- subjektiv: Kenntnis und Handeln aufgrund der Einwilligung

⚠ *Bei Einwilligung in ärztliche Heileingriffe §§ 630 d ff. BGB beachten!*

↓

Hypothetische Einwilligung bei Willensmängeln der erklärten Einwilligung

- Rechtsgutinhaber hätte auch bei ordnungsgemäßer Aufklärung in die konkrete Verletzung/ Gefährdung eingewilligt **und**
- Zulässigkeit und Wirksamkeit – bis auf Erklärung selbst – wie bei erklärter Einwilligung **un**
- subjektiv: Handeln aufgrund der Einwilligung

⚠ *Bei ärztlichen Heileingriffen nach § 630 h II 2 BGB zu beachten (str.).*

Mutmaßliche Einwilligung (nach h.M. nur als Rechtfertigungsgrund anerkannt)

- Subsidiarität gegenüber erklärtem oder noch rechtzeitig einholbarem Willen (außer bei offensichtlicher Interessenpreisgabe) **und**
- Zulässigkeit und Wirksamkeit – bis auf Erklärung selbst – wie bei erklärter Einwilligung **und**
- Übereinstimmung mit mutmaßlichem Willen des Rechtsgutinhabers **und**
- subjektiv: gewissenhafte Prüfung und Absicht des Täters, dem mutmaßlichen Willen des Rechtsgutinhabers zu entsprechen

⚠ *Für ärztliche Heileingriffe in § 630 d I 4 BGB geregelt!*

Behördliche Erlaubnis

Wirkt tatbestandsausschließend, wenn schon gesetzliche Unrechtsbeschreibung Handeln „ohne Erlaubnis" als Tatbestandsmerkmal enthält

- Wirksamkeit richtet sich nach formellem Bestand i.S.d. Verwaltungsrechts
- Sonderfall § 330 d I Nr. 5

Wirkt rechtfertigend in allen übrigen Fällen zulässiger Rechtsgutdisposition durch die Behörde

- Wirksamkeit richtet sich nach formellem Bestand i.S.d. Verwaltungsrechts
- Nur die Berufung auf deliktisch erlangte Erlaubnis ist wegen Rechtsmissbrauchs ausgeschlossen

Rechtfertigung von Amtsträgern bei Handeln aufgrund öffentlich-rechtlicher Eingriffsbefugnisse (strafrechtlicher Rechtmäßigkeitsmaßstab)

Sachliche und örtliche Zuständigkeit des handelnden Amtsträgers **und**

Einhaltung der wesentlichen Regeln, des Ob und Wie der Maßnahme

- Ermächtigungsgrundlage muss existieren und ihre Voraussetzungen müssen erfüllt sein
- Vollzugsregeln, die zumindest auch dem Schutz des Betroffenen dienen, müssen beachtet worden sein

} nicht vorwerfbarer Irrtum des Amtsträgers ist unschädlich („Irrtumsprivileg des Staates")

pflichtgemäße Ausübung etwa bestehenden Ermessens **und**

subjektiv: Wille, zum Zweck der Amtsausübung tätig zu sein

Spezialfall: Handeln des Bürgers aufgrund öffentlich-rechtlicher Eingriffsbefugnis –
Vorläufige Festnahme, § 127 I 1 StPO

Frische (rechtswidrige und schuldhafte Straf-)Tat, nach h.M. tatsächlich begangen, nach a.A. zumindest dringender Tatverdacht **und** Betroffensein des Festgenommenen in räumlichem und zeitlichem Zusammenhang zur Tatbegehung; **und** Fluchtverdacht oder Identität nicht sofort feststellbar

Eingriff in persönliche Fortbewegungs- und Willensfreiheit; geringfügige Verletzungen (str.) **und**

Verhältnismäßigkeit (insbesondere darf keine ernsthafte Leibes- oder Lebensgefahr durch die Festnahme entstehen) **und**

subjektiv: Kenntnis der Straftat und Festnahmeabsicht (str.)

c) Notwehr und Nothilfe, § 32 (Rechtfertigungsgründe); Notwehrexzess, § 33 (Entschuldigungsgrund)

Notwehr, § 32

Notwehrlage: Angriff = Bedrohung rechtlich geschützter Interessen durch menschliches Verhalten, durch aktives Tun oder pflichtwidriges Unterlassen, gegenwärtig = steht unmittelbar bevor/läuft gerade ab/ist noch nicht beendet und rechtswidrig = wenn vom Opfer nicht zu dulden; a.A.: wenn Widerspruch zur Verhaltensordnung – ⚠ *sonst: Notstandsregeln*

Notwehrhandlung:

„Verteidigung" = nur in Rechtsgüter des Angreifers – ⚠ *sonst: Notstandsregeln*

Notwehrschranken:

Erforderlichkeit der Verteidigungshandlung, um den Angriff sofort und wirksam abzuwehren (nur bei gleich effektiven Handlungsalternativen ist diejenige geringerer Eingriffsintensität zu wählen), bei Einsatz lebensgefährlicher Waffen 3-Stufen-Folge zu beachten **und**

Gebotenheit = Einschränkungen des Notwehrrechts bei:

- Bagatellangriffen/krassem Missverhältnis zwischen verteidigtem und durch Notwehrhandlung beeinträchtigtem Rechtsgut,
- vorwerfbar herbeigeführter Notwehrlage; bei Absichtsprovokation sogar Ausschluss des Notwehrrechts,
- Angriff schuldlos Handelnder,
- enger persönlicher Beziehung zwischen Angreifer und Verteidiger (str.),
- Art. 2 II a EMRK (staatlicher) Folter als Nothilfe im Hinblick auf Art. 104 I 2 GG, Art. 1 UN-Anti-Folter-Konvention, Art. 3 EMRK (str.).

Subjektiv: Kenntnis der Notwehrlage und Handeln zur Abwehr des Angriffs (Verteidigungsabsicht, str.)

Nothilfe, § 32

Nothilfelage: Angriff (auf andere Person als den Verteidiger; aber nicht auf den Staat, da dieser kein „anderer"), gegenwärtig und rechtswidrig

Nothilfehandlung:

Verteidigung (wie bei Notwehr) **und**

Notwehrschranken:

Erforderlichkeit (wie bei Notwehr) **und**

Gebotenheit (wie bei Notwehr, Einschränkungen in der Person des Angegriffenen gelten auch für den Verteidiger; Nothilfe darf ferner nicht gegen den Willen des Angegriffenen aufgedrängt werden)

Subjektiv: Kenntnis der Notwehrlage und Nothilfewille (str.)

Notwehrexzess, § 33

Notwehr- oder Nothilfelage, d.h. noch gegenwärtiger rechtswidriger Angriff **und**

⚠ *§ 33 (–) bei extensivem (str.) oder Putativnotwehrexzess*

Überschreitung der Erforderlichkeit oder Gebotenheit (str.) der Notwehrhandlung **und**

Asthenischer Affekt: Verwirrung, Furcht, Schrecken, verursacht durch Angriff **und**

⚠ *Nicht gegeben bei vorherigem planmäßigen Eintritt in eine Auseinandersetzung unter Ausschaltung der Polizei*

Innerer Zusammenhang zwischen Affekt und Notwehrüberschreitung; nach h.M. auch bei bewusstem Handeln

II. Wichtige Einzelstrukturen
5. Unrechts-/Schuldausschlussgründe und ihre Vernetzung
d) Rechtfertigender Notstand, § 34; rechtfertigende Pflichtenkollision

Notstand und Notstandshilfe, § 34

Notstandslage: Gefahr für ein beliebiges Rechtsgut oder rechtlich geschütztes Interesse des Täters oder eines Dritten (dann: Notstandshilfe); gegenwärtig, auch bei sog. Dauergefahr **und**

Notstandsschranken:

Gefahr nicht anders abwendbar (= Erforderlichkeit bei § 32) **und**

Interessenabwägung: wesentliches Überwiegen zugunsten des Erhaltungsguts, § 34 S. 1; Kriterien:

- Abstraktes Rangverhältnis der betroffenen Güter
- Konkrete Gewichtung nach Intensität und Umfang des drohenden Schadens/Grad der drohenden Gefahr/Höhe der Rettungschance
- Beim defensiven Notstand (also gegen den Gefahrurheber) aus dem Rechtsgedanken des § 228 BGB Maßnahmen erlaubt, die nicht unverhältnismäßig hohen Schaden anrichten

⚠ *Daher: Keine Rechtfertigung der Tötung, auch nicht im Defensivnotstand!*

Angemessenheit (Einschränkungen des Notstandsrechts), § 34 S. 2; Fallgruppen:

- Tat darf nicht gegen oberste Rechtsprinzipien verstoßen, insbesondere keine Rechtfertigung des Nötigungsnotstands (str.)/kein Eingriff in unantastbare Freiheitsrechte
- Keine Duldungspflichten (vgl. § 35 I 2): aus besonderer Rechtsstellung/wenn Duldung vom Gesetzgeber gewollte Folge einer anderen Regelung ist/bei verschuldeter Notstandslage

Subjektiv: Kenntnis der Gefahrenlage und Gefahrabwendungswille (str.)

Rechtfertigende Pflichtenkollision
(gewohnheitsrechtliche Rechtfertigung bei Unterlassungstaten)

Zusammentreffen mehrerer rechtlich begründeter Rettungspflichten in der Weise, dass eine nur auf Kosten der anderen erfüllbar ist **und**

Rechtliche Gleichwertigkeit der Handlungspflichten **und**

Täter muss durch Erfüllung einer Handlungspflicht das ihm erlaubte Wahlrecht ausgeübt haben

Subjektiv: Kenntnis des Konflikts und Rettungswille (str.)

Entschuldigender Notstand, § 35 Abs. 1

Notstandslage: Gefahr nur für Leib/Leben/(Fortbewegungs-)Freiheit für den Täter/Angehörige/nahestehende Personen **und** Gegenwärtigkeit der Gefahr

Notstandsschranken:

Gefahr nicht anders abwendbar (= Erforderlichkeit bei § 32, aber unter Berücksichtigung zumutbarer Handlungsalternativen) **und**

⚠ *Keine Interessenabwägung*

Hinnahme der Gefahr darf dem Täter nicht zumutbar sein, § 35 I 2;
Fallgruppen von Zumutbarkeit:

- Besonderes Rechtsverhältnis
- (pflichtwidrige) Gefahrverursachung
- Sonstige Gefahrtragungspflichten, z.B. aus Garantenstellung oder wegen Unverhältnismäßigkeit des durch den Eingriff drohenden Schadens

Subjektiv: Kenntnis der Gefahrenlage und Gefahrabwendungswille und pflichtgemäße Prüfung etwaiger Abwendungsmöglichkeiten der Gefahrenlage (str.)

Übergesetzlicher entschuldigender Notstand, § 35 analog

Anwendbarkeit nur in Fällen fehlender Rechtfertigung oder Entschuldigung nach sonstigen Regeln, sofern deren Verneinung wegen des abschließenden Charakters nicht schon für sich eine Berufung auf sonstige Rechtfertigungs- oder Entschuldigungsgründe ausschließt;
str., ob sich Staatsorgane auf übergesetzlichen Notstand berufen dürfen

Notstandslage: nur Gefahr für Leben; gegenwärtig

Notstandsschranken:

Erforderlichkeit der Eingriffshandlung als letztes Rettungsmittel **und**

Täter muss bei ethischer Gesamtbewertung nach einer Ansicht nur erheblich schwereres Unheil verhindert haben, nach a.A. dürfen nur unrettbar betroffene Rechtsgüter geopfert werden (Hauptfall bei „quantitativem Lebensnotstand") **und**

Hinnahme der Gefahr darf wie bei § 35 nicht zumutbar sein

Subjektiv: gewissenhafte Prüfung der Gefahrenlage und anderweitiger Abwendungsmöglichkeiten sowie Rettungswille

Prüfung aller im Rausch begangenen Delikte getrennt

Anknüpfung der Prüfung an die erfolgsnächste Handlung

	Vorsatzdelikte, einschl. Erfolgsqualifikation	Fahrlässigkeitsdelikte
Tatbestand	Subsumtion der deliktsspezifischen Merkmale	
Rechtswidrigkeit	entfällt bei Rechtfertigung (trotz Rausches des Täters)	
Schuld	Feststellung der Schuldunfähigkeit im Zeitpunkt der Begehung (i.d.R. ab 3,0 ‰ **und** entsprechenden psychodiagnostischen Symptomen) Problematisierung der Rechtsfigur der actio libera in causa; nach h.Lit. actio libera in causa generell unzulässig; nach BGH (4. Strafsenat):	

actio libera in causa jedenfalls bei allen **verhaltensgebundenen vorsätzlichen oder fahrlässigen Verkehrsdelikten** (wohl auch bei sonstigen verhaltensgebundenen Delikten) unzulässig

↓

actio libera in causa nach BGH (4. Strafsenat) allenfalls auf Tatbestandslösung (= Vorverlagerungstheorie) zu stützen und nach BGH (3. Strafsenat) nach wie vor bei verhaltensneutralen Nicht-Verkehrsdelikten anwendbar	actio libera in causa bei allen **fahrlässigen verhaltensneutralen** Delikten unnötig, weil hierbei Vorverlagerung des Anknüpfungspunktes für die Strafbarkeit ohne Weiteres möglich

Soweit actio libera in causa nach Vorgenanntem noch anwendbar → **Vorsatzdelikte i.V.m. vorsätzlicher actio libera in causa**

Sofern verhaltensneutrales Delikt → **Fahrlässigkeitsprüfung ohne actio libera in causa**

Neue Prüfung ansetzen: Anknüpfung an die Herbeiführung des § 20

Tatbestand

Verursachung der deliktsspezifischen Merkmale durch Herbeiführung der Schuldunfähigkeit

„Doppelvorsatz" im Zeitpunkt der Herbeiführung des § 20 | Objektive „Doppel"-Fahrlässigkeit

In Bezug auf die später im Zustand des § 20 begangene Tat **und**
in Bezug auf die Herbeiführung des § 20

Rechtswidrigkeit

der Herbeiführung des § 20

Schuld

bzgl. der Herbeiführung des § 20

Soweit Voraussetzungen der actio libera in causa nicht gegeben sind bzw. actio libera in causa nicht anwendbar ist:

Vollrausch, § 323 a ⇨ S. 155 (wenn § 20 auf Rausch beruht)
Mit allen im Rausch begangenen, nicht über actio libera in causa erfassbaren Delikten als Rauschtaten

Strafantrag, §§ 77–77 d

Antrag erforderlich (nur, wenn gesetzlich vorgeschrieben) **und**

Antrag gestellt und zwischenzeitlich nicht wieder zurückgenommen **und**

- Inhaltlich muss eindeutig der Wille geäußert worden sein, dass eine bestimmte Tat strafrechtlich verfolgt werden soll; persönliche und sachliche Begrenzungen sind möglich
- Rücknahme ist bis zum rechtskräftigen Verfahrensabschluss möglich; § 77 d I 2

Antragsberechtigung muss bestehen und darf nicht erloschen sein **und**

- Berechtigt ist grds. nur der Verletzte, § 77 I; bei Delikten von Amtsträgern, Richtern oder Soldaten bzw. gegen diese der Dienstvorgesetzte i.w.S., § 77 a; bei Geschäftsunfähigen oder beschränkt Geschäftsfähigen der gesetzliche Vertreter/Personensorgeberechtigte, § 77 III
- Übergang des Antragsrechts nach Tod des Verletzten auf bestimmte Hinterbliebene nur, sofern dies gesetzlich ausdrücklich zugelassen (z.B. § 205 II), § 77 II
- Erlöschen des Antragsrechts nach wirksamer Rücknahme, § 77 d I 3, oder nach Maßgabe des § 77 c bei wechselseitig begangenen Straftaten

Antragsform: schriftlich, bei Gericht oder StA, auch zu Protokoll, § 158 II StPO **und**

Antragsfrist: 3 Monate nach Kenntnis von Tat und Täter, § 77 b; Ruhen der Frist bei Antrag auf Sühneverfahren, § 77 b V; Sonderregel bei wechselseitig begangenen Straftaten, § 77 c

⇨ **Bei fehlendem Strafantrag: Verfolgbarkeit wegen besonderen öffentlichen Verfolgungsinteresses gesetzlich vorgesehen?**

Verfolgungsverjährung, §§ 78 ff.

Verjährbarkeit (nicht bei Mord, § 78 II) **und**

Verjährungsfrist abgelaufen:

- Ermittlung der Verjährungsfrist nach dem abstrakt angedrohten Höchststrafmaß des jeweiligen Tatbestandes, § 78 III, IV
- Beginn der Verjährung mit tatsächlicher Beendigung der Tat, § 78 a
- Zwischenzeitliches Ruhen der Verjährung mit der Folge, dass Beginn oder Weiterlauf der Frist gehemmt sind, diese aber nach Abschluss des Ruhens weiterläuft, § 78 b
  ⚠ *Vgl. insbesondere I Nr. 1 für Sexualstraftaten!*
- Zwischenzeitliche Unterbrechung mit der Folge, dass die Frist von neuem voll zu laufen beginnt, § 78 c – ⚠ *Insbesondere I Nr. 1 für Beschuldigtenvernehmungen!*

  ⇨ Aber trotz Unterbrechungen Verjährungseintritt mit Ablauf der absoluten Verjährungsfrist = das Doppelte der gesetzlichen Verjährungsfrist seit Beendigung der Tat, mindestens aber 3 Jahre, § 78 c III 2

III. Konkurrenzen, allgemeines Prüfungsschema

Bei mehrfacher Erfüllung derselben Tatbestandsmerkmale für jeden Beteiligten entweder schon im objektiven Tatbestand oder im Anschluss an die Deliktsprüfung gesondert darstellen:

Liegt nur **ein einziges Delikt** vor, weil die mehrfache Verletzung nur eine tatbestandliche Bewertungseinheit bildet? Möglich bei:

- Delikten, deren Tathandlung schon begrifflich mehrere Willensakte des Täters voraussetzt
- Handlungen, die wegen ihres iterativen (= wiederholenden) oder sukzessiven (= ratenweisen) Charakters zu einer Bewertungseinheit verschmelzen
- Verschiedenen Tatbeteiligungshandlungen, die die identische Haupttat eines anderen fördern

Bei Bejahung **mehrfacher Gesetzesverletzungen** am Ende eines Blocks verwandter Delikte oder am Ende eines Handlungskomplexes für jeden Beteiligten gesondert prüfen:

Überschneiden sich die Ausführungshandlungen wenigstens teilweise?
Das ist der Fall

- bei nur einer natürlichen Handlung,
- bei natürlicher Handlungseinheit, d.h. bei mehreren gleichartigen, von einheitlichem Willen getragenen, räumlich-zeitlich zusammengehörigen Einzelakten,
- bei juristischer Handlungseinheit.
  - Mehraktige, zusammengesetzte Delikte
  - Dauerdelikte
  - Klammerwirkung eines verbindenden dritten Delikts

Bei Bejahung von **Handlungseinheit** →

Welche Delikte treten im Wege der Gesetzeskonkurrenz zurück?

- Spezialität
- Subsidiarität
- Konsumtion (mitbestrafte Begleittat)

→ Die verbliebenen Delikte stehen dann in **Tateinheit** = Idealkonkurrenz, § 52.

Bei Verneinung von Handlungseinheit liegt **Handlungsmehrheit** vor. →

Welche Delikte treten im Wege der Gesetzeskonkurrenz zurück?

- mitbestrafte Vortat
- mitbestrafte Nachtat

→ Die verbliebenen Delikte stehen dann in **Tatmehrheit** = Realkonkurrenz, § 53.

Strafprozessrecht

I. Beginn des Vorverfahrens

Kenntniserlangung der StA von der Möglichkeit einer Straftat	Gem. § 160 I*: ▪ Durch Strafanzeige, § 158, auch anonyme, Selbstanzeigen, in einem Strafantrag enthaltenes Verfolgungsbegehren ▪ Auf anderem Wege, insbesondere – Übersendung polizeilicher Ermittlungen, § 163 II 1 – Unnatürlicher Todesfall, § 159 – Mitteilungen von Gerichten, § 183 GVG – Anlässlich sonstiger dienstlicher Tätigkeit der StA – Bei außerdienstlicher Kenntnis nur bei Straftaten, die nach Art und Umfang die Belange der Öffentlichkeit besonders berühren (str.)
Zuständigkeit der StA	– Bei Steuerstrafsachen: Vorrangzuständigkeit der Finanzbehörden, §§ 386, 399 AO – Bei ausschließlichen OWi-Taten: Vorrangzuständigkeit der Verwaltungsbehörde, § 43 OWiG – Bei Gefahr zukünftiger Straftaten: Präventivzuständigkeit der Polizei **Örtlich:** entsprechend der Gerichtszuständigkeit, § 143 I GVG; möglich sind auch Zuständigkeitskonzentrationen, u.a. durch Bildung von Schwerpunkt-StA, § 143 IV GVG **Innerbehördlich:** Dezernat grds. nach Anfangsbuchstaben der Beschuldigten zuständig; möglich sind auch Spezialdezernate für bestimmte Delikte, z.B. Jugend-StA, § 36 JGG
Vorliegen eines Anfangsverdachts	Gem. §§ 152 II, 160 I: „Zureichende tatsächliche Anhaltspunkte" (= **Anfangsverdacht**) sind gegeben, wenn es nach kriminalistischen Erfahrungen möglich erscheint, dass eine verfolgbare Straftat vorliegt; nur allgemeine Vermutungen genügen nicht.
Einleitung des Ermittlungsverfahrens	Verfolgungszwang, Legalitätsprinzip, § 160 I ⚠ *Ausnahme, wenn Ermittlungsmaßnahme unzulässig, § 160 a!* Sachverhaltserforschung in Bezug auf be- und entlastende Umstände, § 160 II in Bezug auf Umstände des Schuldspruchs und der Rechtsfolgen, § 160 III Beweissicherung Grundsatz der freien Gestaltung des Ermittlungsverfahrens, § 161

*Im Folgenden sind §§ ohne Gesetzesangabe solche der StPO.

II. Die wichtigsten Ermittlungsmaßnahmen
1. Befragung von Auskunftspersonen
a) Zeugen- und Beschuldigtenrolle in verschiedenen Verdachtssituationen

Verdachtssituation:	Informationsphase bei Äußerung von Auskunftspersonen:	Prozessuale Rolle der Auskunftsperson:
Noch kein personenbezogener Verdacht	Erste Orientierungsfragen der Ermittlungsbeamten	→ Zeuge, aber keine Vernehmung
	Ungefragte Spontanäußerungen	→ Zeuge, aber keine Vernehmung
↓		
Anfangsverdacht ohne erkennbaren Beschuldigten	Informatorische Befragungen = Vernehmungen i.S.d. StPO	→ Auskunftspersonen sind Zeugen, ggf. mit Zeugnis- oder Auskunftsverweigerungsrechten
↓		
Art der Verdachtsmomente und Intensität des Verdachtsgrades verdichten sich objektiv zum Beteiligungsverdacht bestimmter Personen / Ermittlungsbehörden ergreifen Strafverfolgungsmaßnahmen in Bezug auf bestimmte Personen	Befragung wird förmliche Vernehmung bzw. vernehmungsähnliche Situation	→ Tatverdächtiger wird Beschuldigter → sonstige Auskunftspersonen sind Zeugen

II. Die wichtigsten Ermittlungsmaßnahmen
1. Befragung von Auskunftspersonen
b) Beschuldigtenvernehmung

Pflichten des Beschuldigten?	Bei Vernehmung durch Polizei	Bei Vernehmung durch StA	Bei Vernehmung durch Ermittlungsrichter
Pflicht zum Erscheinen	(–), systematische Auslegung des § 163 a III i.V.m. IV	(+), § 163 a III 1; Erscheinen auch erzwingbar, § 163 a III 2 i.V.m. §§ 133–135	(+), § 133 II
Aussagepflicht (zur Sache)	(–), § 136 I 2 als Ausdruck des Grundsatzes „nemo tenetur se ipsum prodere"		
Wahrheitspflicht	(–), als Ausdruck der Straflosigkeit des Selbstschutzes ist Lüge sanktionslos, es sei denn, §§ 164, 145 d, 185 ff. StGB sind erfüllt		
Eidespflicht	(–), schon wegen § 161 a I 3, da keine zur Eidesabnahme zuständige Stelle		(–), weil schon keine Wahrheitspflicht besteht; ferner arg. aus § 60 Nr. 2

Anwesenheitsrechte:	Bei Vernehmung durch Polizei	Bei Vernehmung durch StA	Bei Vernehmung durch Ermittlungsrichter
des Zeugenbeistandes	(–), gesetzlich nicht vorgesehen		
des Staatsanwalts	(+), da StA Herrin des Vorverfahrens		
des Verteidigers	praktisch (+), da Aussage davon abhängig gemacht werden kann	(+), § 163 a III 2 i.V.m. § 168 c I	(+), § 168 c I
des Mitbeschuldigten	(–)	(–), § 168 c II gilt nach Rspr. nicht analog	

II. Die wichtigsten Ermittlungsmaßnahmen
1. Befragung von Auskunftspersonen
b) Beschuldigtenvernehmung
(Fortsetzung)

Ablauf:	Bei Vernehmung durch Polizei	Bei Vernehmung durch StA	Bei Vernehmung durch Ermittlungsrichter
Ladung	Formlose Aufforderung	Schriftliche Ladung gem. § 163 a III 2 i.V.m. § 133; s. auch Nr. 44 RiStBV	Schriftliche Ladung gem. § 133
Belehrungen und Hinweise	gem. § 163 a IV:	gem. § 163 a III 2 i.V.m. § 136:	gem. § 136:
	Eröffnung der zur Last gelegten Tat **und**	Eröffnung der zur Last gelegten Tat **und** Bekanntgabe der in Betracht kommenden Strafvorschriften **und**	
	Belehrung über Aussageverweigerungsrecht **und** Belehrung über das Recht, jederzeit einen Verteidiger zu befragen (entfällt, wenn der Beschuldigte für das fragliche Verfahren bereits einen Verteidiger hat) **und** Hinweis auf das Recht, die Erhebung von Entlastungsbeweisen zu beantragen **und** Hinweis auf das Recht, unter den Voraussetzungen des § 140 I, II die Bestellung eines Verteidigers nach Maßgabe des § 141 I, III beanspruchen zu können **und** Hinweis auf die Möglichkeit, wenn erforderlich, unentgeltlich einen Dolmetscher/Übersetzer hinzuzuziehen, § 163 a V i.V.m. § 187 I 2 GVG In jeweils geeigneten Fällen: ▪ Hinweis auf die Möglichkeit, sich schriftlich zur Sache zu äußern ▪ Hinweis auf die Möglichkeit eines Täter-Opfer-Ausgleichs (TOA)		
Vernehmung zur Person	gem. § 163 a IV 2 i.V.m. § 136 III	gem. § 163 a III 2 i.V.m. § 136 III	gem. § 136 III
Vernehmung zur Sache	gem. § 163 a IV 2 i.V.m. § 136 II:	gem. § 163 a III 2 i.V.m. § 136 II:	gem. § 136 II:
	Mitteilung der Verdachtsgründe und Gewährung der Möglichkeit, die zugunsten des Beschuldigten sprechenden Tatsachen geltend zu machen		
Verbot unzul. Vernehmungsmethoden	gem. § 163 a IV 2 i.V.m. § 136 a	gem. § 163 a III 2 i.V.m. § 136 a	gem. § 136 a
Protokollierung	gem. § 168 b II, III i.V.m. §§ 168, 168 a	gem. § 168 b II, III i.V.m. §§ 168, 168 a	gem. §§ 168, 168 a
Aushändigung einer Protokollabschrift	auf ausdrückliches Verlangen und Kosten des Beschuldigten nach Entscheidung der StA möglich		

II. Die wichtigsten Ermittlungsmaßnahmen
1. Befragung von Auskunftspersonen
c) Zeugenvernehmung

Pflichten des Zeugen?	Bei Vernehmung durch Polizei	Bei Vernehmung durch StA	Bei Vernehmung durch Ermittlungsrichter
Pflicht zum Erscheinen	str., Erscheinen jedenfalls nicht erzwingbar, § 163 III	(+), § 161 a I, Erscheinen auch erzwingbar, § 161 a II i.V.m. § 51	(+), § 48 I, Erscheinen auch erzwingbar, § 51
Grds. Aussagepflicht	str., Aussage jedenfalls nicht erzwingbar, § 163 III	(+), § 161 a I, bei Verstoß Ordnungsmittel, Aussage durch Haftanordnung des Richters erzwingbar, § 161 a II i.V.m. § 70	(+), § 48 I, bei Verstoß Ordnungsmittel, Aussage durch Haft erzwingbar, § 70
Ausnahmsweise Schweigerecht	▪ Umfassend bei Zeugnisverweigerungsrechten: – Gem. § 52 als nahe Angehörige des Beschuldigten/eines (auch früheren) Mitbeschuldigten, sofern dieser inzwischen nicht rechtskräftig verurteilt/freigesprochen/verstorben ist – Gem. § 53 als Berufsgeheimnisträger, sofern sie nicht von der Schweigepflicht entbunden sind – Gem. § 53 a als Hilfspersonen der gem. § 53 Schweigeberechtigten, sofern Berufsträger dies angewiesen hat und keine Entbindung von der Schweigepflicht vorliegt – Gem. § 54 als Beamter, Richter, Angestellter des öffentlichen Dienstes, soweit die Pflicht zur Amtsverschwiegenheit reicht und keine Aussagegenehmigung vorliegt ▪ Partiell bei Auskunftsverweigerungsrecht gem. § 55, wenn die objektiv begründete Gefahr besteht, dass der Zeuge oder sein Angehöriger durch die Aussage zum Beschuldigten in einem Straf- oder Bußgeldverfahren wird		
Wahrheitspflicht	(+), Verstoß aber kein Aussagedelikt (möglicherweise sonstiges Rechtspflegedelikt)	(+), Verstoß aber kein Aussagedelikt (möglicherweise sonstiges Rechtspflegedelikt)	(+), Verstoß bei Vorsatz nach § 153 StGB strafbar, ggf. § 154 StGB und sonstige Rechtspflegedelikte
Eidespflicht	(–), Arg. aus § 161 a I 3	(–), Arg. aus § 161 a I 3	grds. (+), Arg. aus § 62 aber (–), wenn Recht zur Eidesverweigerung besteht, §§ 61, 52, oder Eidesverbot vorliegt, § 60

II. Die wichtigsten Ermittlungsmaßnahmen
1. Befragung von Auskunftspersonen
c) Zeugenvernehmung
(Fortsetzung)

Anwesenheitsrechte:	Bei Vernehmung durch Polizei	Bei Vernehmung durch StA	Bei Vernehmung durch Ermittlungsrichter
eines Zeugenbeistands	(+), § 163 III 1 i.V.m. § 68 b, bei Verletzten §§ 406 f, g	(+), § 161 a I 2 i.V.m. § 68 b	(+), § 68 b
des Staatsanwalts	(+), da StA Herrin des Vorverfahrens	———	(+), § 168 c II
des /der Beschuldigten	(–)	(–), Arg. aus fehlendem Verweis auf § 168 c	(+), § 168 c II
des /der Verteidiger(s)	(–)	(–), Arg. aus fehlendem Verweis auf § 168 c	(+), § 168 c II

Ablauf:			
Ladung	Formlose Aufforderung	schriftliche/telefonische/ mündliche o.ä. Ladung gem. §§ 161 a I 2, 48 und Nr. 64 RiStBV	schriftliche/telefonische/ mündliche o.ä. Ladung gem. § 48
Belehrungen und Hinweise	über Wahrheitspflicht **und** über Zeugnis- und Auskunftsverweigerungsrecht, § 163 III i.V.m. §§ 52 III, 55 II, 57 S. 1	über Wahrheitspflicht **und** über Zeugnis- und Auskunftsverweigerungsrechte, § 161 a I 2 i.V.m. §§ 52 III, 55 II, 57; Nr. 65 RiStBV **und** Hinweis auf Möglichkeit schriftlicher Äußerung, Nr. 67 RiStBV	über Wahrheitspflicht **und** über Zeugnis- u. Auskunftsverweigerungsrechte gem. §§ 52 III, 55 II, 57
Vernehmung zur Person	gem. § 163 III i.V.m. § 68	gem. § 161 a I 2 i.V.m. § 68	gem. § 68
Vernehmung zur Sache	gem. § 163 III i.V.m. § 69	gem. § 161 a I 2 i.V.m. § 69	gem. § 69
Verbot unzul. Vernehmungsmethoden	gem. § 163 III i.V.m. § 69 III i.V.m. § 136 a	gem. § 161 a I 2 i.V.m. § 69 III i.V.m. § 136 a	gem. § 69 III i.V.m. § 136 a
Vereidigung	unzulässig	unzulässig, § 161 a I 3	nach Maßgabe der §§ 59 ff.
Protokollierung	gem. § 168 III i.V.m. § 69 III i.V.m. §§ 168, 168 a	gem. § 168 b II, III i.V.m. §§ 168, 168 a	gem. §§ 168, 168 a
Aushändigung einer Protokollabschrift	i.d.R. nicht	i.d.R. nicht	i.d.R. nicht

Untersuchungshaft

Anordnungszuständigkeit	Gem. § 125 I: ▪ Örtlich zuständiger Ermittlungsrichter am Amtsgericht ▪ Auf Antrag der StA/von Amts wegen bei Nichterreichbarkeit der StA und Gefahr im Verzug
Anordnungsvoraussetzungen:	Gem. §§ 112 ff.:
Verdachtslage	**Dringender Tatverdacht** = hohe Wahrscheinlichkeit dafür, dass der Beschuldigte die Tat begangen hat/an ihr beteiligt war und dass alle Voraussetzungen der Strafbarkeit und Verfolgbarkeit – außer Antrag bei Antragsdelikten, § 130 – vorliegen
spezielle Anordnungsvoraussetzungen	**Haftgründe:** ▪ Flucht, § 112 II Nr. 1 ▪ Fluchtgefahr, § 112 II Nr. 2 ▪ Verdunkelungsgefahr, § 112 II Nr. 3 ▪ Verdacht eines Kapitaldelikts aus dem Katalog des § 112 III ⚠ *Verfassungskonforme Auslegung: zusätzliche geringe Intensität der Flucht-/Verdunkelungsgefahr erforderlich!* ▪ Wiederholungs-/Fortsetzungsgefahr, § 112 a I – Subsidiär gegenüber sonstigen Haftgründen, § 112 a II – Dringender Tatverdacht muss sich beziehen auf • bestimmte Sexualdelikte, § 112 a I Nr. 1/qual. Nachstellung gem. § 238 II, III StGB • schwerwiegende Delikte i.S.d. § 112 I Nr. 2 und Verurteilungsprognose von mehr als einem Jahr Freiheitsstrafe
Verhältnismäßigkeit	▪ Allgemein: Proportionalität von Festnahmeanlass und -wirkung, § 112 I 2 ▪ Speziell: – bei leichteren Delikten § 113 – bei Verhaftung nach § 112 a Erforderlichkeit
Form und Inhalt der Anordnung	Schriftlich mit vorgeschriebenem Inhalt gem. § 114 II
Weiteres Verfahren	Verhaftung durch Ergreifung des Beschuldigten und Bekanntgabe des Haftbefehls, ggf. mit Übersetzung, § 114 a; zuständig i.d.R. Polizei als Hilfsorgan der StA, §§ 36 II 1, 161 Unverzügliche schriftliche Belehrung über Beschuldigtenrechte, § 114 b, **und** Möglichkeit, Angehörigen/Vertrauensperson zu benachrichtigen, wenn Zweck der Untersuchungshaft dadurch nicht gefährdet wird, § 114 c I Vorführung, unverzüglich/spätestens am Tag nach der Ergreifung, dem nach § 126 I/§§ 115, 115 a zuständigen Haftrichter Maßnahmen des Haftrichters: unverzügliche Vernehmung des Beschuldigten, § 115 II ⇨ S. 239 f. **und** Entscheidung über Haft: ▪ Aufhebung des Haftbefehls, § 120 ▪ Aussetzung des Vollzugs gegen Anweisungen/Sicherheitsleistung, § 116 ▪ Aufrechterhaltung der Haft mit Rechtsbehelfsbelehrung, § 115 IV Benachrichtigung eines Angehörigen/einer Vertrauensperson über den Verbleib in Haft, § 114 c II Vollzug der U-Haft, § 119

„Jedermann"-Festnahme, § 127 I 1 ⇨ S. 229

Vorläufige Festnahme bei Gefahr im Verzug, § 127 II

Anordnungszuständigkeit	▪ Staatsanwälte ▪ Alle Polizeibeamten (nicht notwendig Ermittlungspersonen der StA)
Anordnungsvoraussetzungen:	gem. § 127 II i.V.m. §§ 112/112 a/126 a:
Verdachtslage	Dringender Tatverdacht ⇨ S. 243
spezielle Anordnungsvoraussetzungen	Haftgrund i.S.d. §§ 112/112 a ⇨ S. 243 i.S.d. § 126 a Gefahr im Verzug = Gefährdung der Festnahme bei vorherigem Erwirken eines Haft- oder Unterbringungsbefehls
Verhältnismäßigkeit	Proportionalität von Festnahmeanlass und Festnahmewirkung, § 112 I 2
Form und Inhalt der Anordnung	Betroffenem muss nur Tatsache der Festnahme und Anlass dazu erkennbar gemacht werden
Weiteres Verfahren	Vorführung, unverzüglich/spätestens am Tag nach der Festnahme, § 128 I, dem Haftrichter am AG des Ergreifungsorts Maßnahmen des Haftrichters: Vernehmung des Festgenommenen, §§ 128 I 2, 115 III ⇨ S. 239 f. Entscheidung über Haft ⇨ S. 243

Hauptverhandlungshaft, § 127 b II

Anordnungszuständigkeit	§ 127 b III: der für die Durchführung des beschleunigten Verfahrens, §§ 417 ff. (⇨ S. 259), zuständige Richter
Anordnungsvoraussetzungen:	
Verdachtslage	Dringender Tatverdacht ⇨ S. 243
spezielle Anordnungsvoraussetzungen	▪ § 127 b II 1 i.V.m. I Nr. 2: aufgrund konkreter Tatsachen bei Würdigung des Einzelfalls begründete Gefahr, dass der Beschuldigte der Hauptverhandlung fernbleiben wird (bloße Möglichkeit der Nichtteilnahme genügt) ▪ § 127 b II 1 a.E.: Durchführung der Hauptverhandlung (im beschleunigten Verfahren) muss binnen einer Woche nach der Festnahme zu erwarten sein
Verhältnismäßigkeit	▪ Allgemeine Proportionalität von Festnahmeanlass und -wirkung, § 112 I 2 ▪ Spezielle Möglichkeit der Vorführung gemäß § 418 II 1 in beschleunigten Verfahren (Lit.)
Form und Inhalt der Anordnung	Schriftlich mit vorgeschriebenem Inhalt, § 114 II **und** § 127 b II 2: Befristung auf eine Woche ab dem Datum der Festnahme
Weiteres Verfahren	Wie beim „normalen" U-Haftbefehl ⇨ S. 243

Vorläufige Festnahme, § 127 b I

Anordnungszuständigkeit	▪ Staatsanwälte ▪ Alle Polizeibeamten (nicht notwendig Ermittlungspersonen der StA)
Anordnungsvoraussetzungen:	
Verdachtslage	Täter auf frischer Tat betroffen/verfolgt (wie bei § 127 I 1 ⇨ S. 229)
Spezielle Anordnungsvoraussetzungen	▪ Nr. 1: unverzügliche (= arg. aus § 127 b II: binnen einer Woche) Entscheidung im beschleunigten Verfahren (§§ 417 ff.) möglich und wahrscheinlich (nicht bei Jugendlichen wegen § 79 JGG) ▪ Nr. 2: aufgrund konkreter Tatsachen bei Würdigung des Einzelfalls begründete Gefahr, dass der Beschuldigte der Hauptverhandlung fernbleiben wird (bloße Möglichkeit der Nichtteilnahme genügt)
Verhältnismäßigkeit	Proportionalität zwischen Festnahmeanlass und Festnahmewirkung, § 112 I 2
Form und Inhalt der Anordnung	Betroffenem muss nur die Tatsache der Festnahme und Anlass dazu erkennbar gemacht werden
Weiteres Verfahren	Vorführung, unverzüglich/spätestens am Tag nach der Festnahme, § 128 I i.V.m. § 127 b III, dem Richter, der für die Hauptverhandlung zuständig ist Maßnahmen des Richters: Vernehmung des Festgenommenen, §§ 128 I 2, 115 III ⇨ S. 243 Entscheidung über Haft ⇨ S. 243

Identitätsfeststellung beim Verdächtigen und Unverdächtigen, §§ 163 b, c

	Identitätsfeststellung beim Verdächtigen, § 163 b I:	Identitätsfestellung beim Unverdächtigen, § 163 b II:
Anordnungszuständigkeit	▪ Staatsanwälte ▪ Alle Polizeibeamte (nicht notwendig Ermittlungspersonen der StA)	
Anordnungsvoraussetzungen:		
Verdachtslage	**Einfacher Tatverdacht** = Anhaltspunkte, die die Täterschaft oder Teilnahme des Betroffenen an einer Straftat objektiv als zumindest möglich erscheinen lassen	Kein Verdacht auf Beteiligung an einer Straftat
Spezielle Anordnungsvoraussetzungen	Zweck: Identitätsfeststellung zur Strafverfolgung	Zweck: Identitätsfeststellung zur Aufklärung einer Straftat
Verhältnismäßigkeit	Erforderlichkeit	Gebotenheit
Form und Inhalt der Anordnung	Eröffnung, wegen welcher Straftat Verdacht besteht, § 163 b I 1 i.V.m. § 163 a IV 1	Eröffnung, welche Straftat durch Identifizierung aufgeklärt werden soll, § 163 b II 1 i.V.m. § 69 I 2
Weiteres Verfahren	Ergreifen der erforderlichen Maßnahmen, Generalklausel, § 163 b I 1, speziell: ▪ Festhalten, wenn Identität sonst nicht/nur unter erheblichen Schwierigkeiten feststellbar, § 163 b I 2; zeitliche Grenzen des Festhaltens, § 163 c ▪ Durchsuchung der Person und mitgeführter Sachen, wenn Identität sonst nicht/nur unter erheblichen Schwierigkeiten feststellbar, § 163 b I 3	▪ Festhalten unter den Voraussetzungen des § 163 b I 2 und zusätzlich keine Disproportionalität zwischen Sachbedeutung und Maßnahme, § 163 b II 2, 1. Halbs.; zeitliche Grenzen des Festhaltens, § 163 c ▪ Durchsuchung der Person und mitgeführter Sachen nur mit Willen des Betroffenen, § 163 b II 2, 2. Halbs.

Rechtsschutz auf Betreiben des Beschuldigten

zweispuriger Rechtsschutz

(Faustregel: wenn es um neue Tatsachen geht)

Antrag auf Haftprüfung, § 117 I

Jederzeit und beliebig oft

Antrag beim Haftrichter, § 126

(Faustregel: wenn es um [Haft-]Rechtsfragen geht)

Haftbeschwerde, § 304

Jederzeit, aber nur einmal; gegenüber Haftprüfung subsidiär, § 117 II 1

Einlegung beim Haftrichter

Weiterer Rechtsschutz

Beschwerde, § 304

Weitere Beschwerde, § 310

Weitere Beschwerde, § 310

Rechtsschutz von Amts wegen

Haftüberwachung durch StA, § 120 I, III

jederzeit bis zur Anklageerhebung

Antrag beim Haftrichter

Haftfortdauerprüfung nach 6 Monaten durch OLG/BGH, § 121

bei längerer U-Haft als 6 Monate

Vorliegen besonderer Schwierigkeiten/besonderen Umfangs/anderer wichtiger Grund

Haftüberwachung durch das Gericht, §§ 120 I, 126

jederzeit

Bis zur Anklageerhebung: Haftrichter

Danach: Gericht der Hauptsache

weiterer Rechtsschutz

Beschwerde ausgeschlossen, § 304 IV i.V.m. § 121 IV 2

Beschwerde, § 304

weitere Beschwerde, § 310

Zwangsweise körperliche Untersuchung des Beschuldigten, § 81 a

Anordnungs-zuständigkeit	▪ Richter, § 81 a II Hs. 1 ▪ Bei Gefährdung des Untersuchungserfolges durch Verzögerung auch StA/Ermittlungspersonen der StA (§ 152 GVG), § 81 a II Hs. 2
Anordnungs-voraussetzungen:	
Verdachtslage	Anfangsverdacht genügt
Spezielle Anordnungs-voraus-setzungen	Zweck: Feststellung verfahrenserheblicher Tatsachen, für die bereits Anhaltspunkte vorliegen, durch: Einfache körperliche Untersuchungen, § 81 a I 1 Körperliche Eingriffe (insbesondere Blutentnahmen oder Entnahmen sonstiger Körperbestandteile), § 81 a I 2, wenn gesundheitliche Nachteile mit an Sicherheit grenzender Wahrscheinlichkeit auszuschließen **und** Vornahme durch Arzt gewährleistet **und** Einhaltung der Regeln der ärztlichen Kunst gewährleistet
Verhältnis-mäßigkeit	Einfache Untersuchungen, wenn möglich, vor Eingriffen i.S.v. § 81 a I 2 Je schwerer der Eingriff, umso höher muss der Tatverdacht sein Eingriff muss in angemessenem Verhältnis zur Schwere der Tat stehen
Form und Inhalt der Anordnung	Durch richterlichen Beschluss; bei StA/Polizei mündlich Bezeichnung des Eingriffs, Benennung der durch ihn festzustellenden Tatsachen
Weiteres Verfahren	Bei ggf. schamverletzenden Untersuchungen: § 81 d Zwangsweise Durchsetzung der Anordnung als Annexkompetenz aus § 81 a nach Maßgabe des Verhältnismäßigkeitsgrundsatzes erlaubt, insbesondere ▪ zwangsweise Zuführung des Beschuldigten ▪ Festhalten (nach vorheriger Androhung)

Sonstige Zwangsmaßnahmen gegen den Beschuldigten mit Körperlichkeitsbezug, § 81 b

<table>
<tr><th></th><th>Erkennungsdienstliche Maßnahmen für repressive Zwecke, 1. Alt.:</th><th>Erkennungsdienstliche Maßnahmen für präventiv-polizeiliche Zwecke, 2. Alt.:</th></tr>
<tr><td>Anordnungs-zuständigkeit</td><td>▪ StA
▪ Alle Polizeibeamten (nicht notwendig Ermittlungspersonen der StA)</td><td>Ausschließlich Kriminalpolizei</td></tr>
<tr><td>Anordnungs-voraussetzungen:</td><td></td><td></td></tr>
<tr><td>Verdachtslage</td><td>Betroffener muss (noch) Beschuldigter sein</td><td>Betroffener muss zumindest Beschuldigter gewesen sein</td></tr>
<tr><td>Spezielle Anordnungs-voraus-setzungen</td><td>Zum Zweck der Strafverfolgung Identifizierungsmaßnahmen notwendig durch:</td><td>Zum Zweck des Erkennungsdienstes = zur vorsorglichen Bereitstellung sachlicher Hilfsmittel für Erforschung und Aufklärung von Straftaten Maßnahmen notwendig durch:</td></tr>
<tr><td></td><td colspan="2">▪ Anfertigung von Lichtbildern
▪ Abnahme von Fingerabdrücken
▪ Vornahme von Messungen
▪ Ähnliche Maßnahmen, z.B. Videoaufnahmen oder Veränderung des Erscheinungsbildes zur Vorbereitung einer solchen Maßnahme</td></tr>
<tr><td>Verhältnis-mäßigkeit</td><td colspan="2">Proportionalität der Maßnahmen zur Schwere der Tat, daher § 81 b bei Bagatelldelikten unzulässig</td></tr>
<tr><td></td><td></td><td>Anfertigung und Aufbewahrung der Unterlagen abhängig vom Grad der Gefahr erneuter Straffälligkeit</td></tr>
<tr><td>Form und Inhalt der Anordnung</td><td colspan="2">Formlose Anordnung, die die Art der Maßnahme erkennbar macht</td></tr>
<tr><td>Weiteres Verfahren</td><td colspan="2">Zwangsweise Durchsetzung der Anordnung als Annexkompetenz aus § 81 b nach Maßgabe des Verhältnismäßigkeitsgrundsatzes erlaubt, insbesondere
▪ zwangsweise Verbringung zur Polizeibehörde, gewaltsame Durchsetzung
▪ Festhalten bis zur Erledigung der Maßnahme</td></tr>
</table>

Zwangsweise Untersuchung, § 81 c

Anordnungszuständigkeit	▪ Richter, § 81 c V 1 Alt. 1 ▪ Bei Gefährdung des Untersuchungserfolgs durch Verzögerung auch StA/Ermittlungspersonen der StA (§ 152 GVG), § 81 c V 1 Alt. 2	
Anordnungsvoraussetzungen:	Untersuchung auf Spuren/Tatfolgen, § 81 c I	Blutprobeentnahmen/Abstammungsuntersuchung, § 81 c II
Verdachtslage	Tatunverdächtige Person, auch Tatopfer	
Spezielle Anordnungsvoraussetzungen	Zweck der Untersuchung: Feststellung von Spuren/Tatfolgen am Körper Genügender Anlass Notwendigkeit	Zweck: Feststellung der Abstammung/der Blutgruppe Kein Gesundheitsnachteil zu befürchten Durchführung von einem Arzt gewährleistet Unerlässlichkeit zur Wahrheitsfindung
	keine berechtigte Untersuchungsverweigerung, § 81 c III	
Verhältnismäßigkeit	Zumutbarkeit, § 81 c IV = Abwägung des Aufklärungsinteresses mit Interessen des Betroffenen	
Form und Inhalt der Anordnung	Bei richterlicher Anordnung Beschluss, sonst formlos Belehrungspflicht über Untersuchungsverweigerungsrecht, § 81 c III	
Weiteres Verfahren	Zwang unter den Voraussetzungen des § 81 c VI i.V.m. § 70: ▪ Ordnungsgeld/Ordnungshaft darf nur der Richter festsetzen ▪ Anstelle von Beugehaft darf unmittelbarer Zwang – nur auf richterliche Anordnung – angewendet werden, wenn Festsetzung von Ordnungsgeld erfolglos **oder** Gefahr im Verzug	

Überwachung der Telekommunikation, §§ 100 a, b

Anordnungszuständigkeit

- Richter, § 100 b I 1
- StA bei Gefahr im Verzug, § 100 b I 2; dann Bestätigung durch Richter binnen 3 Tagen, § 100 b I 3

Anordnungsvoraussetzungen:

Verdachtslage

Bestimmte Verdachtstatsachen (= konkretisierter Verdacht, aber nicht dringender/hinreichender Tatverdacht) **und**

Begehung/Versuch (sofern strafbar)/Vorbereiten durch eine Straftat (§ 100 a I Nr. 1) **und**

in Bezug auf schwere Straftaten i.S.d. § 100 a II Nr. 1–11

Einzelfallbezug

Katalogtat muss auch im Einzelfall schwer wiegen (§ 100 a I Nr. 2; Anhaltspunkte: z.B. Folgen der Tat, Schutzwürdigkeit des verletzten Rechtsguts)

Adressaten

- Beschuldigter
- Personen, bei denen bestimmte Verdachtstatsachen hindeuten auf Entgegennehmen/Weiterleiten von Mitteilungen für den/von dem Beschuldigten/Benutzung des Anschlusses durch den Beschuldigten, § 100 a III

Subdidiaritätsgrundsatz

Erforschung des Sachverhalts/des Aufenthaltsorts des Beschuldigten auf andere Weise wesentlich erschwert/aussichtslos, § 100 a I Nr. 3

Form und Inhalt der Anordnung

Schriftliche Anordnung, § 100 b II 1

Inhaltsanforderungen nach § 100 b II 2 Nr. 1–3

⚠ *Befristung auf höchstens 3 Monate, § 100 b I 4!*

Anordnungsgegenstand

Überwachung jedweder Telekommunikation i.S.d. § 3 Nr. 22, 23 TKG, auch ohne Wissen des Betroffenen

- Telefongespräche
- Telefaxe
- SMS
- E-Mails während des Sende- und Empfangsvorgangs

  ⚠ *Nicht während der Speicherung in der Datenbank des E-Mail-Providers, dann Beschlagnahme unter den Voraussetzungen der §§ 94 ff., 99!*
- Standortdaten bei Mobiltelefonen
- Keine Online-Durchsuchung von PCs

Überwachung der Telekommunikation, §§ 100 a, b (Fortsetzung)

Kernbereichs-schutz	▪ Maßnahme generell unzulässig, wenn anzunehmen, dass durch Überwachung ausschließlich Erkenntnisse aus dem Kernbereich privater Lebensgestaltung erlangt werden, § 100 a IV 1 ▪ Sind durch Überwachung Erkenntnisse über den Kernbereich privater Lebensgestaltung erlangt worden: Verwertungsverbot, § 100 a IV 2 **und** Aufzeichnungen löschen, § 100 a IV 3 **und** Vorfall aktenkundig machen, § 100 a IV 4
Schutz von Berufsgeheimnis-trägern	▪ § 160 a I: Geistliche, Verteidiger, Rechtsanwälte, Abgeordnete – Überwachung des Anschlusses unzulässig, I 1 – Erkenntnisse unverwertbar, I 2, 5 ▪ § 160 a II: Angehörige bestimmter Heil- und Beratungsberufe, Medienmitarbeiter – Verhältnismäßigkeitsprüfung bei Anordnung der Überwachung, II 1 – Verwertungsverbot nur bei Unverhältnismäßigkeit, II 3 ▪ § 160 a IV: Kein Schutz bei Verdacht der Beteiligung/einer Anschlusstat
Weiteres Verfahren	▪ Durchführung obliegt StA, § 36 II, die durch Polizei Abhörstelle einrichten lässt ▪ Mitwirkungs- und Auskunftspflichten der geschäftsmäßigen Telekommunikationsdiensteanbieter, § 100 b III 1; entsprechende Vorkehrungen sind gem. § 100 b III 2 i.V.m. § 110 TKG i.V.m. TKÜV zu treffen ▪ Mehrmalige Verlängerung der Maßnahme um jeweils höchstens 3 Monate möglich, sofern Anordnungsvoraussetzungen fortbestehen, § 100 b I 5 ▪ Unverzügliche Einstellung der Überwachung, sobald Anordnungsvoraussetzungen nicht mehr vorliegen, § 100 b IV 1 ▪ Benachrichtigung der an der überwachten Telekommunikation beteiligten Personen nach § 101 ▪ Berichtspflichten, § 100 b V, VI

Durchsuchung beim Verdächtigen und bei anderen Personen, §§ 102 ff.

	Durchsuchung beim Verdächtigen, § 102	Durchsuchung beim Unverdächtigen Wohnungs-, Gebäudedurchsuchung, § 103 I 1	§ 103 I 2
Anordnungszuständigkeit	▪ Richter, § 105 I 1 Hs. 1 ▪ Nur ausnahmsweise bei Gefahr im Verzug auch StA/ Ermittlungspersonen d. StA (§ 152 GVG), § 105 I 1 Hs. 2		▪ Richter, § 105 I 2 Hs. 1 ▪ Nur ausnahmsweise bei Gefahr im Verzug StA, § 105 I 2 Hs. 2
Anordnungsvoraussetzungen:			
Verdachtslage	Einfacher Tatverdacht der Tatbeteiligung/ Begünstigung/Strafvereitelung/Hehlerei	Betroffener unverdächtig	
Spezielle Anordnungsvoraussetzungen	Zwecke: ▪ Ergreifung des Verdächtigen ▪ Auffindung von beschlagnahmefähigen Beweismitteln	Zwecke: ▪ Ergreifung des Beschuldigten ▪ Verfolgung von Spuren einer Straftat ▪ Beschlagnahme bestimmter beschlagnahmefähiger Gegenstände	Dringender Tatverdacht bzgl. ▪ Straftat nach§ 89 a/ § 89 c I–IV StGB ▪ Straftat gem. § 129 a StGB (auch i.V.m. § 129 b StGB) ▪ Katalogtat des § 129 a StGB (auch i.V.m. § 129 b StGB)
	Durch Durchsuchung ▪ der Wohnung ▪ anderer Räume ▪ der Person ▪ ihm gehörender Sachen Auffindungsvermutung genügt	Durch Durchsuchung ▪ der Wohnung ▪ anderer Räume ▪ der Person ▪ ihm gehörender Sachen Aufgrund best. Tatsachen konkr. Auffindungsvermutung	Zweck: Ergreifung d. Beschuldigten Durch Durchsuchung eines Gebäudes Aufgrund festgestellter Tatsachen Annahme des Aufenthalts des Beschuldigten in dem Gebäude
Verhältnismäßigkeit	Proportionalität von Schwere des Eingriffs und Bedeutung der Sache sowie Stärke des Tatverdachts ⚠ *BVerfG: Vollzug des richterlichen Durchsuchungsbeschlusses 6 Monate nach Erlass unzulässig!*		
Form und Inhalt der Anordnung	Bei richterlicher Anordnung Beschluss, sonst formlos, auch stillschweigend		
Weiteres Verfahren	Durchführung obliegt StA, § 36 II Nächtliche Durchsuchung unter Voraussetzungen des § 104 Zuziehung von Durchsuchungszeugen gem. § 105 II, § 106 Schriftliche Mitteilung, § 107 Durchsicht aufgefundener Papiere grds. nur durch StA/Ermittlungspersonen auf Anordnung der StA, § 110 I		

Beschlagnahme, §§ 94 ff.

Anordnungszuständigkeit

- Richter, § 98 I 1 (ausschließlich bei Beschlagnahmen in Presseräumen, § 98 I 2)
- Bei Gefahr im Verzug auch StA/Ermittlungspersonen der StA

Anordnungsvoraussetzungen:

Verdachtslage

Anfangsverdacht der Begehung einer Straftat

spezielle Anordnungsvoraussetzungen

Sicherstellungsfähiger Gegenstand:

Gegenstand mit potenzieller Beweisbedeutung, § 94 I	Führerschein, § 94 III
Keine Herausgabebereitschaft des Gewahrsamsinhabers, § 94 II	der Einziehung unterliegend, § 69 III 2 StGB
Keine Beschlagnahmefreiheit gem. § 97	Dringende Gründe für die Entziehung der Fahrerlaubnis, § 111 a I i.V.m. § 69 StGB: vorläufige Entziehung mit Beschlagnahmewirkung, § 111 a III 1

Verhältnismäßigkeit

- Je geringer die Beweisbedeutung, umso stärker muss das Gebot ersetzender und verkürzender Maßnahmen sein
- Vollzug der richterlichen Beschlagnahmeanordnung 6 Monate nach Erlass unzulässig

Form und Inhalt der Anordnung

Bei richterlicher Anordnung Beschluss, sonst formlos

Bekanntgabe an den Betroffenen

Bei nichtrichterlicher Anordnung Belehrung über Rechte nach § 98 II 2, 5

Weiteres Verfahren

Sicherstellung durch Ingewahrsamnahme/auf andere Weise

Rückgabe nach Beendigung der Beschlagnahme

- an den Verletzten, § 111 k
- an den letzten Gewahrsamsinhaber

II. Die wichtigsten Ermittlungsmaßnahmen

8. Rechtsschutz gegen Durchsuchung, Beschlagnahme und andere Zwangsmittel mit richterlicher Anordnungszuständigkeit

Bezug des Rechtsschutzbegehrens	Verfahrenslage	Rechtsschutzziel	Rechtsbehelf
Nichtrichterliche Anordnung	Anordnung noch nicht vollzogen	Aufhebung der Anordnung als solcher/ bevorstehender Vollzugsmodalitäten	▪ Richterliche Zustimmung/Bestätigung vorgeschrieben? (§§ 98 II 1, 100 b I 3, 110 b II, 111 a IV, 111 e II 1) ▪ Anrufung des Richters vorgesehen? (§§ 98 II 2, 101 VII 2 [str.] 111 e II 3, 161 a III 1, 163 a III 3) ▪ Sonst gilt: § 98 II 2 analog
	Anordnung bereits vollzogen	Nachträgliche Feststellung der Rechtswidrigkeit der Anordnung selbst/ der Art und Weise des Vollzugs	Anrufung des Richters nach § 98 II 2, 101 VII 2 etc./analog § 98 II 2, wenn Festellungsinteresse besteht wegen ▪ konkreter Wiederholungsgefahr oder ▪ fortwirkender tatsächlicher Beeinträchtigung oder ▪ Schwere des Eingriffs
Richterliche Anordnung	Anordnung noch nicht vollzogen	Aufhebung der Anordnung als solcher/ richterlich angeordneter Vollzugsmodalitäten	▪ Spezielle Rechtsbehelfe, insbes. § 117 I, II ▪ Sonst: Beschwerde, § 304 I
	Anordnung bereits vollzogen	Nachträgliche Feststellung der Rechtswidrigkeit der Maßnahme/ Art und Weise des Vollzugs, soweit diese evidenter Bestandteil der richterlichen Anordnung sind	▪ Spezielle Rechtsbehelfe, z.B. § 101 VII 2 ▪ Sonst: Beschwerde, § 304 I bei Feststellungsinteresse (s.o.)
	Egal, ob vollzogen oder nicht	Art und Weise des Vollzugs nicht vom Richter angeordnet	Wie bei nichtrichterlicher Anordnung

III. Abschluss des Ermittlungsverfahrens
1. Verfahrenseinstellung

Aktenlage:	Abschlussentscheidung der StA:	Weiteres Verfahren:
Kein genügender Anlass zur Anklage i.S.v. § 170 II 1 = negative Verurteilungsprognose (auch bei Tod des Beschuldigten) →	▪ **Einstellung mit Einstellungsbescheid** an Antragsteller i.S.v. § 158 I ▪ Rechtsbehelfsbelehrung an Antragsteller, sofern Klageerzwingungsverfahren zulässig, § 171 S. 2 ▪ Mitteilung an Beschuldigten, u.a., wenn Beschuldigtenvernehmung stattgefunden hat, § 170 II 2 →	▪ Ggf. Vorschaltbeschwerde gegen Einstellungsbescheid, wenn Antragsteller zugl. Verletzter, binnen 2 Wochen, § 172 I ▪ Gegen ablehnenden Bescheid der GenStA Antrag auf Klageerzwingung an das OLG binnen eines Monats, § 172 II–IV
Tatverdacht ausschließlich für Privatklagedelikte und kein öffentliches Interesse an Strafverfolgung, §§ 170 II, 376 →	**Einstellung mit Verweisung auf Privatklageweg** (keine weitere Rechtsbehelfsbelehrung) →	▪ In den Fällen des § 380 vorheriger Sühneversuch ▪ Anklageerhebung durch Privatkläger ▪ Eröffnungs-/Hauptverfahren gem. §§ 382 ff.
Hinreichender Tatverdacht für Offizialdelikte, aber Möglichkeit der Verfahrenserledigung aus Opportunitätsgründen, §§ 153 ff.; § 45 JGG →	**Einstellung nach § 153 I:** Voraussetzungen: hinreichender Tatverdacht nur in Bezug auf Vergehen i.S.v. § 12 II StGB **und** Wahrscheinlichkeit für geringe Schuld des Täters **und** kein öffentliches Verfolgungsinteresse **und** Zustimmung des Gerichts, außer bei Tat mit nicht erhöhtem Mindeststrafmaß **und** geringen Folgen der Tat →	▪ Bei neuen Tatsachen oder Beweismitteln Wiederaufnahme der Ermittlungen jederzeit möglich ▪ Kein Klageerzwingungsverfahren vorgesehen, § 172 II 3
→	**Vorläufige Einstellung nach § 153 a I:** Voraussetzungen: hinreichender Tatverdacht nur in Bezug auf Vergehen i.S.v. § 12 II StGB **und** öffentliches Interesse an der Strafverfolgung erfüllbar durch Auflagen/Weisungen gem. § 153 a I 2 Nr. 1–7 **und** keine entgegenstehende Schwere der Schuld **und** Zustimmung des Beschuldigten **und** Zustimmung des Gerichts; entbehrlich unter den Voraussetzungen des § 153 a I 7 i.V.m. § 153 I 2 →	▪ Nach Erfüllung der Auflagen/Weisungen endgültige Einstellung mit beschränkter Rechtskraftwirkung, § 153 a I 5 ▪ Klageerzwingungsverfahren unzulässig, § 172 II 3; Ausn. bei Unanwendbarkeit des § 153 a, z.B. wg. Zusammentreffen mit Verbrechenstatbestand

III. Abschluss des Ermittlungsverfahrens
1. Verfahrenseinstellung (Fortsetzung)

<table>
<tr><th>Aktenlage:</th><th>Abschlussentscheidung der StA:</th><th>Weiteres Verfahren:</th></tr>
<tr><td rowspan="2">Hinreichender Tatverdacht für Offizialdelikte, aber Verfahrenserledigung im Beschleunigungsinteresse, §§ 154, 154 a</td><td>Einstellung nach § 154 I:
Voraussetzungen:
Tatverdacht in Bezug auf mehrere prozessuale Taten (Vergehen/Verbrechen)
und zusätzlich
▪ zu erwartende Bestrafung für einzustellende Tat fällt neben erfolgter/zu erwartender Strafe für andere Tat nicht beträchtlich ins Gewicht, § 154 I Nr. 1
▪ Urteil nicht binnen angemessener Frist zu erwarten und anderweitig erfolgte/zu erwartende Bestrafung zur Einwirkung auf den Täter und zur Verteidigung der Rechtsordnung ausreichend, § 154 I Nr. 2</td><td>▪ Wiederaufnahme bei nachträglichem Wegfall der Bezugssanktion, § 154 III
▪ Wiederaufnahme bei Aburteilung der Bezugstat nach Einstellungsbeschluss binnen 3 Monaten nach Rechtskraft der Verurteilung, § 154 IV
▪ Kein Klageerzwingungsverfahren vorgesehen, § 172 II 3</td></tr>
<tr><td>Einstellung nach § 154 a I:
Voraussetzungen:
Tatverdacht in Bezug auf eine prozessuale Tat und
Abtrennbare Teile einer Tat/einzelne von mehreren Gesetzesverletzungen und
fallen nicht beträchtlich ins Gewicht
▪ bei der zu erwartenden Bestrafung, § 154 a I 1 Nr. 1
▪ neben einer erfolgten/zu erwartenden Bestrafung für eine andere Tat, § 154 a I 1 Nr. 2
▪ auch, wenn Urteil nicht binnen angemessener Frist zu erwarten und anderweitig erfolgte/zu erwartende Bestrafung zur Einwirkung auf den Täter und zur Verteidigung der Rechtsordnung ausreicht, § 154 a I 2 i.V.m. § 154 I Nr. 2</td><td>▪ Wiedereinbeziehung durch das Gericht möglich, § 154 a III</td></tr>
<tr><td>Tatverdacht besteht, Strafverfahren undurchführbar, weil Täter nicht greifbar</td><td>⇨ Täter nicht zu ermitteln: Einstellung nach § 170 II 1
⇨ Beschuldigter verhandlungsunfähig/Aufenthalt nicht zu ermitteln: Einstellung analog § 205/ggf. Verfahren nach §§ 276 ff.</td><td>Fortsetzung des Verfahrens jederzeit möglich</td></tr>
</table>

III. Abschluss des Ermittlungsverfahrens
2. Vereinfachte Verfahren, Anklage

Aktenlage:	Abschlussentscheidung der StA:	Weiteres Verfahren:
Genügender Anlass zur Anklage besteht (§ 170 I) = **hinreichender Tatverdacht** = positive Verurteilungsprognose ▪ Sache aber für vereinfachtes Verfahren geeignet – Ohne mündliche Verhandlung →	**Antrag auf Erlass eines Strafbefehls**, § 407; besondere Voraussetzungen: Verfahrensgegenstand: Vergehen gem. § 12 II StGB **und** Zuständigkeit des AG **und** Beschuldigter darf kein Jugendlicher (§ 79 I JGG)/Heranwachsender, gegen den Jugendrecht angewendet wird (§ 109 II 1 JGG), sein **und** Hauptverhandlung nicht erforderlich **und** schriftlicher, anklageersetzender Antrag (§ 409): mit Anklagesatz, § 407 I 4 i.V.m. § 200 **und** bestimmter Rechtsfolge, § 407 I 3 i.V.m. II →	▪ Erlass des Strafbefehls, wenn zuständiger Richter keine Bedenken hat, § 408 III 1 ▪ Dagegen Einspruch des Angeklagten binnen 2 Wochen gem. § 410 statthaft ▪ Bei rechtzeitigem Einspruch Entscheidung darüber in Hauptverhandlung ohne Verbot der reformatio in peius, § 411
– Mit mündlicher Verhandlung →	**Antrag auf Entscheidung im beschleunigten Verfahren**, § 417; besondere Voraussetzungen: Zuständigkeit des AG **und** Beschuldigter darf kein Jugendlicher sein (§ 79 II JGG) **und** Eignung des Verfahrens: einfacher Sachverhalt/klare Beweislage **und** Möglichkeit sofortiger Verhandlung, § 418 I 1, **und** mehr als 1 Jahr Freiheitsstrafe/Maßregel der Sicherung/Besserung (außer § 69 StGB) nicht zu erwarten (§ 419 I 2, 3) (Bei Bejahung der vorgenannten Voraussetzungen:) Pflicht der StA zur mündlichen/schriftlichen Antragstellung →	Entscheidung über den Antrag durch Gericht, § 419 Durchführung der Hauptverhandlung innerhalb von 6 Wochen (§ 418 I 2): Ohne Anklageschrift, § 418 III 1 Ohne Eröffnungsbeschluss, § 418 I 1 Nur ausnahmsweise mit Ladung Mit erleichtertem Beweisverfahren, § 420
▪ Sonst →	**Anklageerhebung** gem. § 170 I durch Einreichung einer den Erfordernissen des § 200 genügenden Anklageschrift →	Zwischenverfahren mit Prüfung des hinreichenden Tatverdachts durch zuständiges Gericht, §§ 199 ff., und Eröffnungsbeschluss Durchführung des Hauptverfahrens, §§ 212 ff., Ablauf der Hauptverhandlung: § 243

I. Gerichtliche Zuständigkeit/Spruchkörperbesetzung/Instanzenzug

Anklagegegenstand und Straferwartung nach Prognose der StA	Vergehen (bis 2 Jahre Haft/Privatklage)	Verbrechen (bis 4 Jahre Haft) und Vergehen (2–4 Jahre Haft)	Verbrechen und Vergehen (ab 4 Jahre Haft) und bei spezieller Zuständigkeit nach den §§ 74 II, 74 a GVG	Staatsschutzdelikte und Taten nach dem VStGB i.S.d. § 120 GVG, Mandatsträgerkorruption i.S.d. § 120 b GVG
	[Soweit kein Fall nach § 24 I Nr. 1–3 GVG/keine Rechtsfolge nach § 24 II GVG/keine Spezialzuständigkeit des LG bzw. OLG nach den §§ 74 ff., 120, 120 b GVG]			
Zuständige Eingangsinstanz (mit Spruchkörperbesetzung)	Amtsgericht, §§ 24 ff. GVG		Landgericht, §§ 74 ff. GVG	Oberlandesgericht, § 120 GVG
	Strafrichter, § 25 GVG	Schöffengericht, §§ 28, 29 GVG ▪ 1 Berufsrichter und 2 Schöffen ▪ Ggf. Erweiterung um 1 Berufsrichter nach § 29 II GVG	Große Strafkammer mit 3 (2) Berufsrichtern und 2 Schöffen, § 76 GVG	Strafsenat mit 5 (3) Berufsrichtern, § 122 II GVG
	§ 312	§ 335 (Sprungrevision)	§ 333	§ 333
Berufungsinstanz (mit Spruchkörperbesetzung)	Landgericht, § 74 III GVG Kleine Strafkammer mit 1 (2) Berufsrichter und 2 Schöffen, § 76 I, IV GVG			
	§ 333			
Revisionsinstanz (mit Spruchkörperbesetzung)	Oberlandesgericht, § 121 GVG – Strafsenat mit 3 Berufsrichtern, § 122 GVG		BGH, § 135 GVG Strafsenat mit 5 Berufsrichtern, § 139 GVG	

II. Eröffnungsentscheidung

Abschluss des Ermittlungsverfahrens durch Anklage
⇨ S. 259

↓

Entscheidung über die Eröffnung des Hauptverfahrens
(sog. Zwischen-/Eröffnungsverfahren)

- Für die Hauptverhandlung zuständiges Gericht ⇨ S. 260, Eingangsinstanz
- entscheidet über die Eröffnung des Hauptverfahrens, § 199 I:

  ⚠ *§ 30 II, § 76 I 2 GVG: Schöffen wirken nicht mit*

  – Ablehung der Eröffnung, § 204
  Rechtsbehelf der Staatsanwaltschaft: § 210 II

  – Eröffnung des Hauptverfahrens nach § 203
  bei hinreichendem Tatverdacht ⇨ S. 259

Mit Eröffnungsbeschluss beginnt Hauptverfahren und
endet erst mit letztinstanzlicher/rechtskräftiger Entscheidung

I. Beweiserhebung
1. Grundsätze, Ziel der Beweisaufnahme
2. Amtsaufklärung und Beweisantrag

Ziel der Beweisaufnahme: Verfahrensrechtlich zulässige Ermittlung der Wahrheit über alle Tatsachen, die für die Schuld-, Rechtsfolgen- und Verfahrensfragen von Bedeutung sind

Beweisbedürftigkeit der Tatsache = Tatsache muss für die entsprechende Frage entscheidungserheblich sein **und**

- als Haupttatsache
- als Hilfstatsache = Indiztatsache, die Schluss auf eine Haupttatsache zulässt

Rechtmäßigkeit der Beweiserhebung

Nichteingreifen von Beweiserhebungsverboten (⇨ S. 268 ff.) **und**

Auswahl des richtigen Beweismittels

- für Schuld- und Rechtsfolgenfragen: Strengbeweismittel, §§ 244 ff.
  - Einlassung und Geständnis des Angeklagten
  - Zeugen, §§ 48-71
  - Sachverständige, §§ 72-85
  - Augenschein, §§ 86-93
  - Urkunden, §§ 249-256

  ⚠ *Dabei Grundsatz der Mündlichkeit und der Öffentlichkeit zu beachten!*
- für Verfahrensfragen: Freibeweismittel = Gericht kann sich auf beliebige Weise (z.B. durch telefonische Rückfrage) Gewissheit verschaffen

Grundsatz der Beweiserhebung

Amtsaufklärungspflicht, § 244 II

Pflicht zur Sachaufklärung von Amts wegen reicht so weit, wie die dem Gericht (oder wenigstens dem Vorsitzenden) bekannt gewordenen Tatsachen zum Gebrauch von Beweismitteln drängen/ihn nahelegen

Beweiserhebung auf Verlangen der Verfahrensbeteiligten

Beweisantrag

⚠ *Beweisantragsrecht ist selbstständiges und weitergehendes Recht der Verfahrensbeteiligten ggü. Amtsaufklärungspflicht (h.M., sog. Heterogenitätslehre)!*

Stellung eines wirksamen Beweisantrags

Inhalt: Angabe einer bestimmten Beweistatsache und eines bestimmten Beweismittels und Konnexität zwischen Beweistatsache und Beweismittel

Form: mündlich in der Hauptverhandlung gestellt

Zeitpunkt: bis zum Beginn der Urteilsverkündigung, vgl. § 246

Dokumentation: Protokollierung, § 273 I

Entscheidung durch das Gericht

- Gericht kommt dem Beweisantrag durch Beweiserhebung nach
- Gericht lehnt die Beweiserhebung ab

Grund: Vorliegen eines **Ablehnungsgrundes**, §§ 244, 245 ⇨ S. 264

Form: Gerichtsbeschluss, § 244 VI

I. Beweiserhebung
2. Amtsaufklärung und Beweisantrag (Fortsetzung)

Beweiserhebung auf Verlangen der Verfahrensbeteiligten

Beweisermittlungsantrag

Stellung eines Beweisermittlungsantrags

Inhalt: unterhalb des Beweisantrags

- Fehlende Angabe einer Beweistatsache
- Fehlende Angabe eines bestimmten Beweismittels

Ziel: unmittelbarer/mittelbarer Aufklärungseffekt durch Tätigwerden des Gerichts/Vorbereitung eines Beweisantrags

Form: mündlich in der Hauptverhandlung gestellt

Zeitpunkt: bis zum Beginn der Urteilsverkündigung, vgl. § 246

Entscheidung durch das Gericht

- Gericht wird tätig
- Gericht lehnt Tätigwerden ab

  Grund: weitere Sachaufklärung i.S.d. § 244 II nach Ermessen des Gerichts nicht geboten

  ⚠ *Gericht ist nicht an die Ablehnungsgründe in §§ 244 f. gebunden, kann diese aber heranziehen!*

  Form: formlos möglich, Nichtbeachtung ist allenfalls Verletzung der allgemeinen Aufklärungspflicht (Revision: Aufklärungsrüge möglich)

  ⚠ *Entscheidung muss es dem Antragsteller ermöglichen, sein weiteres Prozessverhalten darauf einzurichten, deshalb Begründung erforderlich!*

Beweisanregung

= Anträge, die aus Rechtsgründen nicht als Beweisantrag gestellt werden können, weil sie nicht den Umfang, sondern nur die Art und Weise der Beweisaufnahme betreffen

Scheinbeweisantrag

= „ins Blaue hinein" aufgestellte, in das Gewand eines Beweisantrags gekleidete Beweisbehauptung

⚠ *Begründet keinen Anlass zur Beweiserhebung!*

Beweiserbieten

= Hinweis auf die Möglichkeit einer Beweiserhebung, die der Verfahrensbeteiligte dem Gericht für den Fall anheimstellt, dass die Aufklärungspflicht zu ihr zwingt

⚠ *Auslegung der Erklärung ergibt i.d.R., dass es sich um einen Beweisantrag handelt!*

Ablehnung von Beweisanträgen

Ausgangspunkt	Beweisantrag durch einen Verfahrensbeteiligten Wirksamkeit des Beweisantrags ⇨ S. 262
Entscheidung durch Gerichtsbeschluss, § 244 VI	Vorliegen eines Ablehnungsgrundes

Vorliegen eines Ablehnungsgrundes

- Für **präsente Beweismittel:** § 245 II
  - Unzulässigkeit der Beweiserhebung, § 245 II 2
  - Ablehnungsgründe nach § 245 II 3
    - Überflüssigkeit der Beweiserhebung
      - Offenkundigkeit der Tatsache
      - Tatsache schon erwiesen
    - Fehlender Zusammenhang zwischen der Tatsache und dem Gegenstand der Urteilsfindung
    - Zwecklosigkeit der Beweiserhebung bei völlig ungeeignetem Beweismittel
    - Verschleppungsabsicht

- Für **nicht präsente Beweismittel:** § 244 III
  - Unzulässigkeit der Beweiserhebung, § 244 III 1
  - Ablehnungsgründe nach § 244 III 2
    - Überflüssigkeit der Beweiserhebung
      - Offenkundigkeit der Tatsache
      - Bedeutungslosigkeit für die Entscheidung
      - Tatsache schon erwiesen
    - Zwecklosigkeit der Beweiserhebung
      - völlig ungeeignetes Beweismittel
      - Unerreichbarkeit des Beweismittels
      - Unterstellung einer zugunsten des Angeklagten zu beweisenden Tatsache als wahr
    - Verschleppungsabsicht
  - Speziell für Sachverständigenbeweis: Ablehnungsgründe nach § 244 IV
    - Eigene Sachkunde des Gerichts
    - Erwiesenheit des Gegenteils der Beweistatsache durch Vorgutachter
  - Speziell für Augenscheinsbeweis/Zeugenladung im Ausland: Ablehnungsgrund nach § 244 V: Beweiserhebung nach pflichtgemäßem Ermessen des Gerichts zur Erforschung der Wahrheit nicht erforderlich

I. Beweiserhebung
3. Spannungslage zwischen Amtsermittlung und Strengbeweis bei Personal- und Urkundsbeweis

Grundsatz der Unmittelbarkeit, § 250

Beruht Beweis einer Tatsache auf Wahrnehmung einer Person, so hat Vernehmung zu erfolgen, § 250 S. 1

Vernehmungsersatz durch Verlesung von Urkunden/Abspielen von Bild-Ton-Aufzeichnungen ausgeschlossen, § 250 S. 2, es sei denn,

- die Verlesung dient nur zur Ergänzung oder als Vorhalt (dann schon kein Vernehmungsersatz),
- es greift eine der Ausnahmen der §§ 247 a, 251 ff. ein.

Verlesbarkeit von Urkunden als Vernehmungsersatz

Frühere (mündliche) Erklärungen des Angeklagten, § 254

Verlesbar nur, wenn in einem richterlichen Protokoll enthalten, gleichviel in welchem Verfahren, ob als Zeuge oder Beschuldigter **und**

ordnungsgemäßes Zustandekommen des Protokolls nach den für das jeweilige Verfahren geltenden Vorschriften **und**

besonderer Verlesungsgrund: Beweisaufnahme über Vorliegen eines Geständnisses, § 254 I/Aufklärung von Widersprüchen, § 254 II

Frühere Erklärungen von Zeugen/Mitbeschuldigten/Sachverständigen, § 251

§ 251 I:

Äußerung in richterlicher oder nichtrichterlicher Vernehmungsniederschrift oder Urkunde, die eine schriftliche Erklärung der Aussageperson enthält **und**

kein zur Unverwertbarkeit führender Verstoß beim Zustandekommen, insbesondere Belehrungsverstöße gem. §§ 52 III 1, 161 a I 2, 163 III **und**

besonderer Verlesungsgrund:

- Nr. 1: Einverständnis aller Beteiligten genügt, sofern Angeklagter einen Verteidiger hat
- Nr. 2: Tod der Aussageperson/sonstige Unmöglichkeit der Vernehmung aus tatsächlichen Gründen (nicht rechtlichen), insbesondere nicht Ausübung des Zeugnisverweigerungsrechts gem. § 52/Aussageverweigerungsrechts gem. § 55
- Nr. 3: Aussagegegenstand ist das Vorliegen oder die Höhe eines Vermögensschadens

§ 251 II:

Äußerung in einem richterlichen Protokoll enthalten, gleichviel in welchem Verfahren, ob als Zeuge/(Mit-)Beschuldigter/Sachverständiger **und**

ordnungsgemäßes Zustandekommen des Protokolls nach den für das jeweilige Verfahren geltenden Vorschriften, insbesondere kein zur Unverwertbarkeit führender Belehrungsverstoß gem. § 52 III 1 bei noch lebenden Zeugen **und**

besonderer Verlesungsgrund:

- Nr. 1: Krankheit/Gebrechlichkeit/andere nicht zu beseitigende Hindernisse für das Erscheinen der Aussageperson
- Nr. 2: Unzumutbarkeit des Erscheinens
- Nr. 3: allseitiges Einverständnis

I. Beweiserhebung
3. Spannungslage zwischen Amtsermittlung und Strengbeweis bei Personal- und Urkundsbeweis
(Fortsetzung)

Verlesbarkeit von Urkunden als Vernehmungsersatz

Frühere Erklärungen von Zeugen/Sachverständigen zur Gedächtnisunterstützung, § 253

Vorherige vollständige Vernehmung unter Einschluss etwaiger Vorhalte

Äußerung muss in richterlicher/nichtrichterlicher Vernehmungsniederschrift enthalten sein, gleichviel in welchem Verfahren, ob als Zeuge/Beschuldigter

Ordnungsgemäßes Zustandekommen des Protokolls nach den für das jeweilige Verfahren geltenden Vorschriften

Besonderer Verlesungsgrund: Erklärung des Zeugen, sich nicht erinnern zu können, § 253 I/Aufklärung von Widersprüchen, § 253 II

Behördliche Zeugnisse/Gutachten, § 256

- I Nr. 1: Zeugnisse/Gutachten enthaltende Erklärungen öffentlicher Behörden, allgemein vereidigter Sachverständiger sowie von Ärzten eines gerichtsärztlichen Dienstes
- I Nr. 2: Ärztliche Atteste über Körperverletzungen, die nicht schwer sind, sofern nicht auch andere tateinheitliche Straftaten vorgeworfen werden
- I Nr. 3: ärztliche Berichte zur Entnahme von Blutproben
- I Nr. 4: Gutachten über Auswertung von Fahrtenschreibern, Blutgruppen- und Blutalkoholgehaltbestimmung
- I Nr. 5: Protokolle/in einer Urkunde enthaltene Erklärungen der Strafverfolgungsbehörden über Ermittlungshandlungen, soweit diese nicht eine Vernehmung zum Gegenstand haben

Vernehmung von Personen als Zeugen vom Hören-Sagen, insbesondere Verhörspersonen

Grundsätzlich zulässig im Rahmen der Aufklärungspflicht, § 244 II,

- als Ersatzweg bei unzulässiger Protokollverlesung, vorausgesetzt, die frühere Aussage ist nicht wegen eines schweren Verfahrensfehlers, insbesondere Belehrungsverstoßes gem. §§ 52 III, 136 I 2 generell unverwertbar
- als Ergänzung zur Absicherung des Beweisergebnisses

I. Beweiserhebung
4. Grenzen der Amtsermittlung bei nachträglicher Zeugnisverweigerung

Zeugenvernehmung	Zeuge macht in der Hauptverhandlung von dem ihm zustehenden Zeugnisverweigerungsrecht Gebrauch, und zwar ▪ nach § 52 ▪ nach §§ 53, 53 a, sofern schon bei der früheren Vernehmung das Schweigerecht bestanden hat ▪ nach § 54 (str.) ⇨ Rechtsfolge: § 252 ⚠ *§ 252 ist dagegen nach h.M. nicht bei Auskunfsverweigerung gem. § 55 anwendbar!* Kein Vorhalt mehr zulässig
Verlesbarkeit früherer, in Vernehmungsprotokollen enthaltener Äußerungen	unzulässig
Vorführung der Bild-Ton-Aufzeichnung einer früheren Vernehmung	▪ Grds. unzulässig nach § 255 a I wegen Gleichstellung mit Vernehmungsniederschrift ▪ Aber ausnahmsweise nach § 255 a II zulässig (str.), wenn schwerwiegende Katalogtat nach § 255 a II 1 **und** Aufzeichnung einer richterlichen Vernehmung **und** Zeuge unter 18 Jahre alt/Verletzter einer Katalogtat i.S.d. § 255 a II 1 und zur Zeit der Tat unter 18 Jahre alt **und** Mitwirkungsmöglichkeit des Angeklagten und seines Verteidigers bei der früheren Vernehmung
Vernehmung von Verhörspersonen	Polizei oder StA als Verhörspersonen unzulässig, sofern es um Äußerungen während einer Vernehmung oder in vernehmungsähnlicher Situation geht Richter kann als Verhörsperson nach Rspr. unter folgenden Voraussetzungen vernommen werden: Frühere Vernehmung war Zeugenvernehmung **und** Zeugnisverweigerungsrecht hat zur Zeit der früheren Vernehmung bestanden **und** Zeuge ist seinerzeit wirksam gem. § 52 III belehrt worden **und** (höchstrichterlich noch nicht geklärt:) qualifizierte Belehrung über Verwertbarkeit der Aussage **und** Zeuge hat seinerzeit wirksam auf Zeugnisverweigerungsrecht verzichtet **und** es liegen keine anderen, zur Unverwertbarkeit führenden Verfahrensverstöße vor

I. Beweiserhebung
5. Verbote der Beweiserhebung und -verwertung
a) Systematik

Gesetzliche Beweisverbote

Beweiserhebungsverbote

Verbot bestimmter
- Beweisthemen
- Beweismittel ⇨ S. 269
- Beweismethoden

Beweisverwertungsverbote

= erhobenes Beweismittel darf im Prozess nicht herangezogen werden
- Uneingeschränkte Beweisverwertungsverbote = Beweismittel darf überhaupt nicht verwendet werden ⇨ S. 269
- Eingeschränkte Beweisverwertungsverbote = Beweismittel ist nur in Bezug auf bestimmte Verfahren/zu bestimmten Zwecken/unter bestimmten Voraussetzungen unverwertbar ⇨ S. 270

Ungeschriebene Beweisverwertungsverbote

Selbstständige ungeschriebene Beweisverwertungsverbote

= greifen auch bei rechtmäßiger Beweisgewinnung ein ⇨ S. 271

Unselbstständige ungeschriebene Beweisverwertungsverbote

= Beweisverwertungsverbot als Folge einer rechtswidrigen Beweisgewinnung ⇨ S. 272 f.

Ausgangslage: rechtswidrige Beweisgewinnung = Verfahrensfehler bei der Erhebung des Beweises unterlaufen
- Ermächtigungsgrundlage nicht vorhanden
- Ermächtigungsgrundlage vorhanden, aber Voraussetzungen nicht erfüllt
- Bei Vernehmung: fehlende Belehrung i.S.v. § 136 I 2, 163 a nur bei Vernehmung, d.h. wenn ein Polizist/StA in amtlicher Eigenschaft gegenübertritt (str.)

Rechtsfolge: Interessenabwägung, ob Beweisverwertungsverbot ausgelöst
- Bzgl. unmittelbar gewonnener Beweise: Wertung im Einzelfall, sog. Abwägungslehre
  - Schwere des Verstoßes (insbes. objektive Willkür), bewusster Verstoß
  - Rang der verletzten Norm
  - Zweck der verletzten Norm (Ist der „Rechtskreis“ des Beschuldigten geschützt?)
  - Gewicht der widerstreitenden Interessen (Maßstab: GG, StGB)
  - Verhältnismäßigkeit
- Bzgl. mittelbar gewonnener weiterer Beweise

  h.M.: grds. kein Verwertungsverbot, Ausnahme: Fortwirkung von Belehrungsfehlern = Einlassung des Beschuldigten unverwertbar, wenn erste Aussage mit Belehrungsfehlern behaftet und bei weiteren Aussagen zwar grds. ordnungsgemäß, aber nicht qualifiziert belehrt

Gesetzliche Beweisverbote

Beweiserhebungsverbote

- Erkenntnisse aus dem Kernbereich privater Lebensgestaltung durch akustische Wohnraumüberwachung, § 100 c V 3

  ⚠ *Abhören/Aufzeichnen ist unverzüglich zu unterbrechen und dennoch angefertigte Aufzeichnungen sind unverzüglich zu löschen!*
- Anwendung unzulässiger Vernehmungsmethoden, § 136 a I, II

  ⚠ *Zustimmung des Vernommenen ist unbeachtlich, § 136 a III 1!*
- Ermittlungsmaßnahmen gegen Berufsgeheimnisträger = eine in § 53 I Nr. 1, 2, 4 StPO genannte Person/Rechtsanwalt/nach § 206 BRAO in eine Rechtsanwaltskammer aufgenommene Person/einen Kammerrechtsbeistand, über die der Betroffene das Zeugnis verweigern dürfte, § 160 a I 1

  ⚠ *Aufzeichnungen sind unverzüglich zu löschen!*
- Vorhalt von vorherigen getilgten/tilgungsreifen Verurteilungen, § 51 BZRG

Uneingeschränkte Beweisverwertungsverbote

- Erkenntnisse aus dem Bereich privater Lebensgestaltung durch Telekommunikationsüberwachung, § 100 a IV 2 ⇨ S. 252/253

  ⚠ *Aufzeichnungen sind unverzüglich zu löschen!*
- Erkenntnisse aus dem Kernbereich privater Lebensgestaltung durch akustische Wohnraumüberwachung, § 100 c V 3

  ⚠ *Abhören/Aufzeichnen unverzüglich unterbrechen und Aufzeichnungen unverzüglich löschen!*
- Aussagen nach unzulässigen Vernehmungsmethoden, § 136 a III 2 ⇨ S. 240/241

  ⚠ *Zustimmung des Vernommenen unbeachtlich, § 136 a III 1!*
  - Grds. nur Inhalt der Aussage unverwertbar
  - Rechtsgedanke wirkt sich über den Grundsatz des fairen Verfahrens (Art. 6 EMRK) auch auf andere Beweismittel aus
- Erkenntnisse aus Ermittlungsmaßnahmen gegen Berufsgeheimnisträger = eine in § 53 I Nr. 1, 2, 4 StPO genannte Person/Rechtsanwalt/nach § 206 BRAO in eine Rechtsanwaltskammer aufgenommene Person/einen Kammerrechtsbeistand gewonnen, über die der Betroffene das Zeugnis verweigern dürfte, § 160 a I 2

  ⚠ *Aufzeichnungen sind unverzüglich zu löschen!*
- Geständnis aus einer Verständigung bei Änderung von tatsächlichen/rechtlichen Umständen, die zu einem anderen Strafrahmen führen/abweichendem Prozessverhalten des Angeklagten, § 257 c IV 3

  ⚠ *Mitteilungspflicht des Gerichts bzgl. der Abweichung, § 257 c IV 4!*
- Verwendung von vorherigen getilgten/tilgungsreifen Verurteilungen zum Nachteil, § 51 BZRG

I. Beweiserhebung
5. Verbote der Beweiserhebung und -verwertung
b) Gesetzliche Beweiserhebungs- und -verwertungsverbote (Fortsetzung)

Gesetzliche Beweisverbote

Eingeschränkte Beweisverwertungsverbote

- Blutproben/sonstige Körperzellen in einem anderen als der Entnahme zugrunde liegenden Verfahren, § 81 a III 1. Halbs.

  ⚠ *Blutproben/sonstige Körperzellen sind unverzüglich zu vernichten, wenn sie für das Strafverfahren nicht mehr erforderlich sind!*
- Untersuchungsergebnisse bei Minderjährigen ohne Einwilligung des gesetzlichen Vertreters, § 81 c III 5

  ⚠ *Gilt nur für ohne Einwilligung des gesetzlichen Vertreters im Eilfall durchgeführte Untersuchungen nach § 81 c III 3!*
- Personenbezogene Daten aus einer akustischen Wohnraumüberwachung für andere Zwecke ohne die Voraussetzungen des § 100 d V Nr. 1–3
- Zufallsfunde in einer Arztpraxis im Verfahren wegen Schwangerschaftsabbruchs gegen eine Patientin, § 108 II
- Zufallsfunde bei Medienmitarbeitern in Ermittlungsverfahren, die Delikte mit einem Mindestmaß unter 5 Jahren Freiheitsstrafe /§ 353 b StGB betreffen, § 108 III
- Erkenntnisse aus einem Verfahren gegen eine in § 53 I Nr. 3–3 b, 5 genannte Person, über die der Betroffene das Zeugnis verweigern dürfte, § 160 a II 3
- Zufallsfunde bei besonderen Zwangsmaßnahmen (z.B. Telekommunikationsüberwachung) in einem anderen als dem der Maßnahme zugrunde liegenden Verfahren, § 477 II 2, 3

  ⚠ *Erkenntnisse nur mit Zustimmung des Betroffenen/bei Katalogtaten für andere Strafverfahren verwertbar, für sonstige Verfahren personenbezogene Daten nach S. 3 nutzbar!*

Ungeschriebene Beweisverwertungsverbote

Selbstständige Beweisverwertungsverbote

- Heimliche Tonband-/Bildaufnahmen/tagebuchartige Aufzeichnungen/ nicht öffentlich geführte Selbstgespräche bei akustischer Überwachung/ sonstige Erkenntnisse aus dem Kernbereich privater Lebensgestaltung, Art. 2 I i.V.m. Art. 1 I GG (Allgemeines Persönlichkeitsrecht)
  ⚠ *Abwägung nach der 3-Sphären-Theorie des BVerfG; auch als „verfassungsunmittelbares Beweisverwertungsverbot" bezeichnet!*
- Mehrere isoliert zulässige Observierungsmaßnahmen gegen denselben Beschuldigten, sog. Totalüberwachung, §§ 100 c ff.
- Gezielte Suche nach „Zufallsfunden", § 108
  ⚠ *Nach h.M. Unverwertbarkeit durch Abwägung zwischen prozessualem Verstoß und staatlichem Strafverfolgungsinteresse festzustellen!*
- Beschuldigtenvernehmung: Schweigen des Beschuldigten
  ⚠ *Bei Schweigen nach Beantwortung einzelner Fragen zu derselben Tat (sog. Teilschweigen) negative Indizwirkung möglich!*
- Zeuge beruft sich erst in der Hauptverhandlung auf sein Zeugnisverweigerungsrecht, § 252
  ⚠ *Nur Vernehmung einer richterlichen Verhörsperson möglich!*

Unselbstständige Beweisverwertungsverbote

- Widerspruchslösung: Beweisverwertungsverbot entsteht durch rechtswidrige Beweisgewinnung und Widerspruch des Verteidigers/des entsprechend belehrten Angeklagten bis zu dem in § 257 I bestimmten Zeitpunkt
  - Telefonat einer Privatperson mit einem Verdächtigen unter Verschleierung der Ermittlungsabsicht (sog. Hörfalle), Art. 8 I EMRK
    ⚠ *Beweisverwertungsverbot nach EMRK, nach nationaler Rspr. bleibt Aufnahme/Aussage des Anrufers nach Maßgabe einer Abwägung verwertbar!*
  - Vernehmung eines Zeugen ohne Belehrung über das Auskunftsverweigerungsrecht, § 55 II
    ⚠ *Beweisverwertungsverbot nur im späteren Verfahren gg. den Zeugen (str.)!*
  - Körperliche Untersuchung unter Zwang, obwohl veranlassender Beamter weiß, dass Entnahme von einem Nichtarzt durchgeführt wird, § 81 a I
    ⚠ *Gilt nicht, wenn körperliche Untersuchung ohne Zwangsandrohung von einem Nichtarzt durchgeführt wird!*
  - Willkürliche Umgehung des Richtervorbehalts bei Blutprobenentnahme/ körperlicher Untersuchung, § 81 a II
  - Beschlagnahme von beschlagnahmefreien Gegenständen, § 97
    ⚠ *Kein Beweisverwertungsverbot für Gegenstände bei zeugnisverweigerungsberechtigten Personen, die selbst Beschuldigte sind!*
    ⚠ *Kein Beweisverwertungsverbot für Deliktsgegenstände (instrumenta sceleris)/Gegenstände, die aus einer Straftat herrühren (producta sceleris), § 97 II 3!*

Ungeschriebene Beweisverwertungsverbote

Unselbstständige Beweisverwertungsverbote (Fortsetzung)

- Telekommunikationsüberwachung ohne auf Tatsachen gestützten Verdacht einer Katalogtat, § 100 a

  ⚠ *Gilt auch für Erkenntnisse, die unter sonstiger Umgehung der Voraussetzungen des § 100 a gewonnen worden sind!*

- Bewusstes Ignorieren/willkürliches Umgehen des Richtervorbehalts/sonstige schwere Verfahrensfehler bei Durchsuchungen, § 105

  ⚠ *Herleitung des Beweisverwertungsverbots über Art. 19 IV i.V.m. Art. 13 GG; noch unklar, ob Geltung nur für Durchsuchung von Räumen des Beschuldigten!*

- Belehrungsfehler bei der Beschuldigtenvernehmung
  - Unterlassene Eröffnung des Tatvorwurfs, § 136 I 1
  - Unterlassene Belehrung über das Schweigerecht, § 136 I 2
  - Unterlassene Belehrung über das Recht zur Verteidigerkonsultation, § 136 I 2

  ⚠ *Unterlassene Belehrung über das Beweisantragsrecht/die Möglichkeit des Täter-Opfer-Ausgleichs (§ 136 I 3, 4)/Fehler bei der Niederschrift lösen kein Beweisverwertungsverbot aus!*

- Telekommunikationsüberwachung von Gesprächen zwischen Beschuldigtem und Verteidiger, § 160 a I, § 148
- Richterliche Beschuldigtenvernehmung ohne Benachrichtigung/Anwesenheit des Verteidigers, § 168 c

  ⚠ *Nur Verlesung der Niederschrift nach § 251 II ausgeschlossen; Verlesung nach § 251 I bleibt nach Rspr. möglich!*

▪ Beweisverwertungsverbote ohne Widerspruchserfordernis:

- Vernehmung von Zeugen ohne Belehrung über das Zeugnisverweigerungsrecht, § 52 III

  ⚠ *Kein Verwertungsverbot, wenn die zu belehrende Person Kenntnis von ihrem Zeugnisverweigerungsrecht hatte und davon auch bei ordnungsgemäßer Belehrung keinen Gebrauch gemacht hätte!*

- Vernehmung eines schweigepflichtigen Zeugen bei späterem Widerruf der Entbindung von der Schweigepflicht, §§ 53, 53 a, 54

  ⚠ *Aussage unter Verletzung von Berufsgeheimnissen/Erfüllung des § 203 StGB hindert Verwertbarkeit nicht!*

- Tatsachen und Beweismittel, die dem Beschuldigten infolge während der Ermittlungen versagter Akteneinsicht unbekannt geblieben sind, dürfen zur Haftentscheidung nicht herangezogen werden, § 147 II

II. Verständigung über den Fortgang und das Ergebnis des Verfahrens

Voraussetzungen

Geeigneter Fall (eher nicht im Jugendstrafrecht, aber nicht ausgeschlossen) **und**

Zustimmung von Angeklagtem und StA zum Vorschlag des Gerichts über den Inhalt der Verständigung, § 257 c III 4 **und**

⚠ *Schlüssige Verständigung genügt! Widerspruch des Nebenklägers hindert nicht!*

Belehrung des Angeklagten, § 257 c V **und**

i.d.R. Geständnis des Angeklagten, § 257 c II 2

⚠ *Bloßes Formalgeständnis nicht ausreichend!*

Verfahren

Gericht (= Gesamtheit der Richter einschließlich Schöffen) gibt möglichen Inhalt der Verständigung bekannt, § 257 c III 1; dabei Angabe von Ober- und Untergrenze der späteren Strafe möglich, § 257 c III 2

⚠ *Vereinbarung einer „Punktstrafe" unzulässig!*

Gelegenheit zur Stellungnahme durch die Verfahrensbeteiligten, § 257 c III 3; wenn vorherige Verhandlungen über die Verständigung/spätere Änderung der Verständigung: Mitteilungspflicht des Vorsitzenden in der HV, § 243 IV

Aufnahme von Nichtvorliegen/Vorliegen mit Inhalt, Ablauf und Ergebnis der Verständigung in das Protokoll, § 273 I a

Gegenstand

Nach § 257 c II 1 **zulässige** Inhalte:

- Rechtsfolgen, die Inhalt von Urteil/Beschluss (Bewährung!) sein können
- Verfahrensbezogene Maßnahmen des Gerichts (z.B. Beweiserhebungen)
- Prozessverhalten
  - des Angeklagten (z.B. Geständnis)
  - der StA (z.B. Verzicht auf weitere Anträge im Prozessverlauf)
  - der Nebenklage

Nach § 257 c II 3 **unzulässige** Inhalte:

- Schuldspruch
- Maßregeln der Besserung und Sicherung
- Ankündigung, auf Rechtsmittel zu verzichten/Rechtsmittel nicht einzulegen (Arg. aus §§ 35 a S. 3, 302 I 2)

Folgen

Pflicht des Gerichts zur Aufklärung des Sachverhalts bleibt unberührt, § 257 c I 2

Beweisantragsrecht der Beteiligten bleibt unberührt

Bindung des Gerichts an den Inhalt der Verständigung, außer wenn

- tatsächlich/rechtlich bedeutsame Umstände übersehen/neu ergeben **und** Gericht der Überzeugung, dass Strafe nicht mehr tat- und schuldangemessen, § 257 c IV 1
- weiteres Prozessverhalten des Angeklagten nicht der Prognose entspricht, die Gericht der Verständigung zugrunde gelegt hat, § 257 c IV 2

Dann: Verwertungsverbot für das abgegebene Geständnis, § 257 c IV 3, und Mitteilungspflicht, § 257 c IV 4; darüber Belehrungspflicht, § 257 c V

Angabe der Verständigung in den Urteilsgründen, § 267 III 5

III. Abschluss der Hauptverhandlung – Prüfungsschema zur Vorbereitung des Strafurteils 1. Instanz

Verurteilung **Schuldspruch**	Sachliche Begrenzung des Urteils: ▪ Gehört das jeweilige Delikt zu der in der Anklage bezeichneten Tat im prozessualen Sinn, § 264? ▪ Zu berücksichtigen sind rechtliche (§ 265)/tatsächliche (§ 266) Umgestaltungen der Strafklage
Einstellungsurteil, § 260 III	Prozessvoraussetzungen/Verfahrenshindernisse: Strafantrag/Verfolgungsverjährung/anderweitige Rechtshängigkeit/entgegenstehende Rechtskraft/deutsche Gerichtsbarkeit/örtliche Zuständigkeit nach Maßgabe des § 16/Anklage/Eröffnungsbeschluss
	Überzeugung des Gerichts von der Strafbarkeit des Angeklagten, § 261: Tatbestand/Rechtswidrigkeit/Schuld Beweiswürdigung unter Berücksichtigung der zur Bewältigung von Tatsachenungewissheiten geltenden Grundsätze Materiell-rechtliches Konkurrenzverhältnis – der zur Verurteilung gelangenden Delikte zur Bereinigung und Klarstellung des Schuldspruchs und zur Bildung der Hauptstrafe – der nicht zur Verurteilung gelangenden Delikte: bei hypothetischer Tateinheit kein Freispruch, keine Einstellung im Tenor, sondern Erwähnung nur in den Gründen
Teileinstellung/Teilfreispruch	Bei hypothetischer oder angeklagter Realkonkurrenz Teileinstellung/Teilfreispruch im Tenor
Rechtsfolgenausspruch	▪ Festlegung der Hauptstrafe: – Geldstrafe, § 40 StGB: Zahl und Höhe der Tagessätze, § 260 IV 3 – Freiheitsstrafe, § 39 StGB, ggf. mit Strafaussetzung zur Bewährung, §§ 56 ff. StGB – Evtl. Gesamtstrafe, §§ 53 ff. StGB – Anrechnung der U-Haft, § 51 StGB ▪ Nebenstrafe, § 44 StGB/Nebenfolge, § 45 StGB/Bekanntmachungsbefugnis, §§ 165, 200 StGB ▪ Einziehung, §§ 74 ff. StGB/Verfall, §§ 73 ff. StGB ▪ Maßregeln der Sicherung und Besserung, §§ 61 ff. StGB, insbesondere § 69 StGB ▪ Absehen von Strafe/Straffreierklärung, z.B. § 60 StGB ▪ Verwarnung mit Strafvorbehalt, § 59 StGB
Nebenentscheidungen	▪ Kosten des Verfahrens und notwendige Auslagen, § 464 ▪ Entschädigung für erlittene Verfolgungsmaßnahmen, § 8 StrEG ▪ Beschluss über Fortdauer der U-Haft, § 268 b/Bewährungsmodalitäten, § 268 a

D. Das Rechtsmittelverfahren

I. Rechtsmittel der StPO

Zulässigkeitsvoraussetzungen	Berufung	Revision	Beschwerde
Statthaftigkeit	▪ Urteile des AG, § 312 ▪ Annahmeberufung, §§ 313, 322 a bei Kleinkriminalität	▪ Urteile des AG bei Sprungrevision, § 335 ▪ Urteile des LG, OLG, § 333	Richterliche Verfügungen und Beschlüsse, §§ 304, 305 (Beschwerdeausschlüsse)
Rechtsmittelberechtigung	**Berechtigt sind:** Beschuldigter (§ 296), Verteidiger (§ 297), StA (§ 296), gesetzlicher Vertreter (§ 298), Privat-, Nebenkläger (§§ 390, 401); bei Beschwerde: auch Drittbetroffene (§ 305 S. 2 a.E.) Hinzukommen muss **Beschwer** des Rechtsmittelführers **Keine Rücknahme/Verzicht** auf das Rechtsmittel (§ 302)		
Ordnungsgemäße Einlegung	**Adressat und Form** Beim judex a quo, § 314 I Schriftlich/zu Protokoll der Geschäftsstelle, § 314 I	**Adressat und Form** Beim judex a quo, § 341 I dto., § 341 I	**Adressat und Form** Beim judex a quo, § 306 I dto., § 306 I
	Frist Binnen 1 Woche ab Urteilsverkündung, § 314 I (für Abwesende ab Zustellung, § 314 II)	**Frist** Binnen 1 Woche ab Urteilsverkündung, § 341 I (für Abwesende ab Zustellung, § 341 II)	**Frist** Keine (Ausnahme: sofortige Beschwerde, § 311)
Ordnungsgemäße Begründung	**Adressat und Form** Nicht notwendig, aber möglich, § 317	**Adressat und Form** Beim judex a quo, § 345 I Form: ▪ Angekl.: RA-Schriftsatz oder zu Protokoll, § 345 II ▪ StA: Schriftform (§ 345 II gilt nicht!) **Frist** ▪ Grds. binnen 1 Monats nach Ablauf der Einlegungsfrist, § 345 I 1 ▪ Falls Urteil später zugestellt, binnen 1 Monats nach Zustellung, § 345 I 2	**Adressat und Form** Nicht notwendig, aber möglich
Begründetheit (Überprüfungsmaßstab)	Neue Prüfung in tatsächlicher und rechtlicher Hinsicht	Überprüfung in rechtlicher Hinsicht	Neue Prüfung in tatsächlicher und/oder rechtlicher Hinsicht

II. Aufbauschema zur Vorbereitung des Revisionsurteils

Auslegung des Rechtsbehelfs

- Anfechtungserklärung, die auf Überprüfung des vorinstanzlichen Urteils wegen Verletzung des formellen/materiellen Rechts gerichtet ist; bei Unklarheiten Auslegung; ggf. Umdeutung, § 300
- **Übergang** von Revision zur Berufung und umgekehrt ist innerhalb der Revisionsbegründungsfrist (§ 345 I) möglich

Zulässigkeit

Statthaft

- gegen Urteile des AG Sprungrevision, § 335 I, II
- gegen Urteile des LG/OLG im ersten Rechtszug, § 333

Berechtigung zur Revisionseinlegung und kein Verlust der Rechtsmittelbefugnis durch wirksamen Verzicht oder Rücknahme

Ordnungsgemäße Einlegung der Revision, § 341

Adressat und **Form:** beim judex a quo schriftlich oder zu Protokoll der Geschäftsstelle

Frist: binnen einer Woche; Fristbeginn für Anwesende in der Hauptverhandlung mit Urteilsverkündung, für Abwesende mit Urteilszustellung

Ordnungsgemäße Begründung der Revision, §§ 344, 345

Adressat: judex a quo

Form:

- **Angeklagter:** nur er – nicht auch der Verteidiger – zu Protokoll der Geschäftsstelle; der Verteidiger nur in einer von ihm unterzeichneten Schrift, nach h.M. auch durch eine mit Unterschrift reproduzierte Telekopie
- **StA:** es genügt einfache Schriftform; § 345 II gilt nicht!

Frist: binnen eines Monats nach Ablauf der Einlegungsfrist oder, falls Urteil erst nach Ablauf der Einlegungsfrist zugestellt, einen Monat nach Zustellung

Anträge: Auslegung aus dem Gesamtinhalt möglich; bei ausdrücklicher Beschränkung Angabe des Anfechtungsumfangs

Begründung der Anträge: Für die Zulässigkeit der Revision als solche genügt schon irgendeine (ausreichende) Begründung. Begründungsmängel bei nur einzelnen Rügen machen nicht das Rechtsmittel selbst unzulässig, sondern die einzelne Rüge unbeachtlich.

- Sachrüge: in allgemeiner Form möglich
- Verfahrensrügen: nur mit bestimmter Bezeichnung und Nennung der Begründungstatsachen, § 344 II 2

Beschwer des Revisionsführers durch die angefochtene Entscheidung

Beweisbarkeit des Verfahrensmangels durch Hauptverhandlungsprotokoll/schriftliches Urteil

II. Aufbauschema zur Vorbereitung des Revisionsurteils (Fortsetzung)

Rechtsmittelbeschränkung

§ 344

Begründetheit

Prüfung der **Prozessvoraussetzungen und Verfahrenshindernisse von Amts wegen**

und § 337: Prüfung, ob Gesetzesverletzung vorliegt und Urteil darauf beruht (= mögliche Kausalität)

- Prüfung der **gerügten Verfahrensfehler, § 352**

  Ordnungsgemäße **Begründung** der jeweiligen Verfahrensrügen

  Vorliegen der Gesetzesverletzung; bei Verfahrensfehlern Möglichkeit der **Heilung oder Verwirkung** durch Rügepräklusion oder Verzicht

  Beweisbarkeit des gerügten Verfahrensmangels durch Hauptverhandlungsprotokoll/schriftliches Urteil

  Beschwer des Revisionsführers durch die jeweilige Verfahrensverletzung

  „Beruhen" des Urteils auf der Gesetzesverletzung

  – Wird bei **absoluten Revisionsgründen** unwiderlegbar vermutet, § 338

    • Nr. 1: vorschriftswidrige Besetzung des Gerichts

      Besetzungsvorgaben der §§ 24 ff., 74 ff., 122, 139 etc. GVG nicht eingehalten ⇨ S. 260

      ⚠ *Rügepräklusion bei allen erstinstanzlichen LG- oder OLG-Sachen (nur dort Mitteilungspflicht gemäß § 222 a) außer in den Fällen des § 338 Nr. 1 Hs. 2 lit. a–d!*

    • Nr. 2: Mitwirkung eines ausgeschlossenen Richters/Schöffen

      Richter gem. §§ 22, 23, 31 I, 148 a II 1 von der Mitwirkung ausgeschlossen **und**

      Mitwirkung an dem Urteil (Verfügungen zur Vorbereitung der Hauptverhandlung nicht ausreichend!)

    • Nr. 3: Mitwirkung eines abgelehnten Richters/Schöffen

      Ablehnung wegen Besorgnis der Befangenheit, § 24 **und**

      Ablehnungsgesuch für begründet erklärt/zu Unrecht verworfen **und**

      Mitwirkung an dem Urteil

    • Nr. 4: Unzuständigkeit des Gerichts

      -- Örtliche Zuständigkeit, §§ 7 ff.

      -- Zuständigkeit der besonderen Strafkammern, § 74 e GVG

      ⚠ *Nicht erfasst ist die sachliche Zuständigkeit, da von Amts wegen zu prüfende Verfahrensvoraussetzung!*

II. Aufbauschema zur Vorbereitung des Revisionsurteils (Fortsetzung)

Begründetheit

- Nr. 5: vorschriftswidrige Abwesenheit

  Person, deren Anwesenheit das Gesetz vorschreibt =

  -- StA, § 226 I

  -- Urkundsbeamter der Geschäftsstelle, § 226 I

  ⚠ *Strafrichter kann von der Hinzuziehung eines Urkundsbeamten der Geschäftsstelle absehen, § 226 II 1!*

  -- Angeklagter außer bei rechtmäßigem Ausschluss von der Hauptverhandlung, §§ 230 ff., 247

  -- Verteidiger bei notwendiger Verteidigung i.S.d. § 140

  ⚠ *§ 338 Nr. 5 gilt auch für den Fall, dass gegen die Pflicht zur Bestellung eines Verteidigers nach § 140 II, 145 I 1 verstoßen wird!*

  -- Dolmetscher, § 185 GVG

  und Abwesenheit bei einem wesentlichen Teil der Hauptverhandlung

- Nr. 6: unzulässige Beschränkung der Öffentlichkeit

  Ausschluss/Beschränkung der Öffentlichkeit entgegen § 169 S. 1 GVG **und**

  Verschulden des Gerichts

  -- Fehlerhafte Annahme eines Ausschlussgrundes, §§ 171 a–173, 175, 177 GVG

  -- Nichtbeachtung des Verfahrens für die Ausschließung, § 174 GVG

  -- Gröbliche Verletzung der Aufsichtspflicht über untergeordnete Beamte

- Nr. 7: fehlende oder verspätete Urteilsbegründung

  -- Fehlende Urteilsgründe relevant (sonst Sachrüge ⇨ S. 279) nur bei Prozessurteilen nach §§ 329 I, 412

  ⚠ *Unvollständige oder sonst mangelhafte Urteilsgründe fallen nicht darunter!*

  -- Überschreitung der Frist zur Urteilsabsetzung, § 275 I 2

  ⚠ *Fristüberschreitung bei Vorliegen der Voraussetzungen des § 275 I 4 ausnahmsweise zulässig!*

- Nr. 8: unzulässige Beschränkung der Verteidigung

  -- Verletzung einer besonderen Verfahrensvorschrift

  -- Verstoß gegen den Grundsatz des fairen Verfahrens

  -- Verstoß gegen die gerichtliche Fürsorgepflicht

  und Beschränkung in einem in der Hauptverhandlung ergangenen Gerichtsbeschluss enthalten, z.B. § 244 VI

– Bei **relativen Revisionsgründen** (= alle Gesetzesverletzungen, die nicht vom Katalog des § 338 erfasst werden) genügt nicht ausschließbare Möglichkeit, dass das Urteil ohne Gesetzesverletzung anders ausgefallen wäre, § 337 Abs. 1

⚠ *Besonders wichtig: Verstoß gegen Beweisverwertungsverbote* ⇨ S. 268 ff.

II. Aufbauschema zur Vorbereitung des Revisionsurteils
(Fortsetzung)

Begründetheit

- Soweit angefochten, Prüfung der **sachlich-rechtlichen Würdigung, § 352** (sog. Sachrüge)

  ⚠ *Grundlage der Überprüfung sind ausschließlich die Urteilsurkunde sowie die Abbildungen, auf die nach § 267 I 3 verwiesen worden ist!*

  – Vollständig fehlende Urteilsbegründung

  – Darstellungsprüfung

    • Fehlende/fehlerhafte/unvollständige Darstellung der persönlichen Verhältnisse des Angeklagten

    • Sachverhaltsschilderung: geschlossener, vollständiger, eindeutiger und in sich widerspruchsfreier Sachverhalt sowohl zum objektiven als auch zum subjektiven Tatbestand erforderlich

    • Lückenhafte/widersprüchliche/unklare/gegen Denkgesetze und Erfahrungssätze verstoßende Beweiswürdigung

  – Gesetzesanwendung zum Schuldspruch: auf den festgestellten Sachverhalt anzuwendende Rechtsnorm nicht/nicht richtig angewendet

  – Gesetzesanwendung zum Rechtsfolgenausspruch

    ⚠ *Tatrichter muss seine Zumessungserwägungen in einem die Nachprüfung ermöglichenden Umfang darlegen!*

    • Strafzumessungen nach den §§ 46 ff. StGB in sich rechtsfehlerhaft

    • Verletzung der dem Tatrichter nach § 46 StGB obliegenden Pflicht zur Abwägung der für und gegen den Angeklagten sprechenden Umstände

    • Grober Fehlgriff, sodass verhängte Strafe nicht mehr in einem Rahmen liegt, der schon/noch als gerecht anerkannt werden kann

Revisionserstreckung

Auf Mitverurteilte, die keine Revision eingelegt haben, § 357

Hauptentscheidung

Bei **begründeter Revision:**

Aufhebung des angefochtenen Urteils, § 353 I **und**

- **grundsätzlich Zurückverweisung, § 354 II, III**
- **ausnahmsweise eigene Entscheidung, § 354 I, I a, I b**

Nebenentscheidungen

- Kosten und Auslagen, §§ 464 ff., insbesondere § 473
- Entschädigung, § 8 StrEG

Alpmann Schmidt
Bundesweite juristische Repetitorien
zum 1. und 2. Examen
Die Wahl des richtigen Repetitoriums ist Vertrauenssache,
denn wie gut Ihre Examensvorbereitung wirklich war,
wissen Sie erst nach dem Examen.
Vergleichen Sie! Probehören ist jederzeit möglich.
Wir sind sicher auch in Ihrer Stadt!
RU
Informationen und Anmeldung
www.alpmann-schmidt.de